S

Claus-Jürgen Göpfert
Bernd Messinger

Das Jahr der Revolte

Frankfurt 1968

Schöffling & Co.

Erste Auflage 2017

Satz: Fotosatz Amann, Memmingen
Druck & Bindung: Pustet, Regensburg
ISBN 978-3-89561-665-5

www.schoeffling.de

Inhalt

Parmesan und Partisan
Wo sind sie geblieben
Partisan und Parmesan
Alles wird zerrieben

Matthias Beltz

I Prolog

1968: Bis heute besitzt diese Jahreszahl einen magischen Klang. Doch vieles von dem, was damals tatsächlich geschah, droht fünf Jahrzehnte später in einem Mythos zu verschwimmen. Dieses Buch ist auch der Versuch, die wirklichen Geschehnisse wieder in Erinnerung zu rufen.

1968 in Frankfurt: Die Stadt war damals neben Berlin das Zentrum der Revolte in Deutschland. Von hier nahmen die gesellschaftlichen Umwälzungen ihren Ausgang, die bald darauf das ganze Land erfassen sollten. In Frankfurt lehrten die Philosophen Theodor W. Adorno und Max Horkheimer, die mit ihrer Kritischen Theorie die intellektuelle Basis für den Aufstand schufen. Hier besaß der Sozialistische Deutsche Studentenbund (SDS) sein zentrales Büro, von dem aus er die Bewegung steuerte.

Frankfurt war damals schon so etwas wie ein politisches Labor für die Bundesrepublik. Später, als von hier aus die GRÜNEN ihren politischen Weg nahmen, sollte die Stadt wieder diese Funktion haben. Die 68er waren von ihrem Selbstverständnis her eine politische Bewegung, tatsächlich aber viel mehr noch eine kulturelle. Der gesellschaftliche Aufbruch zeigte sich in der Stadt im Theater, in der Bildenden Kunst, in der Musik oder im Kabarett. Hier gab es die ersten Aktionen der neuen Frauenbewegung wie den legendären Tomatenwurf auf den Studentenführer Hans-Jürgen Krahl oder das »Busenattentat« auf Adorno. Hier wurden aber auch die Kaufhaus-Brandanschläge organisiert, die direkt in den Terror der späteren Rote Armee Fraktion (RAF) führten.

Wir haben mit vielen Zeitzeugen gesprochen, deren Erinnerungen das Jahr 1968 wieder lebendig werden lassen. Daniel Cohn-Bendit blickt ebenso zurück wie der damalige SDS-Vorsitzende KD Wolff, der Künstler Thomas Bayrle oder der Schriftsteller Peter Härtling.

Rupert von Plottnitz, Verteidiger in Stammheim und später Hessischer Justizminister, schaut mit Kollegen auf die Gründung der Sozialistischen Anwaltskollektive, Dissidenten aus Osteuropa ziehen Verbindungslinien vom Prager Frühling zur antiautoritären Bewegung im Westen. Und es wird an große Irrtümer erinnert, an ideologische Verirrungen, an antisemitische Tendenzen auch im linken Spektrum.

Dieses Buch ist notwendiger denn je. Denn gegenwärtig erlebt Europa eine rechtspopulistische Bewegung, die viele der gesellschaftlichen Errungenschaften von 1968 wieder rückgängig machen will. Umso mehr gilt es, sich zu vergewissern, was vor 50 Jahren an gesellschaftlichen Fortschritten erreicht wurde. Was auf dem Spiel steht und was verteidigt werden muss. Deshalb dieses Buch.

Frankfurt am Main, im Sommer 2017
Claus-Jürgen Göpfert
Bernd Messinger

II 1968: »Ein verrücktes Jahr, das unheimlich schnell vorbeigerasselt ist«

Die Chronik der Revolte: Die Ausgangssituation

Es war der verzweifelte Versuch der etablierten Politik, die Rebellion noch einmal zu befrieden. Und er scheiterte. Am 18. April 1968 eilte der schwer kranke Frankfurter Oberbürgermeister Willi Brundert (SPD) aus einer Rehaklinik in Österreich vorzeitig zurück an den Main. In den Tagen zuvor, am Osterwochenende, war die Stadt von den heftigsten politischen Auseinandersetzungen der Nachkriegszeit erschüttert worden. Bis zu zehntausend Menschen protestierten auf den Straßen insbesondere gegen den Springer-Verlag und sein Hauptprodukt, die Boulevardzeitung *Bild*. Es kam zu Auseinandersetzungen von besonderer Härte, als die Ordnungsmacht mit Wasserwerfern und berittener Polizei die Auslieferung der *Bild* aus der Societätsdruckerei an der Frankenallee im Gallus gewährleisten wollte. Aber es war zeitweise dennoch nicht gelungen, die Blockade der Protestierenden aufzubrechen und Lastwagen den Weg zu bahnen. Die Demonstranten warfen Flaschen und Steine. Die Kämpfe zogen sich durch die ganze Stadt und flackerten an verschiedenen Orten immer wieder auf. So etwas hatte Frankfurt noch nicht erlebt.

Die Proteste gegen den Springer-Verlag und seine *Bild*-Zeitung waren die Reaktion auf das Attentat eines Rechtsra-

Die Spitze der Stadt – Oberbürgermeister Brundert und Gemahlin dikalen, bei dem am 11. April in Berlin der Studentenführer Rudi Dutschke schwer verletzt worden war. Die Studenten machten die Hetze der *Bild*-Zeitung für den Mordanschlag verantwortlich. Der sozialdemokratische Oberbürgermeister Brundert stellte sich am 18. April der Diskussion mit den Protestierenden. Der SPD-Unterbezirksvorstand fasste zeitgleich einen Beschluss, in dem es hieß: »Macht Schluss mit dem Terror, macht einen neuen Anfang.« Doch dieser Appell kam zu spät. Zu weit hatte sich die etablierte Politik, hatten sich sowohl der SPD-geführte Frankfurter Magistrat wie auch die von CDU/CSU und SPD gebildete Bundesregierung von den Aktivisten der 68er-Bewegung entfernt.

Frankfurt erlebte ein Jahr der Revolte. Den Zeitzeugen kommt es im Nachhinein wie ein wildes, unendlich beschleunigtes Puzzle von Ereignissen vor. »Es war ein verrücktes Jahr, das unheimlich schnell vorbeigerasselt ist«, sagt der Schriftsteller Peter Härtling, der 1968 Leiter des altehrwürdigen S. Fischer Verlages in Frankfurt war. Die, die es bewusst erlebten und mitgestalteten, wurden für immer verändert. »Wir haben uns selbst wie eine Versuchsanordnung wahrgenommen«, urteilt der Literaturwissenschaftler Heiner Boehncke, damals Student: »Ich habe einen tiefen Schluck aus der Flasche des Lebens genommen, das ist mir für immer geblieben.« Der Übersetzer Bernd Schwibs, damals Student beim Philosophen Theodor W. Adorno, wundert sich noch heute, »wie verdichtet es war und wie kurz es war«. Und er sagt zugleich: »Ich habe damals einen utopischen Aufbruch verspürt.« Irmelin Demisch, seinerzeit Germanistikstudentin, zieht eine ironische Bilanz: »1968 war ein großes Sackhüpfen – ich glaube, wir wurden Zweiter!« Cornelia-Katrin von Plottnitz, damals Lehramtsstudentin, später Politikerin

Peter Härtling als Leiter des S. Fischer Verlages

der GRÜNEN, erinnert sich: »Wir hatten eine große Lust, die Vergangenheit, die Bigotterie der Gesellschaft aufzumischen!« Karlheinz Braun, 1968 Leiter des Theaterverlages bei Suhrkamp, betont den Spaßfaktor: »Es war auch lustvoll, wir haben getanzt auf den Straßen!« Und der Künstler Thomas Bayrle: »Wir waren sehr frei, wie eine Suppe, in der Brocken herumschwimmen.« Der spätere Sozialdemokrat und langjährige Frankfurter Planungsdezernent Martin Wentz bilanziert: »Wir haben eine tolle Zeit gehabt, sie hat mir Kraft gegeben für mein gesamtes Leben.«

Zum ersten Mal hat sich 1968 gezeigt, dass Frankfurt ein politisches Labor sein konnte für die Bundesrepublik. Hier wurden in diesem Jahr Konflikte ausgetragen und Umbrüche eingeleitet, die politisch und kulturell prägend sein sollten für Deutschland. Hier hatte der Sozialistische Deutsche Studentenbund (SDS) im Haus Wilhelm-Hauff-Straße 5 sein kleines zentrales Büro, vom dem aus die Bundesvorsitzenden KD und Frank Wolff die Ideen der Revolte in die Städte trugen. Hier wirkte mit Daniel Cohn-Bendit, dem Studentenführer, der im Sommer 1968 aus Frankreich ausgewiesen worden war, eine prägende Figur. Hier gab es aber auch kulturelle Zentren wie das Theater am Turm (TAT), das damals wichtige Impulse der Veränderung auf ganz Deutschland übertrug. Der junge Regisseur Claus Peymann inszenierte die Uraufführung der ersten Stücke des jungen Dramatikers Peter Handke. Peymann sagt heute: »Das TAT wurde zum Straßentheater und zum Theater der Straße. Die Uraufführungen der Stücke Peter Handkes waren im Grunde Chronik und Philosophie der 68er-Bewegung.«

Mit Suhrkamp und S. Fischer verfügte Frankfurt 1968 zugleich über zwei Verlage, die nicht nur selbst ihre Revolte erlebten, sondern mit ihren Büchern die intellektuelle Grundlage bildeten für die Veränderung der bürgerlichen Gesellschaft. Peter Härtling ist noch heute stolz auf das Programm, das er damals durchsetzen konnte: »Es war extrem politisch, wir haben Literatur aus der Arbeitswelt herausgebracht, linke Psychologie und ganz aktuelle Debattenbücher.«

1968 in Frankfurt schuf die Basis für die Entwicklung der GRÜNEN, die ein Jahrzehnt später hier ihren Aufbruch als junge Partei erlebten und sich von hier aus als bundesweiter Faktor etablierten. Politisches Labor sollte Frankfurt wieder werden, als sich die GRÜNEN zuerst in der Stadt, später im Land Hessen der CDU zuwandten.

Doch die politischen und kulturellen Wurzeln für das Jahr 1968 gerade in Frankfurt reichen weiter zurück. Ein ganz wichtiger Punkt: Frankfurt war damals die amerikanischste Stadt Deutschlands. Die Kommune, die am weitesten von US-amerikanischer Kultur und von politischen Ereignissen in den USA geprägt war. Im riesigen ehemaligen IG-Farben-Gebäude im Westend saß 1968 das Hauptquartier der US-Armee in Deutschland. Frankfurt war mit seinem großen Militärflughafen der wichtigste US-Stützpunkt in der Bundesrepublik, ja in Europa. Auch von hier aus organisierten die US-Streitkräfte den Krieg in Vietnam, gegen den die 68er protestierten, weil sie ihn als Massenmord an der Bevölkerung verurteilten. 1968 waren in Frankfurt 40 000 US-Soldaten einschließlich ihrer Familienmitglieder stationiert.

Diese amerikanischen Militärs trugen wichtige Elemente der Veränderung in die deutsche Nachkriegsgesellschaft. Das begann mit der Musik. Mit dem Rock und dem Jazz, die zunächst in den US-Soldatenclubs in Frankfurt nach dem Zweiten Weltkrieg gespielt worden waren. In den Jahren der nationalsozialistischen Terrorherrschaft von 1933 bis 1945 war namentlich der Jazz nicht nur verpönt, sondern auch verboten gewesen. Nur wenige junge Musiker, wie in Frankfurt etwa Emil Mangelsdorff, wagten damals, ihn zu spielen. Diese Musik der gesellschaftlichen Emanzipation besaß 1968 in der Stadt wichtige Orte, wie etwa den Jazzkeller im Haus Kleine Bockenheimer Straße 18a. Für die Studenten war das ein viel besuchter Treffpunkt. Hier hörten sie die Musik, die so ganz anders war als die Schlager, die damals an der Oberfläche die bürgerliche Gesellschaft in Deutschland prägten. Hier trafen sie aber auch auf US-Amerikaner, die nicht dem Abziehbild des Soldaten entsprachen, sondern ebenfalls den Krieg in Vietnam kritisierten.

Eines ist heute fast völlig vergessen. Frankfurt besaß 1968 den ersten und einzigen Ort in Deutschland, der ein Stützpunkt der US-amerikanischen Hippie-Bewegung war. Die Hippies, in den USA seit 1965 entstanden, propagierten die Selbstbefreiung von den Zwängen der bürgerlichen Gesellschaft. Diese Gegenkultur wollte den bürgerlichen Leistungsdruck durch das repressionsfreie Zusammenleben in Kommunen ersetzen. Sie wandte sich fernöstlichen Philosophien zu und verkündete den befreienden Konsum von Drogen wie LSD und Haschisch. Im Mai 1968 eröffnete der spätere Schriftsteller und Journalist Hadayatullah Hübsch, damals noch als Paul-Gerhard, im Haus Bockenheimer Landstraße 87 den »Heidi Loves You Shop«, benannt nach seiner Freundin. Hier konnte man nicht nur Bücher, sondern auch Haschisch und andere Drogen kaufen, was sich insbesondere bei den US-Soldaten in Frankfurt und weit darüber hinaus rasch herumsprach.

Das Verhältnis zu den USA und zu den US-Soldaten war freilich für die, die 1968 revoltierten, mehr als zwiespältig. Denn die USA waren auch die mächtigste Militärmacht der Welt, die damals im weit entfernten Vietnam einen blutigen

Interventionskrieg führte. Dieser Konflikt hatte Anfang der 60er-Jahre mit der Entsendung von Beratern zur Unterstützung des südvietnamesischen Militärregimes begonnen und war dann immer mehr eskaliert. Denn Russland unterstützte wiederum die Armee Nordvietnams, das immer mehr in den Krieg eingriff. Die USA setzten Massenbombardements und völkerrechtswidrige Kampfstoffe wie Napalm ein, die Hunderttausende unschuldiger Menschen töteten. Der Protest gegen den Vietnamkrieg schwappte von den USA nach Deutschland über und wurde zu einer ideologischen Triebfeder der 68er. Der berühmte Ruf »Ho Ho Ho Chi Minh«, mit dem der nordvietnamesische Staatschef verehrt wurde, war auch in Frankfurt zu hören.

Das US-Generalkonsulat auf dem Grundstück Siesmayerstraße 21 war das ständige Ziel von Demonstrationen. Der Nachschub für Vietnam wurde über den Frankfurter US-Militärflughafen organisiert. Aber auch die Protestformen gegen den Vietnamkrieg, die in Frankfurt 1968 angewendet wurden, waren in den USA erprobt worden. Das Sit-in etwa als Mittel der Blockade oder das Teach-in, die Protest-Versammlung. Der größte Raum der Frankfurter Universität, der Hörsaal VI, wurde ebenso zum Ort von Teach-ins wie etwa das Studentenhaus auf dem Campus. Ironischerweise hatte die US-Regierung den Bau des Studentenhauses Anfang der 50er-Jahre finanziert, um ein Zeichen für die junge Demokratie in Deutschland zu setzen. Es wurde 1953 vom damaligen Rektor Max Horkheimer, einem der Philosophen der Frankfurter Schule, eröffnet. Horkheimer wünschte sich in seiner Rede »eine akademische Jugend, die den Geist der realen und tätigen Demokratie praktiziert«. Darauf sollte sich die 68er-Bewegung berufen.

Exkurs I
»und Vietnam und« – und was war eigentlich ein Teach-in?

Zum ersten Mal tauchte der Begriff an der Universität von Michigan auf. Und es ging um Vietnam. Und wurde dann auch sogleich in der *New York Times* zitiert. Und es sprach ein deutscher Philosoph.

Am 24. März 1965 versammelten sich mehrere Hundert Studenten auf dem Campus der University of Michigan und protestierten gegen den Vietnamkrieg. Nach einem Vortrag des deutschen Philosophen Walter Arnold Kaufmann – er war erstaunlicherweise kein Vertreter der Kritischen Theorie, sondern von Haus aus eher Nietzscheaner – schloss sich eine über zwei Tage währende Diskussion der Studenten jenseits von klassischer Hörsaaldisziplin und Rollenverteilung an. Am Ende stand sogar eine gemeinsam verabschiedete Schlusserklärung. Bis Ende des Jahres 65 fanden ähnliche Veranstaltungen auf dem Campus von rund 120 weiteren amerikanischen Hochschulen statt. Eine neue Protestform war geboren: das Teach-in!

Die erste vergleichbare Aktion in Westdeutschland gab es ein Jahr später in der Frankfurter Goethe-Universität. Herbert Marcuse und Rudi Dutschke sprachen 1966 vor über 2000 Studenten auf einem Teach-in des SDS: »Vietnam – Analyse eines Experiments«. Selbstverständlich gab es auch hier entsprechend der Übernahme amerikanischer Traditionen eine Abschlusserklärung, die davon sprach, dass der Vietnamkrieg nicht nur die Existenz des vietnamesischen Volkes bedrohe, sondern auch erhebliche Auswirkungen auf das

Herbert Marcuse – Mutmacher gegen die Eindimensionalität des Menschen

Leben und die Gesellschaften der am Krieg beteiligten Nationen habe. Der Protest schwappte über den Atlantik.

In die Geschichte der Studentenbewegung ging aber in erster Linie der große Vietnamkongress 1968 in Berlin ein. Bis zu 6000 Personen fanden sich im Audimax und anderen Orten beim größten Teach-in dieser Zeit ein – weitgehend dominiert von den Genossen aus Frankfurt.

Schon die Begleitumstände waren reichlich spektakulär. 3000 Teilnehmer trafen aus Westdeutschland und dem Ausland ein – in der Regel über die Transitstrecken durch die DDR mit den klassischen 5 Mark für die Grenze in der Tasche. Doch die Hunderte Fahrzeuge wurden erstaunlicherweise vom Ost-Zoll als Verbeugung der DDR hinsichtlich der gemeinsamen Solidarität mit dem Vietcong ohne diese eigentlich übliche Visagebühr (im Westjargon »Eintrittspreis«) durchgewunken. Allerdings nicht ohne den nachdrücklichen Hinweis, man möge doch bitte einzeln fahren und nicht im Konvoi. Den Anblick von aufbegehrenden autocorsofahrenden Studenten wollte man der eigenen Bevölkerung trotz aller Solidarität eher nicht zumuten – diese hätte ja auf unziemliche Gedanken kommen können.

Der Kongress begann am 17. Februar 1968 mit mehrminütigen Ho-Chi-Minh-Rufen, bevor KD Wolff als SDS-Vorsitzender die Tagung eröffnete, neben ihm saßen Johannes Agnoli von der FU und Reiner Meschkat vom Republikanischen Club. Es sprachen – aus Frankreich angereist – Daniel Cohn-Bendit, Ernest Mandel, der chilenische Schriftsteller Gaston Salvatore und der gebürtige Iraner Bahman Nirumand, Stuttgarter Waldorfschüler, Mitbegründer der gegen den Schah opponierenden Studentenorganisation CISNU und von 1990 bis 2001 Geschäftsführer der Kommunalen Ausländervertretung Frankfurt. Im Mittelpunkt der wichtigsten Reden stand – auch damals schon – das Thema Globalisierung und internationale Solidarität. Hans-Jürgen Krahl forderte unter großem Jubel die Zerschlagung der NATO und gemeinsame Kampagnen zur Wehrkraftzersetzung in Europa, doch unumstrittenes Idol dieser Tage war Rudi Dutschke. »Genossen, Antiautoritäre, Menschen« begrüßte er die Teilnehmer, um schnell zum Kern zu kommen, die Zeiten eines rein kulturellen Aufbegehrens seien vorbei, es gehe nun um den globalen Widerstand: »Jede radikale Opposition gegen das bestehende System, das uns mit allen Mitteln daran hindern will, Verhältnisse einzuführen, unter denen wir ein schöpferisches Leben ohne Krieg, Hunger und repressive Arbeit führen können, muss heute notwendigerweise global sein.«

Und auch das Verhältnis zu den verschiedenen Untergrundbewegungen wurde Thema. Auf den Zwischenruf eines in der Diktion noch unsicheren Kommilitonen: »Arbeitest Du auch mit Gorillas zusammen«, führte Dutschke spontan aus, zwar »nicht mit Gorillas direkt«, aber die Revolutionäre in Westeuropa müssten die Guerilleros in der sogenannten Dritten Welt mit ihrem Widerstand unterstützen.

Die Abschlusserklärung des Kongresses sprach später dann auch vom Aufbau einer zweiten »revolutionären Front gegen den Imperialismus in den Metropolen«, eine Formulierung, auf die sich Jahre später dann auch die selbst ernannten »Stadtguerilleros« wie die RAF bezogen.

Doch auch wenn viele Redner die nächste Konsequenz vom kulturellen Aufbruch dieser Zeit zur politischen Tat einforderten, war es doch letztlich mehr das kulturpolitische Signal als das programmatische; es waren die Bilder, die Sprache, die diesen Kongress so nachhaltig wirken ließen.

Das zeigte sich auch schon in den Tagen danach. Der Kongress mündete in eine Großdemonstration am 18. Februar. Nachdem das Verwaltungsgericht ein Verbot des Senats aufgehoben hatte, gingen über 12 000 Menschen gegen den Vietnamkrieg auf die Straße, zogen zur Deutschen Oper, wo wenige Monate zuvor am 2. Juni 67 Benno Ohnesorg erschossen worden war, und forderten unter anderem – das Musical *Hair* hatte gerade wenige Wochen zuvor Vorpremiere in einer Off-Broadway-Produktion – die amerikanischen GIs zur Desertation auf.

Die medialen Wellen schlugen hoch. Berlin wurde als Tummelplatz der Extremisten etikettiert. Und der Westberliner Senat rief für den 21. Februar zur Gegendemonstration auf. Die Angestellten des Öffentlichen Dienstes wurden extra freigestellt. »Stoppt den Roten Rudi jetzt« titelte die *Bild*-Zeitung. Über 80 000 Berliner folgten diesem Aufruf – über fünfmal mehr, als die Studenten auf die Straße brachten.

Doch die Demonstration des Establishments blieb kulturell und auch symbolisch ohne Nachhall. Der Vietnam-Kongress hingegen setzte Zeichen weit über die Stadt hinaus. Der Zeitgeist stand aufseiten der kleinen radikalen Minderheit. Erich Fried las während des Kongresses aus seinem 1966 bei Wagenbach erschienenen Gedichtband *und Vietnam und* Gedichte, über die Peter Rühmkorf damals im *Spiegel* schrieb: »Anders als Günter Grass, für den Vietnam, schön goethisch, weiter als ›hinten in der Türkei‹ zu liegen scheint, gerade so, als ob sich im Zeitalter des interstellaren Raketenverkehrs noch über ›Kriegs- und Kriegsgeschrei‹ verhandeln ließe … sieht Fried im Vietnamkrieg die dringende Mord- und Brandsache … Entweder, so lehren uns Erich Frieds Vers für Vers folgernde, Schritt für Schritt durch den Abraum der Kriegsberichterstattung sich hindurchfragende Gedichte – tilgen wir unser restlos kompromittiertes Vertrauensmuster aus unseren Sicherheitsvorstellungen oder räumen mit dem geborenen Zynismus ein, da unsere Rechnung aufgehen kann wie die Städte Vietnams in Flammen.«

Man kann über die literarische Qualität der Gedichte von Erich Fried streiten, und selbst Reich-Ranicki schwankte bisweilen zwischen missraten und peinlich und nannte ihn doch einen der bedeutendsten Lyriker des Jahrhunderts.

Und so mag es auch befremdlich wirken, wenn er mit Goethes *Erlkönig* über die Aushöhlung des Grundgesetzes und die Zerstörung durch Napalm spricht: «In Vietnam … schützt man mit Notstandsgesetzen / die Kinder und Mütter /

fasst sie sicher und hält sie warm / und erhält in ihnen ein brennendes Wissen lebendig …«

Doch es waren starke, in Verstand und Gemüt einwirkende Worte, die dann auf der Welle des Aufbegehrens und der Rebellion deutlich weiterschwappten. Trotz der bemühten Versuche des verstörten Berliner Bürgertums und der Sozialdemokratie um den vom SDS ungeliebten Oberbürgermeister Klaus Schütz (»Brecht dem Schütz die Gräten – alle Macht den Räten«), ideologische Deiche gegen die Linksradikalen aufzubauen mit einer »Tummelplatz der Extremisten«- und »Rüpelspiel der Randalierer«-Rhetorik. Ja, der Zeitgeist stand aufseiten der kleinen radikalen Minderheit. Und die große Mehrheit staunte fassungslos, wie diese Minderheit den Takt vorgab. Auch wenn diese die Gräuel der anderen Konfliktseite, des Vietcong, unterstützt von der Sowjetunion und China, eher ausblendete. Vietnam wurde zum moralischen und kulturellen Fiasko des Establishments. Über alle Grenzen hinweg.

Zurück zum Teach-in. Das letzte große Teach-in zum Vietnamkrieg fand Ende April 75 statt. Kurz vor der endgültigen Einnahme Saigons durch den Vietcong am 1. Mai 75 feierten über 1000 Studenten im Hörsaal VI der Frankfurter Goethe-Universität den Sieg der Revolution und das Ende des Krieges – nach Millionen Toten und mehr Bombenabwürfen als im gesamten Zweiten Weltkrieg und einem von Napalm und Gift zerstörten Land.

Die Veranstaltung endete, wie der Vietnamkongress in Berlin acht Jahre zuvor begonnen hatte. Mit langanhaltenden Ho-Chi-Minh-Rufen. Doch bei vielen Teilnehmern deutlich weniger empathisch als einst und auch mit dem einen oder anderen peinlich-verlegenen Lächeln auf den Lippen. Und der nachdenklichen Frage im Kopf, was von den Hoffnungen auf das Freiheitsversprechen sozialistischer Revolutionen denn bleiben wird. Der Zeitgeist stieß an seine Grenzen.

Frankfurter Schule und lokale Politik

Außer dem Protest gegen den Vietnamkrieg gab es noch mehr Gründe, warum gerade Frankfurt zum Zentrum der 68er-Revolte wurde. An der Johann Wolfgang Goethe-Universität lehrten die prominenten Vertreter der kapitalismuskritischen Frankfurter Schule. Weit bekannter als Horkheimer wurde der Philosoph Theodor W. Adorno, die nächste Generation bildeten 1968 deren Schüler Jürgen Habermas und Oskar Negt. Sie prägten mehrere Generationen von Studenten in Deutschland. Adorno und Horkheimer hatten in der Zeit des Nationalsozialismus als jüdische Intellektuelle Deutschland verlassen müssen und in den USA Exil gefunden. Im Exil-Verlag Querido in Amsterdam hatten Adorno und Horkheimer 1947 das grundlegende Werk *Dialektik der Aufklärung* veröffentlicht, das für viele Teilnehmer der 68er-Revolte ein zentraler Text wurde. Noch mehr galt das für Adornos Band *Minima Moralia*, den er 1951 bereits in Frankfurt nach der Rückkehr aus dem Exil publiziert hatte und der Horkheimer gewidmet war.

In diesem Buch fanden sich Sätze, die wie ein Motto für die 68er-Revolte gelesen wurden, etwa: »Es gibt kein richtiges Leben im falschen.« Adorno propagiert hier das Leben eines Intellektuellen im Widerstand gegen Entfremdung in der bürgerlichen Gesellschaft. Der Marxismus und die Psychoanalyse werden in den Augen Adornos dabei zum entscheidenden Rüstzeug. Die Ironie dabei ist, dass der Intellektuelle,

Intellektuelle Vaterfigur missratener Kinder – Th.W. Adorno

den der Philosoph hier entwirft, recht eindeutig ein wohlhabender Bürgersohn war. Genau das stellte die Verbindung zu den revoltierenden 68ern her: Sie stammten fast ausschließlich aus dem Bürgertum. Sie waren hervorgegangen aus der Schicht, deren Macht sie eigentlich stürzen wollten. Viele, die 1968 in Frankfurt studierten, kamen wegen Adorno hierher. Nicht nur der 20-jährige Metzgerssohn Joseph Fischer aus Baden-Württemberg, der mit seiner jungen Ehefrau am tumultartigen Osterwochenende in Frankfurt eintraf. Sie begriffen Adorno als einen der Ihren, den es aber zugleich zu bekämpfen galt.

Viele der Studenten entwickelten eine Art Hassliebe namentlich zu Adorno. Der Journalist und Publizist Arno Widmann verehrte den Philosophen einerseits als den »intelligentesten« Gesellschaftskritiker dieser Zeit. »Ich habe jede Zeile verschlungen von Adorno«, sagt er heute. Und: »Ich war voller Respekt für ihn.« Aus Sicht Widmanns blieb der Soziologe stets »der kleine Junge mit den großen Augen und dem klaren Verstand«. Andererseits trat der Student in den Vorlesungen bald als einer der schärfsten Kritiker Adornos auf und sprengte seine Veranstaltungen. Dieser Protest richtete sich gegen »die total autoritäre Vorstellung« des Philosophen vom Unterricht: »Einer steht vorne und redet, alle müssen zuhören.« Die Studenten wollten diese alten Formen der Wissensvermittlung aufbrechen, sie wollten mit dem Professor diskutieren. Das Institut für Sozialforschung der Goethe-Universität auf dem Grundstück Senckenberganlage 26, das Adorno und Horkheimer wieder gegründet hatten, sollte bald zum Ziel studentischen Protests werden.

Mit Verbitterung registrierten die Studenten auch, das Adorno und Horkheimer sich schwertaten mit der Kritik an der Politik der US-Regierung und insbesondere am Vietnamkrieg. Für beide Männer blieben die USA lebenslang das Land, das ihnen auf der Flucht vor der nationalsozialistischen Terrorherrschaft Asyl gewährt hatte. Horkheimer rechtfertigte in einem Vortrag im Amerikahaus an der Staufenstraße im Mai 1967 bereits den Vietnamkrieg sogar als »Verteidigung der Verfassung« der USA und als »Verteidigung der Menschenrechte«. Hier war 1968 der Konflikt mit den revoltierenden Studenten vorprogrammiert. Und zu dem kam es dann auch.

Neben dem Protest gegen den Vietnamkrieg und die verkrusteten Verhältnissen an der Universität selbst besaß der Widerstand noch eine weitere wichtige innenpolitische Triebfeder. Seit 1966 regierte in der Bundesrepublik eine große Koalition aus CDU/CSU und SPD mit dem Bundeskanzler Kurt Georg Kiesinger (CDU) und dem Vizekanzler und Bundesaußenminister Willy Brandt (SPD) an der Spitze. Diese Bundesregierung nun machte es sich zum Ziel, die Grundrechte der Bevölkerung, die 1949 im Grundgesetz formuliert worden waren, durch ein Bündel von Novellen einzuschränken. Diese geplanten »Notstandsgesetze« brachten politischen Zündstoff. So war geplant, dass die Bundesregierung das Post- und Fernmeldegeheimnis zum Teil abschaffen durfte. Zum ersten Mal wollte man die Bundeswehr auch im Inneren des Staates einsetzen, sofern dieser von einem Umsturz bedroht war.

Für große Teile der Gewerkschaften in der Bundesrepublik, aber auch für die revoltierenden Studenten waren die »Notstandsgesetze« eine offene Provokation. Auch in den großen Kirchen gab es Widerstand. Hier regte sich jetzt wieder eine Linke in Deutschland, die nach dem offiziellen Verbot der KPD im Jahre 1956 geschwächt und verunsichert worden war. Der Kampf gegen die Notstandsgesetze wurde zum wichtigen Thema der 68er-Bewegung.

Um zu verstehen, warum sie sich gerade in Frankfurt so entfaltete, muss auch von der Entwicklung der Stadt zwischen 1945 und den späten 60er-Jahren die Rede sein. Frankfurt war im Bombenkrieg der Alliierten von 1944 an schwer getroffen worden, große Teile der Altstadt und Innenstadt waren zerstört, aber auch in den Stadtteilen gab es schwere Schäden. Die erste Stadtregierung der Nachkriegszeit ließ noch berechnen, dass die Beseitigung der Trümmerwüste und der Wiederaufbau der Stadt Jahrzehnte dauern würden. Tatsächlich ging es schneller. Doch Frankfurt zahlte dafür einen hohen Preis.

Nach 1946 bis hin zum Jahr 1977 bildete die SPD die treibende und vorherrschende Kraft in der Kommunalpolitik, zum Teil regierte sie mit absoluter Mehrheit im Rathaus. Bis 1972 bestand aber immerhin die sogenannte »Römer-Koalition« mit der CDU. Das heißt: Die beiden bürgerlichen Parteien entschieden über alle wichtigen Fragen gemeinsam, zeitweise noch unterstützt von der FDP, die aber nach 1972 für lange Zeit nicht mehr ins Stadtparlament gewählt wurde. 1968, im Jahr der Revolte, sahen die politischen Verhältnisse in der Stadtverordnetenversammlung so aus: SPD 42 Sitze, CDU 25 und FDP neun. Bei der Kommunalwahl 1968 war allerdings auch die rechtsradikale NPD in den Römer eingezogen, mit fünf Sitzen.

SPD und CDU hatten gemeinsam den Wiederaufbau der Stadt vorangetrieben. Dabei gewannen deutlich die politischen Kräfte die Oberhand, die für einen städtebaulichen Neuanfang plädierten. Das heißt: Nur wenig sollte noch an die Stadt vor der Zerstörung 1944/1945 erinnern, gar an das 19. Jahrhundert oder ältere Zeiten. Und nichts an die Phase des Nationalsozialismus. Nur wenige architektonische Ikonen mit hohem Symbolwert wurden rekonstruiert.

Das galt zuvorderst für die Paulskirche, die 1848 der Ort der ersten frei gewählten deutschen Nationalversammlung war und deshalb als »Wiege der deutschen Demokratie« besondere Bedeutung besaß. Für sie setzte sich der sozialdemokratische Oberbürgermeister Walter Kolb nach 1946 besonders ein. Doch selbst diese Rekonstruktion war umstritten. Starke Teile der SPD hielten es für viel wichtiger, rasch Wohnungen zu schaffen und die geringen finanziellen Mittel der Stadt auf den Wohnungsbau zu konzentrieren. Kolb konnte die Gemüter nur beruhigen, indem er den Bau der ersten neuen Wohnsiedlung, der Friedrich-Ebert-Siedlung im Gallus, und den Wiederaufbau der Paulskirche parallel vorantrieb. Beide Projekte wurden 1948 vollendet, die Friedrich-Ebert-Siedlung wenige Tage nach der Paulskirche.

Rekonstruiert wurde in den ersten Nachkriegsjahren noch das Goethe-Haus am Großen Hirschgraben, die Geburtsstätte des Dichters. Die Überreste der Altstadt wurden 1949 getilgt, nachdem Frankfurt nicht den von der Kommunalpolitik erhofften Status der Bundeshauptstadt errungen hatte. Gewählt wurde stattdessen, mit starker Protektion des rheinländischen Bundeskanzlers Konrad Adenauer, die rheinländische Kleinstadt Bonn. Wäre Frankfurt Bundeshauptstadt geworden, so hätte Kolb die Altstadt wieder aufbauen wollen. So blieb erst einmal eine Brachfläche zwischen Dom und Römer, die vor allem als Autoparkplatz genutzt wurde.

Der Wiederaufbau Frankfurts aber orientierte sich an zwei Maximen. Die Politik wollte der sich dynamisch ausbreitenden Dienstleistungswirtschaft, also immer neuen Banken und Bürohäusern, Raum schaffen. Und man folgte dem Motto der »autogerechten Stadt«. Der sozialdemokratische Planungsdezernent Hans Kampffmeyer ließ 1964 vom Stadtplanungsamt eine Perspektive erarbeiten, in der das gutbürgerliche Wohnviertel Westend als »City-Erweiterungsgebiet« definiert wurde. Hier sollten die neuen Bürogebäude entstehen, als Hochhäuser entlang wichtiger Verkehrsachsen wie etwa der Bockenheimer Landstraße. Kampffmeyer und die SPD verfolgten das Ziel, Frankfurt neben Paris und London zum »internationalen Finanzplatz« zu machen, wie der Planungsdezernent schrieb.

Und genau das geschah auch. 1968 beschloss das Stadtparlament mit den Stimmen von SPD, CDU und FDP den sogenannten »Fingerplan«. Er löste namentlich bei der Wohnbevölkerung im Westend und in Bockenheim Entsetzen aus, denn er sah vor, dass sich die Bürohochhäuser entlang der Mainzer Landstraße und der Bockenheimer Landstraße wie entlang von Fingern ausbreiten sollten. Der Widerstand der Menschen gegen diese Entwicklung wurzelte 1968. Ein Jahr später wurde die älteste Frankfurter Bürgerinitiative, die Aktionsgemeinschaft Westend (AGW), gegründet, 1971 sollte dann der sogenannte »Häuserkampf« gegen die Zersiedelung des Westends verstärkt beginnen.

1968 formierte sich der Protest bereits. Ein wichtiges Buch, das viele 68er gelesen hatten, war die im Frankfurter Suhrkamp Verlag erschienene Kampfschrift *Die Unwirtlichkeit unserer Städte*. Diese »Anstiftung zum Unfrieden« hatte der Frankfurter Psychoanalytiker und Hochschullehrer Alexander Mitscherlich schon 1965 veröffentlicht. Er war von 1960 bis 1976 Direktor des von ihm gegründeten Sigmund-Freud-

Instituts in Frankfurt und hatte sich zunächst mit den Verbrechen der Medizin in der nationalsozialistischen Zeit beschäftigt. In *Die Unwirtlichkeit unserer Städte* prangerte er die Fehler beim Wiederaufbau der kriegszerstörten deutschen Kommunen an. Die Stadtentwicklung, schrieb Mitscherlich, werde zunehmend von »Profitgier« diktiert und verliere jeden menschlichen Maßstab. Dabei untersuchte er auch die großen Trabantenstädte, also die Wohnsiedlungen auf der grünen Wiese, wie sie auch in Frankfurt in den 60er-Jahren gebaut worden waren (Beispiel Nordweststadt).

Protest regte sich 1968 aber auch gegen die »autogerechte Stadt« Frankfurt. Beim Wiederaufbau waren große Verkehrsschneisen geschlagen worden, unter deren Folgen die Kommune heute noch leidet. Als Prototyp darf die Berliner Straße im Herzen der Innenstadt gelten, die noch immer eine große Trennwirkung entfaltet. Der sozialdemokratische Verkehrsdezernent Walter Möller hatte es schon 1967 öffentlich als seine Aufgabe bezeichnet, »die Stadt dem Auto anzupassen«. Doch zeigte sich damals schon, welcher Irrweg damit eingeschlagen worden war. Obwohl immer mehr und immer breitere Straßen geschaffen wurden, wuchsen zugleich die Staus, vor allem in der notorisch überlasteten Innenstadt. Die Zahl der Autos stieg immer mehr an. Es entstanden Ende der 60er-Jahre allenthalben Parkhäuser in der Stadt. Und es zeigte sich: Mehr Verkehrswege ziehen auch mehr Verkehr an. Es war ein Wettlauf, den die Kommunalpolitik nicht gewinnen konnte.

Eine Folge all dieser Missstände war, dass immer mehr Menschen der Stadt den Rücken kehrten. Die Zahl der Einwohner sank beständig. Allein im Jahr 1967 ging sie um 16 000 zurück, auf nur noch 667 456. Die Revolte des Jahres 1968 spielte sich in einer schrumpfenden Stadt ab.

Vom Vietnamkrieg über die Notstandsgesetze, von der Stadtentwicklung bis hin zum Protest gegen den Springer-Verlag: Für all die Themen, die 1968 die Menschen in Frankfurt beschäftigten, gab es recht wenige Orte der kritischen Öffentlichkeit. Ein Treffpunkt der Linken war der 1962 gegründete *Club Voltaire* im Haus Kleine Hochstraße 5. Für seinen Mitbegründer Heiner Halberstadt, heute 89 Jahre alt, begann das Jahr 1968 mit dem Ausschluss aus der SPD. »Ich hatte mich geweigert, mich vom geplanten Ostermarsch zurückzuziehen, und wollte unbedingt teilnehmen.« Das war genug Grund für die Sozialdemokraten, ihn auszuschließen.

Der kleine Club mit seiner Bar und der Kneipe im Erdgeschoss und weiteren Räumen in der ersten Etage wurde 1968 immer mehr zur Bühne für die verschiedenen Protestbewegungen. Halberstadt knüpfte Kontakte selbst zu den militanten Bürgerrechtlern der »Black Panther«-Bewegung in den USA und lud sie ein. Tatsächlich trat eine Delegation der »Panther« im Club auf und diskutierte mit den Gästen, während Polizisten misstrauisch »die gefährlichen Schwarzen« beäugten, aber nicht einschritten. Studentenführer Hans-Jürgen Krahl, der als intellektueller Kopf der Frankfurter Bewegung galt, war »Stammgast« im Club und pflegte dort seine Vorliebe für Korn. Auch der junge Regisseur Claus Peymann, der am nahen Theater am Turm (TAT) inszenierte, war nach Halberstadts Erinnerung häufiger Gast.

Die kritische Journalistin Ulrike Meinhof, die regelmäßig für die linke Zeitschrift *konkret* schrieb, war schon 1967 im *Club Voltaire* aufgetreten. Ihr Thema waren damals die teils schlimmen Bedingungen in deutschen Kinder- und Erziehungsheimen, über die sie später ihr Buch *Bambule. Fürsorge – Sorge für wen?* schrieb. Nur wenige Jahre später, 1970, entschied sie sich für den bewaffneten Kampf in der Rote Armee Fraktion (RAF).

Ein zweiter wichtiger Treffpunkt, insbesondere für die Studenten, war 1968 das nach dem früheren OB Walter Kolb benannte Studentenwohnheim am Beethovenplatz im Westend einschließlich seines Kellers, in dem es eine Musikanlage gab und man tanzen konnte. Das Haus bot einen sogenannten Vortragssaal, in dem sich die Vertreter des SDS regelmäßig trafen. Eine massive Wolke von Zigarettenrauch schien stets in dem Raum zu hängen, in dem oft bis spät in die Nacht diskutiert wurde. Fast alle 68er in Frankfurt haben Erinnerungen an das Kolb-Heim. Hier gab Studentenführer Krahl seine Marx-Schulungen. Irmelin Demisch, die 1968 dort teilgenommen hat, schwärmt noch heute von diesem Unterricht: »Das war hervorragend.« Im Kolb-Keller darunter wurde getanzt: Es war der ideale Ort, zu flirten und Beziehungen anzubahnen.

Wichtig für die Bewegung sollte auch der erste linke Buchladen in Frankfurt werden, das *Libresso* im Haus Opernplatz 10, eröffnet im Oktober 1968. Zehn Jahre lang, bis zum Januar 1979, existierte er. Anfangs gab es dort Bücher und Zeitschriften zu kaufen, die im übrigen Buchhandel schwer erhältlich waren. Doch als andere Unternehmen der Gegenkultur entstanden, namentlich der Versand Zweitausendeins mit dem ersten Laden in Frankfurt, hatte es das *Libresso* immer schwerer.

Bemerkenswert bleibt, wie wenig die etablierte Kommunalpolitik in der Stadt von der Gegenkultur und von den Protesten des Jahres 1968 Notiz nahm. Die Historikerin Bettina Tüffers hat für ihr 2011 erschienenes Buch *Von der Römerkoalition bis zur Parteienkonkurrenz* die Protokolle der

Frankfurter Stadtverordnetenversammlung 1946 bis 1989 ausgewertet. Sie kommt zu dem Schluss: »In Anbetracht dessen, dass Frankfurt neben Berlin das Zentrum der deutschen Studentenbewegung war, finden sich erstaunlich wenig Anhaltspunkte dazu in den Protokollen der Stadtverordnetensitzungen.« Die gewählten Volksvertreter nahmen lange kaum bis überhaupt nicht zur Kenntnis, was sich da in ihrer Stadt tat. Absolut bemerkenswert.

Aber auch sonst kommt der »offizielle« Umgang mit 1968 teilweise einer Verleugnung gleich. Im Jahre 1994 erschien zum Beispiel die rund 650seitige Geschichte der Stadt Frankfurt, herausgegeben von der Frankfurter Historischen Kommission. Das 1906 gegründete Gremium hat die offizielle Aufgabe, »Quellen und Darstellungen zur Frankfurter Geschichte« zu veröffentlichen. 1994 gehörten der Kommission 25 namhafte Historiker unter dem Vorsitz von Lothar Gall an. Das Kapitel zu »Frankfurt am Main in der Nachkriegszeit und bis 1989« schrieb die Historikerin Frolinde Balser. Die Sozialdemokratin und langjährige Stadtverordnete, die 1976 erste Stadtverordnetenvorsteherin geworden war, widmet dem Bruch von 1968 genau zwanzig Zeilen. Darin heißt es: »Die Probleme der beginnenden Studentenunruhen und die Konflikte infolge der City-Erweiterung ins Westend belasteten von 1968 an die gesamte Stadtpolitik.« Und einige Zeilen danach: »Innerhalb der SPD waren bei all diesen Ereignissen die Sympathien und Aktivitäten meist geteilt, so daß die Konflikte für alle Beteiligten reichlich aufreibend gewesen sind.«

Wir wollen in diesem Buch über das Jahr 1968 in Frankfurt ein wenig ausführlicher werden.

Was in Frankfurt geschah
Der Auftakt

Das Jahr der Revolte kam also nicht aus dem Nichts. Langsam baute sich außerhalb der Parlamente Druck auf. Es war das Bekanntwerden der Pläne für die Notstandsgesetze, das in Frankfurt schon vor 1968 für Proteste gesorgt hatte. Am 15. Juni 1965 kamen bei einer ersten großen Demonstration 5000 Menschen zusammen. In dieser Zeit begann Martin Wentz sein Studium der Physik an der Frankfurter Universität. Er war schon 1963, im Alter von siebzehn Jahren, zu Hause ausgezogen, »weil ich die Enge des Elternhauses nicht mehr ausgehalten habe«. Wie viele andere seiner Generation verzweifelte Wentz am Schweigen seines Vaters über die Zeit der nationalsozialistischen Terrorherrschaft: »Mein Vater hat nie über Politik gesprochen.« Erst nach und nach fand der Sohn heraus, dass sein Vater als Kommunist von den Nazis 1933 ins Gefängnis geworfen worden war. Danach zwang man ihn, Mitglied bei der Reiter-SA zu werden. Was wiederum dazu führte, dass er 1945 in der sowjetisch besetzten Zone inhaftiert worden war. Die Familie floh schließlich aus der DDR in den Westen. Die Physikstudenten wie Wentz waren Mitte der 60er »völlig apolitisch«.

Doch zu dieser Zeit begann es in Frankfurt bereits zu gären. Die Gewerkschaften sorgten für Mobilisierung in den großen Industriebetrieben der Stadt. Am 30. Oktober 1966 strömten bereits 30 000 Menschen auf den Römerberg, um dort ihren Widerstand gegen die Notstandsgesetze zu bekunden.

Große emotionale Wirkung bei den Studenten aber löste erst der Tod von Benno Ohnesorg in Berlin aus. Der Student wurde am 2. Juni 1967 vom Polizisten Karl-Heinz Kurras bei einer Demonstration gegen den Besuch des Schah von Persien erschossen. Die Behörden verschleierten lange die tatsächlichen Umstände seines Todes. Tatsächlich hatte der Polizeibeamte den 26-Jährigen mit einem Pistolenschuss aus kurzer Distanz in den Hinterkopf getroffen, Kurras war dabei völlig unbedrängt gewesen. Er hatte gezielt geschossen. Kurras hatte dagegen behauptet, er sei von einer Gruppe von zehn Personen umringt, verprügelt und mit Messern angegriffen worden. In Notwehr habe er dann von seiner Pistole Gebrauch gemacht, der Schuss auf Ohnesorg habe diesen nur versehentlich getroffen. Obwohl eine große Zahl von Zeugen dieser Darstellung widersprach, wurde der Polizeibeamte in zwei Prozessen wegen fahrlässiger Tötung freigesprochen. Ohnesorgs Vater als Nebenkläger war vom Rechtsanwalt Otto Schily vertreten worden, dem späteren Bundesinnenminister.

Erst im Jahr 2009 stellte sich zweifelsfrei heraus, dass Kurras für die DDR-Staatssicherheit gearbeitet hatte. Der lange pensionierte Polizeibeamte gab dies auch zu. Daraufhin wurde ein neues Ermittlungsverfahren gegen ihn angestrengt, um herauszufinden, ob er 1967 im Auftrag der Staatssicherheit gehandelt haben könnte. Die Berliner Generalstaatsanwaltschaft stellte die Ermittlungen allerdings 2011 ein, weil sich für einen Stasi-Zusammenhang keine hinreichenden Anhaltspunkte fanden.

Für viele Studenten in Frankfurt war der Tod von Benno Ohnesorg das Signal, auf die Straße zu gehen und sich der Protestbewegung anzuschließen. Irmelin Demisch erinnert sich: »Nach dem Tod von Ohnesorg gab es das erste Sit-in auf dem Campus der Universität.« Demonstrationen zogen

Halb zog es ihn, halb sank er hin – Habermas und die 68er

durch die Frankfurter Innenstadt. Für die Studenten hieß die schockierende Botschaft aus Berlin: Sie konnten ihr Leben riskieren, wenn sie protestierten. Die Staatsmacht schreckte offenbar auch vor Waffengewalt nicht zurück. Für die Protestbewegung war der Tod von Ohnesorg ein Mord, verübt von einem Vertreter des Staates. Und er blieb offensichtlich ungesühnt. Es war genau das geschehen, was man erst dann erwartet hätte, wenn die umstrittenen Notstandsgesetze in Kraft getreten wären.

Heiner Boehncke beschreibt den Schock des 2. Juni: »Wir machten die Erfahrung, dass staatliche Gewalt angewendet wurde, um friedliebende Studenten einzuschüchtern.« KD Wolff, der bald darauf in Frankfurt zum Bundesvorsitzenden des Sozialistischen Deutschen Studentenbundes (SDS) gewählt werden sollte, hält den Tod von Ohnesorg für »die Initialzündung« des Protests. Von da an habe der SDS immer größeren Zulauf gehabt. »Für mich war es der Beginn eines Politisierungsprozesses«, sagt Martin Wentz.

Der 2. Juni diente auch einigen als Begründung, in den Untergrund zu gehen und zum bewaffneten Kampf aufzurufen. Im Januar 1972 wurde die »Bewegung 2. Juni« gegründet. Sie verübte Bombenanschläge und Banküberfälle. Beim Versuch, den Präsidenten des Berliner Kammergerichts, Günter von Drenkmann, zu entführen, wurde dieser 1974 erschossen. 1975 entführte die Bewegung 2. Juni den Berliner CDU-Spitzenpolitiker Peter Lorenz. Es gelang, dadurch mehrere Gesinnungsgenossen aus dem Gefängnis freizupressen.

Zurück in das Jahr 1967 in Frankfurt. Am 18. Juni, nur wenige Tage nach dem Tod Ohnesorgs, versammeln sich in Frankfurt zum ersten Mal Schülergruppen aus ganz Deutschland zu einem Kongress. Das Treffen stand ganz unter dem

Eindrucks der Ereignisse in Berlin. Vertreter von 29 Schülerinitiativen schlossen sich zum Aktionszentrum Undogmatischer und Sozialistischer Schüler (AUSS) zusammen. Es war der Beginn einer bundesweit organisierten Schülerbewegung.

Der Tod von Benno Ohnesorg führte aber in der Protestbewegung insgesamt zu einer Diskussion über Gewalt. Da der Staat offenbar entschlossen war, seine Macht mit gewaltsamen Mitteln zu verteidigen, fragten sich die Studenten, welche Form von Widerstand auf ihrer Seite legitim war. War die Gewalt gegen Sachen erlaubt, wenn also zum Beispiel Pflastersteine in Fensterscheiben flogen? Oder durfte man auch Gewalt gegen Menschen anwenden, also etwa Polizeibeamte angreifen?

Für viele 68er sind diese Fragen auch heute noch höchst umstritten. Einige scheuen sich aber, offen darüber zu sprechen, welche Gewalt sie selbst damals angewandt haben. In den Demonstrationszügen in Frankfurt formierten sich 1967 erstmals sogenannte »Hit and Run«-Abteilungen. Es handelte sich um körperlich fitte Genossinnen und Genossen, die den Auftrag hatten, etwa mit Steinen Ziele zu attackieren und sich dann aber sehr rasch zurückzuziehen und in der Menge der Demonstranten unterzutauchen. Zu ihnen zählte damals auch Irmelin Demisch. Sie sagt offen: »Ich hab Steine geschmissen!« Frankfurt habe ja zum Glück seinerzeit noch über viel Kopfsteinpflaster verfügt. Sie sagt stolz: »Ich konnte weit werfen, weiter als bei den Bundesjugendspielen.«

Doch jenseits der Ironie gab es viele Diskussionen über Gewalt. Demisch zieht einen klaren Grenzstrich: »Für mich war immer klar: Gewalt gegen Menschen nie.« Arno Widmann bekennt: »Ich habe nie einen Stein geworfen, dafür aber Molotowcocktails in Gebäude reingeschmissen.« Molotowcocktails, gerne auch Mollis genannt, waren mit Benzin gefüllte Flaschen, mit einem Zünder versehen, die in Brand gesetzt und als Wurfgeschosse verwendet wurden. Benannt waren sie nach dem hartleibigen sowjetischen Außenminister der Stalinzeit, Wjatscheslaw Molotow (1890–1986), der bis zu seinem Tod alle Terrorakte der UdSSR rechtfertigte. Molotowcocktails waren keine Erfindung der Studentenbewegung. Tatsächlich hatte es solche Wurfwaffen mit brennbaren Zündern schon während des Zweiten Weltkriegs sowohl auf sowjetischer wie auch auf deutscher Seite gegeben.

Auch Widmann will niemals Gewalt gegen Menschen angewandt haben. Ihm sei stets klar gewesen, sagt er, dass die Protestierenden mit gewaltsamen Mitteln gegen die Polizeibeamten immer unterliegen würden. »Eine Eskalation würde nichts bringen, wir würden immer die Schwächeren sein.« In den Wohngemeinschaften, erinnert sich Widmann, sei damals darüber diskutiert worden, zu welchen Demonstrationen man hingehen wolle und zu welchen nicht, bei welchen Aktionen Gewalt zu erwarten sei und bei welchen nicht. »Ich habe Gewalt gegen Sachen zunächst noch unterstützt«, so Martin Wentz. Doch Gewalt gegen Personen sei für ihn nie akzeptabel gewesen: »Ich riskiere kein Menschenleben.«

Bernd Schwibs weiß noch, dass er schon 1967 in einem Seminar des jungen Soziologen Oskar Negt an der Frankfurter Universität über den Einsatz von Gewalt diskutiert habe. Die Demonstrationen seien damals zunehmend gewalttätiger geworden. »Die Polizei hat sich nicht zurückgehalten, und irgendwann stand man vor der Frage, selber Steine zu werfen.« Schwibs entschied sich klar. Schon von seinem Naturell her sei er nicht in der Lage gewesen, Gewalt anzuwenden.

»Ich habe nie einen Stein geworfen und habe bei Demonstrationen nie in vorderster Front gestanden.« Der Übersetzer hält Gewalt gegen Personen genauso für problematisch wie Gewalt gegen Sachen.

Auch Daniel Cohn-Bendit, der prominenteste 68er, bleibt bis heute dabei, dass er nie Steine geworfen habe. »Ich empfand es als falsch, auf die Staatsgewalt mit Gewalt zu antworten.« Das, betont Cohn-Bendit, habe ihn stets von Joschka Fischer unterschieden. Fischer trat später beim sogenannten »Häuserkampf« im Frankfurter Westend ab 1971, als es um die Erhaltung von Wohnhäusern und die Abwehr von Spekulanten ging, als gewalttätiger Demonstrant hervor. Er gehörte der sogenannten »Putztruppe« an, die als gewaltbereite Gruppierung galt. Berühmt wurden die Fotografien, die zeigten, wie der spätere Bundesaußenminister am 7. April 1973 in Bornheim den Polizeibeamten Rainer Marx verprügelt hatte. Als im Jahr 2000 die CDU diese Fotografien gegen den Außenminister instrumentalisieren wollte, entschuldigte der sich bei dem Polizisten. Und Marx nahm die Entschuldigung an.

1967 in Frankfurt beriefen sich Demonstranten, die begannen, Gewalt auszuüben, auf politische Vorbilder. Große Bewunderung genoss das Vorgehen der kubanischen Revolutionäre, die gerade einmal neun Jahre zuvor auf Kuba den Diktator Fulgencio Batista gestürzt hatten. Natürlich hatten Fidel Castro und Che Guevara, deren Fotografien jetzt in Frankfurter Wohngemeinschaften hingen, 1958 bei ihrem Vormarsch auf die kubanische Hauptstadt Havanna Gewalt angewandt. Die kubanische Revolution, so war das Argument eines Teils der Protestierenden in Frankfurt, sei der beste Beweis dafür, dass man manchmal Gewalt anwenden müsse, um eine gewaltsame Diktatur zu besiegen. »Es hieß von einem Teil der Studenten, die Revolution sei eben nur mit Gewalt machbar«, so Martin Wentz.

Natürlich stützten sich gewaltbereite Demonstranten in Frankfurt damals auch auf aktuelle Beispiele, eben den Kampf der Guerillas des Vietcong im Vietnamkrieg gegen die US-Armee. Und auch auf palästinensische Untergrundkämpfer, die sich gewaltsam gegen ihre Unterdrückung durch die Israelis zu wehren begannen. Diese Diskussion um Gewalt erreichte damals auch den Künstler Thomas Bayrle. Er nahm an den Diskussionen teil, er sei aber nicht zur Gewalt in der Lage gewesen, sagt er heute: »Ich bin kein tapferer Mensch, ich bin ein arger Feigling.« Er habe die Gewalt aber auch für falsch gehalten: »Ich besitze zu viele bürgerliche Gene.«

Von Hannover aus wurde die Debatte in Frankfurt um Gewalt im Sommer 1967 zusätzlich angeheizt. Am 9. Juni war Benno Ohnesorg dort, in seiner Heimatstadt, zu Grabe getragen worden. Am gleichen Ort organisierte der SDS danach einen Kongress, bei dem um genau diese Frage gestritten wurde: Wie sollte die Studentenbewegung auf den gewaltsamen Tod Ohnesorgs reagieren? Studentenführer Rudi Dutschke rief dazu auf, an allen Universitäten Aktionszentren zu gründen und mit passiven Sitzstreiks auf Provokationen der Polizei zu antworten. Zugleich sollten die Menschen aber »die etablierten Spielregeln dieser unvernünftigen Demokratie« bewusst durchbrechen. Jürgen Habermas hatte sich zunächst mit den Studenten solidarisiert, sie aber vor direkten Aktionen gewarnt. Nach der Rede von Dutschke ging er ans Pult zurück und warf diesem eine Terminologie vor, die man »linken Faschismus« nennen müsse. Es stelle sich die

Der Vater der »Kritischen Theorie« und seine Sprösslinge: Horkheimer, Marcuse, Adorno und Habermas, gezeichnet von Volker Kriegel

Frage, ob Dutschke nicht bewusst bei Demonstrationen Opfer von Gewalt in Kauf nehme.

Später hat Habermas den Vorwurf des »linken Faschismus« zwar zurückgenommen, aber 1967 sorgte er für große Empörung und Aufregung bei der Protestbewegung. Der SDS verwahrte sich dagegen, in eine rechte Ecke gestellt und gar mit Aktionsformen der NSDAP Ende der 20er-Jahre gleichgestellt zu werden. Obwohl Habermas sich schon am 26. Juli 1967 von seinen Worten distanzierte und in einem Brief an den Dichter Erich Fried von einem »hypothetischen Zusammenhang« sprach, blieb der Vorwurf des »Linksfaschismus« in der Welt. Mehr noch: Er diente auch an der Frankfurter Universität den Gegnern des Protests als willkommenes Argument.

So griff der Rektor der Frankfurter Universität, Walter Rüegg, im November 1967 die Worte von Habermas auf und verurteilte ein geplantes Go-in der Studenten an der Uni vorab als »Einübung faschistischer Terrormethoden«. Die Studenten sahen das wiederum als »Diffamierung unbequemer Minderheiten« an, die sie entschieden zurückwiesen.

Die Gewaltdiskussion schien zu diesem Zeitpunkt noch fast abgehoben zu sein. Tatsächlich tauchten Ende 1967/Anfang 1968 in Frankfurt schon Personen auf, die bald mit einem konkreten Gewaltanschlag bisher unbekannten Ausmaßes von sich reden machen sollten. Andreas Baader und Gudrun Ensslin wurden damals zum ersten Mal in Frankfurter Szene-Treffpunkten gesichtet. So erinnert sich Heiner Halberstadt an das erste Auftauchen von Baader und Ensslin. Insbesondere Baader sei im Club Voltaire ganz auf Provokation aus gewesen. »Er hat Geldscheine in die Räume im Erdgeschoss geworfen und laut geschrien: Geld für die Revolution!« Als Halberstadt dem jungen Mann entgegentrat, habe der ihn beleidigt. Unter anderem rief Baader: »Du bist doch Sozialdemokrat!«, was in den Augen eines selbst ernannten »Revolutionärs« damals als größte Herabwürdigung galt.

So traten Baader und Ensslin damals zum ersten Mal in der linken Szene in Frankfurt auf. Die Studentin und der Mann aus München mit der abgebrochenen Schulausbildung hatten sich im Sommer 1967 in Berlin kennengelernt. Die beiden hätten gegensätzlicher nicht sein können. Ensslin, Tochter aus einer schwäbischen Pfarrersfamilie, war studierte Lehrerin und besaß einen Doktortitel in Germanistik, ihre Doktorarbeit hatte sich mit dem Schriftsteller Hans Henny Jahnn beschäftigt. Sie hatte mit ihrem Freund Bernward Vesper den Verlag *Studio Neue Literatur* gegründet. Der arbeitslose Baader versuchte damals geradezu verzweifelt, Anschluss an die Studentenbewegung zu finden. Er tauchte kurz in der Kommune 1 in Berlin auf und nahm auch an einem Happening mit dem Spaß-Aktivisten Fritz Teufel auf dem Kudamm teil. Im Sommer 1967 wurden Baader und Ensslin ein Liebespaar. Sie lernten sich, das berichteten jedenfalls Zeugen, im Juli kennen.

In diesem Sommer muss bei beiden auch die Idee entstanden sein, die sie 1968 in Frankfurt verwirklichen sollten: Anschläge auf Kaufhäuser als Signal des Protests. Ausgangspunkt könnte der verheerende Brand in einem Brüsseler Kaufhaus im Mai 1967 gewesen sein. Bei diesem schweren Unglück starben 323 Menschen. Die Kommune 1 feierte diese Katastrophe aber als Fanal gegen den imperialistischen Krieg der USA in Vietnam und gegen den Konsumterror. In Flugblättern stellte sie die Frage: »Wann brennen in Berlin die Kaufhäuser?« Schon am 4. August 1967 machten Baader und Ensslin erstmals öffentlich durch eine Aktion auf sich aufmerksam: Sie zündeten vor der Berliner Gedächtniskirche eine Rauchbombe. War dies in Berlin noch eine Provokation ohne große Folgen, sollten Baader, Ensslin und andere 1968 in Frankfurt Ernst machen.

Nicht nur Halberstadt, auch andere Zeitzeugen erinnern

sich an Begegnungen mit Andreas Baader. Doch bei den Studenten stieß der ungebildete Mann mit seinem bewusst provokativen Auftreten, der eine merkwürdige Faszination auf Frauen auszuüben schien, auf Ablehnung. Arno Widmann nennt ihn in der Erinnerung einen »Strizzi«, übersetzt also einen »Strolch« oder Kleinkriminellen. »Andreas Baader hat mich total davor bewahrt, in den Untergrund zu gehen und mich einer Terrororganisation anzuschließen.« Peter Härtling urteilt: »Baader war ein Tropf.« Er habe aber auf andere, insbesondere auf Frauen, eine »unsichtbare magnetische Kraft« ausgeübt: »Gudrun Ensslin war von ihm fasziniert.« Bei Ensslin sieht der Schriftsteller auch den »Idealismus« und den »Pietismus« als treibende Kräfte, die ihr als Tochter einer Pfarrersfamilie vermittelt worden seien. »Ich habe nie begriffen, was Ensslin an Baader fand.« Nur fünf Jahre später sollten Baader und Ensslin zu den Köpfen der Rote Armee Fraktion (RAF) gehören, die den Staat mit Terroranschlägen angriffen.

In Frankfurt wurden die Weichen für diese Entwicklung gestellt. Hätte man damals noch die Biografien von Baader und Ensslin positiv beeinflussen können? Härtling verneint das im Rückblick. »Nein, das hätte man nicht verhindern können, da existierte einfach eine Welt neben der anderen.« Auch der Künstler Thomas Bayrle dachte damals intensiv über sein Verhältnis zur Gewalt nach. Er wurde sogar von gewaltbereiten Genossen darauf angesprochen, ob er sich ein Leben im Untergrund vorstellen könne. »Die haben es versucht«, sagt er, ohne näher ins Detail zu gehen. Doch er wusste: »Das kannst du nicht bringen.« Er habe sich zu sehr »als bürgerliche Existenz gefühlt«. Bei aller Kritik an den Verhältnissen in der Bundesrepublik stand ihm am Ende »das

Parteiensystem näher als die Diktatur des Proletariats«. Vor allem aber wollte er nicht dem Leben als Künstler und der Kunst entsagen. Martin Wentz wollte damals »den Umsturz der wirtschaftlichen Verhältnisse, na klar«. Doch in den Untergrund zu gehen und mit Waffengewalt zu kämpfen, »war für mich nie ein Thema«.

Die Auseinandersetzung eskaliert

In Frankfurt brach das Jahr 1968 an. Eine erste Vorahnung kommender Auseinandersetzungen vermittelte die offizielle Fragestunde, die der Senat der Goethe-Universität am 12. Januar für die Studenten angeboten hatte. Dort forderten protestierende Kommilitonen umfassende Reformen des Universitätsbetriebs und stießen bei den Professoren auf Unverständnis. Die Fragestunde wurde schließlich abgebrochen. Man vertagte sich auf den 15. Januar. Schauplatz des Geschehens war der große Hörsaal VI, der im Laufe des Jahres noch unzählige Veranstaltungen erleben sollte. Am 15. Januar wurde die Atmosphäre nicht besser. Es kam zu heftigen Auseinandersetzungen zwischen den Mitgliedern des Senats und den Studenten, die am Ende mit einem »Go-out« den Hörsaal verließen.

Die letzten Versuche, noch zu einer friedlichen Verständigung über eine Reform des Universitätsbetriebes zu kommen, scheiterten also gleich zu Beginn des Jahres 1968. Wichtige Forderungen der Studenten wurden nicht erfüllt, dafür zeigte sich der Senat einfach nicht flexibel genug. Die Studenten wollten, dass Seminare keine zeitliche Begrenzung mehr erfuhren. Die Versammlung sollte selbst jeweils das Ende der

Diskussion bestimmen. Referate wurden nicht mehr als Leistungsnachweise verstanden, um die begehrten Scheine zu bekommen. Sie sollten lediglich als Diskussionsbeiträge verstanden werden. Ein wichtiges Ziel war auch, dass nicht mehr der jeweilige Professor (Professorinnen gab es kaum) das Geschehen bestimmte und die Diskussion leitete. Eine Diskussionsleitung sollte stattdessen aus der Versammlung heraus bestimmt werden.

Für alle Seminare wollte man einen Vorbereitungsraum. Hier sollten stets Papier und Vervielfältigungsmöglichkeiten vorhanden sein, um Flugblätter erstellen zu können. Es wurde also auch sehr praktisch gedacht.

Sehr wichtig war: Über den Lehrplan sollten nicht mehr die Professoren bestimmen. Stattdessen wollten die Studenten, dass eine Vollversammlung des jeweiligen Fachbereichs über die Unterrichtsinhalte entschied. Das Studium sollte nicht mehr einer kleinen privilegierten Minderheit vorbehalten bleiben, sondern allen sozialen Schichten geöffnet werden. Seinerzeit gelangten nur sehr wenige Kinder aus der Arbeiterschicht an die Universität, das sollte sich endlich ändern. All das stand unter dem Motto, dass im 19. Jahrhundert einst Karl Marx ausgegeben hatte: »Die Philosophen haben die Welt nur verschieden interpretiert, es kommt aber darauf an, sie zu verändern.« Professoren, von denen sich die Studenten Unterstützung erwarteten, wurden alsbald im Unterricht in ständige Diskussionen verwickelt. Das galt bei den Soziologen natürlich für Theodor W. Adorno, aber mehr für die Vertreter der jüngeren Generation der Kritischen Theorie wie Jürgen Habermas oder Oskar Negt. Sie waren mehr als Adorno zur Diskussion bereit.

Am Ende sollten Pflichtprüfungen abgeschafft werden, so

Oskar Negt – Grenzgänger zwischen Gewerkschaften, Sozialdemokratie und Studentenbewegung

die Forderung der Studenten. Ihr Gegenmodell sah ein Studium als »permanenten Diskussionsprozess« vor. Am 22. Januar 1968 präsentierte sich an der Universität erstmals das Studentische Aktionskomitee. Es war auf Initiative des SDS gegründet worden und sollte fortan alle Aktivitäten für eine Umwälzung des Unterrichtsbetriebes koordinieren.

Zu dieser Zeit Anfang des Jahres war der Protest aber einfach auch ein großer Spaß. Es machte Spaß, auf die Straße zu gehen, die Polizeibeamten zu provozieren. Die Medien griffen den Protest immer mehr auf, gerade die Berichterstattung im Fernsehen war wichtig, um die Anliegen zu verbreiten. Arno Widmann erinnert sich: »Es gab jede Woche mindestens eine Demonstration, sei es gegen die Diktatur von Franco in Spanien, gegen den Vietnamkrieg oder die Notstandsgesetze.« Peter Härtling beschreibt die Atmosphäre als »eine konstante Erregung, eine Art Daueraufregung«. Wenn der Verlagsleiter morgens von seinem Wohnhaus in Mörfelden-Walldorf nach Frankfurt hineinfuhr, fragte er sich: »Was wird heute wieder sein?«

Der damalige Leiter des S. Fischer Verlages stand der Revolte zunächst mit Sympathien gegenüber. »Was ich unterstützt habe, war, dass endlich die Verlogenheit der Generation nach dem Zweiten Weltkrieg aufgebrochen wurde.« Endlich wurde Thema, so Härtling, dass noch immer viele alte Nazis an einflussreichen Positionen der Nachkriegsgesellschaft saßen. Freilich sah sich der Verlagsleiter bald mit einem Aufstand der Beschäftigten im eigenen Haus konfrontiert. Auch bei S. Fischer gab es jetzt Betriebsversammlungen, bei denen die Belegschaft eine Verbesserung ihrer Situation, auch eine bessere Entlohnung forderte. Härtling sah sich in die Rolle gedrängt, die bestehenden Verhältnisse verteidigen zu müssen, er schmunzelt noch heute über diese Situation. »Es wurde dann bei den Versammlungen argumentiert, wir sind doch arme Kapitalistenknechte.« Der Verlagsleiter hielt aus Überzeugung dagegen. »Ich habe denen gesagt, was wollt ihr denn, ihr könnt doch die Bücher machen, die ihr machen wollt.« Da habe dann auch keiner widersprochen.

Der Staat versuchte, angesichts des wachsenden Protests auch positive Zeichen zu setzen. Am 27. Januar 1968 wurde die Frankfurter Studentin Karin Storch in München mit dem Theodor-Heuss-Preis ausgezeichnet, für ihr bürgerschaftliches Engagement. Die nach dem früheren Bundespräsidenten benannte Auszeichnung erhielt die Frankfurterin, weil sie sich noch am Gymnasium in der Schülermitverwaltung engagiert hatte. In ihrer Abiturrede hatte sie die verkrusteten Verhältnisse an den Gymnasien beklagt. Gemeinsam mit der Studentin aus Frankfurt wird übrigens der damalige Bundesjustizminister Gustav Heinemann gewürdigt.

Die Städtischen Bühnen hatten am gleichen Tag mit einer Würdigung von Bertolt Brecht aus Anlass seines 70. Geburtstages ein fortschrittliches Zeichen gesetzt. Generalintendant Harry Buckwitz hatte in den vergangenen Jahren immer wieder Stücke von Brecht inszeniert, obwohl der Dichter konservativen bürgerlichen Kreisen in der Stadt schlicht als Kommunist galt, dessen Werke eigentlich verboten gehörten. Am 27. Januar ging Buckwitz noch ein Stück weiter. Er hatte die Brecht-Witwe Therese Giehse nach Frankfurt eingeladen, und sie kam auch tatsächlich und las und sang im Schauspielhaus Texte und Lieder des Dramatikers. Das war eine offene Provokation insbesondere der CDU im Stadtparlament. Deren kulturpolitischer Sprecher Hans-Ulrich Korenke hatte Brecht noch im Jahre 1961 in einer Debatte als »Apologet des politischen Terrors« verurteilt. So waren damals die Verhältnisse.

Buckwitz beließ es dabei nicht, er provozierte seine Kritiker von rechts weiter. Am 3. Februar 1968 eröffnete er an den Städtischen Bühnen die Frankfurter Brecht-Tage. Im Foyer des Schauspiels wurde die Ausstellung »Brecht auf deutschen Bühnen« mit zahlreichen Fotografien gezeigt, darunter auch etliche von Frankfurter Aufführungen und Premieren.

Doch die Stadtgesellschaft und die Revolte an der Universität blieben zu diesem Zeitpunkt noch getrennte Sphären. Auch der Sozialistische Deutsche Studentenbund hatte sich einen prominenten Gast aus Berlin eingeladen. Am 5. Fe-

Rudi Dutschke im Frankfurter Getümmel

bruar landete Studentenführer Rudi Dutschke auf dem Rhein-Main-Flughafen und wurde von einer Menge von Sympathisanten erwartet. Dutschke sprach bei einem Teach-in in der Universität und versuchte dann, die Gunst der Stunde zu nutzen: Er rief dazu auf, das nahe US-Generalkonsulat auf dem Grundstück Siesmayerstraße 21 zu besetzen. Das fünfgeschossige Gebäude war schon damals eine der größten Auslandsvertretungen der USA überhaupt mit einer dreistelligen Zahl von Mitarbeitern. Von hier aus koordinierte die amerikanische Regierung viele politische Aktivitäten in Deutschland, darunter auch Spionageeinsätze. Etwa 2000 Demonstranten versuchten von der Bockenheimer Anlage her, das Gelände des Generalkonsulats zu stürmen. Doch die Polizei hatte massive Absperrungen errichtet, die sie mit dem Einsatz von Wasserwerfern und Schlagstöcken verteidigte. Den Protestierenden gelang der Durchbruch auf das Grundstück des Konsulats nicht.

Es zeigte sich an diesem Tag, dass die Auseinandersetzungen an Härte gewinnen würden. Die Polizei zeigte sich besser aufgestellt als noch im Jahr 1967. »Die Polizei war zunächst nicht richtig vorbereitet und auch nicht ausgerüstet für die Demonstrationen und wurde überrascht«, erinnert sich Arno Widmann. Doch das änderte sich nun. »Wir waren jetzt keine kleine radikale Minderheit mehr, wir waren jetzt Tausende«, sagt Irmelin Demisch. Entsprechend reagierte die Polizei. Immer mehr Beamte zu Pferde kamen zum Einsatz, die rücksichtslos in die Menge der Demonstranten hineinritten und dabei riskierten, dass Menschen verletzt wurden. »Die Polizei war mit langen, biegsamen Schlagstöcken ausgerüstet«, so Demisch. Auch die verursachten Verletzungen. Und dann der Einsatz der Wasserwerfer, der forciert wurde. Und der auch eine psychologische Wirkung besaß. »Wenn so ein Wasserwerfer auf dich zielt, ist das schon eine Sache«, sagt die damalige Studentin.

Wenige Tage später, am 13. Februar, wurden die Menschen in der Stadt auf ganz andere Weise an die Präsenz des US-Militärs in Frankfurt erinnert. Zu den zahlreichen Stützpunkten im Stadtgebiet gehörte auch die Gutleutkaserne an der Gutleutstraße, die noch im 19. Jahrhundert als kaiserlicher Infanteriestützpunkt errichtet worden war. Im Jahr 1968 besaß die Gutleutkaserne eine besondere Bedeutung im weltweiten Netz der US-Armee. Hier wurden alle Soldaten durchgeschleust, die, aus den USA kommend, zu Einsätzen in aller Welt verteilt werden sollten. Auch nach Vietnam. Nicht wenige der gezogenen Soldaten versuchten zu desertieren. Am 13. Februar floh ein Armeeangehöriger zu Fuß aus der

Gutleutkaserne. Ein Posten versuchte, den GI mit einem Schuss zu stoppen. Er traf aber nicht den Fliehenden, sondern eine auf der anderen Straßenseite liegende Metzgerei. Dort wurde niemand verletzt. Der fliehende Soldat wurde schließlich wieder eingefangen, nachdem ihn ein weiterer Schuss getroffen hatte. Dieser Zwischenfall, der bundesweit Schlagzeilen machte, verdeutlichte den Frankfurtern drastisch die große Präsenz des US-Militärs in ihrer Stadt.

Am 29. Februar kam es zur bisher schwersten Konfrontation zwischen den Revoltierenden und der Ordnungsmacht. Die Ostermarsch-Kampagne hatte zur großen Kundgebung gegen den Vietnamkrieg auf dem Frankfurter Römerberg aufgerufen. Am 30. Januar hatte in Südvietnam die sogenannte TET-Offensive der nordvietnamesischen Armee und des Vietcong begonnen, in deren Verlauf die Aufständischen überall die US-Armee vorübergehend zurückdrängten. Es schien plötzlich, als sei der Vietnamkrieg schon jetzt für die US-Militärs verloren. In dieser Situation gab es in der Protestbewegung in Frankfurt unterschiedliche Interessen. Pazifistische Ostermarschierer hofften auf ein Ende des Krieges, die revoltierenden Studenten aber auf einen Sieg des Vietcong und der Nordvietnamesen. Auch Rudi Dutschke hatte sich wieder zu Besuch in Frankfurt angesagt und wollte zu den Protestierenden sprechen. Doch diesmal verfolgte die Polizei eine andere Taktik. Sie wollte Dutschke gar nicht in die Stadt lassen. Schon bei seiner Ankunft auf dem Flughafen wurde er von Polizeibeamten festgehalten, die ihn daran hinderten, in die City zu fahren.

Als bei den Protestierenden in der Innenstadt diese Nachricht eintrifft, wird prompt zum Gegenangriff und zur Besetzung des Polizeipräsidiums an der Friedrich-Ebert-Anlage

Vietnamprotest vor der Opernruine

nahe des Platzes der Republik aufgerufen. Mehr als 1500 Demonstranten versuchen, das riesige Gebäude zu stürmen. Doch die Polizei hat gerade noch rechtzeitig genug Beamte dorthin verlagert. Es kommt zu einer heftigen Straßenschlacht, aber den Demonstranten gelang es nicht, in das Polizeipräsidium einzudringen. Um die Situation zu deeskalieren, ließ die Polizei den am Flughafen festgesetzten Dutschke jetzt doch noch in die Innenstadt fahren. Erst gegen 23 Uhr traf er vor dem Hauptbahnhof ein und wurde, als er dort aus dem Taxi stieg, von etwa 800 Menschen mit Jubel begrüßt. Er sprach jetzt doch noch zur Menge.

Bemerkenswert blieb jedoch zu diesem Zeitpunkt, dass zwischen der Protestbewegung und der übrigen Gesellschaft noch immer eine große Kluft klaffte. Die Berichterstattung in den Medien konzentrierte sich zumeist auf die Krawall-Aspekte, über die inhaltlichen Anliegen der Studenten wurde weniger informiert. Eine Ausnahme in Frankfurt bildete damals sicherlich die *Frankfurter Rundschau*, deren Redaktion zum Teil große Sympathien mit der Bewegung hegte.

Immer wieder versuchten Studenten, an den Toren der großen Fabriken morgens bei Schichtbeginn und bei Schichtende Flugblätter zu verteilen und mit den Arbeitern ins Gespräch zu kommen. Doch die Erfolge blieben gering. Irmelin Demisch arbeitete parallel zum Studium bei der Hoechst AG am Fließband. Ihre Aufgabe dort war es, Pillen auf mögliche Schäden zu kontrollieren. »Mit Akkordzuschlägen habe ich über 800 Mark im Monat verdient, das war viel Geld.« Natürlich versuchte die Studentin, mit den Arbeiterinnen am Fließband über den Protest an der Universität zu sprechen und für die Veränderung der Gesellschaft zu werben.

Doch im Betrieb ging es erst einmal um kleine Fortschritte. Zum Beispiel darum, für Arbeitsschuhe zu kämpfen, die tatsächlich einen Schutz vor schweren Unfällen boten. »Natürlich habe ich versucht, mit meinen Kolleginnen zu reden.« Doch die Studentin machte die Erfahrung, dass die Beschäftigten sehr mit ihrem Betrieb verbunden waren und sich scheuten, tatsächlich Konflikte mit den Vorgesetzten zu riskieren. »Die alten kapitalistischen Betriebe boten ihren Leuten etwas«, sagt Demisch. Das galt namentlich für ein solches Traditionsunternehmen wie die Hoechst AG. Sie hatte Werkssiedlungen etwa im Stadtteil Höchst errichtet, offerierte eine gute Aus- und Weiterbildung. Die Betriebsräte waren zumeist von Sozialdemokraten oder Christdemokraten besetzt, deren Interesse nicht die Veränderung der kapitalistischen Produktionsverhältnisse war. Demisch, die auf der Straße und in der Universität für den Umsturz kämpfte, blieb im Betrieb ziemlich erfolglos. Ähnliche Erfahrungen machten auch andere Studenten, die zu diesem frühen Zeitpunkt schon Kontakt zur organisierten Arbeitnehmerschaft hatten. Hier schon zeichnete sich ab, dass es kaum gelingen würde, die Revolte auf die Arbeiter überspringen zu lassen. Anders als in Frankreich, wo es im gleichen Jahr zum Generalstreik mit Millionen von Teilnehmern kommen sollte.

In Frankfurt, wie in anderen deutschen Städten auch, wirkten dagegen in der Arbeitnehmerschaft die Erfahrungen des nationalsozialistischen Gewaltregimes nach. Sie hielten viele in den Fabriken davon ab, den Widerstand zu wagen gegen die Logik des Kapitalismus. Der Physikstudent Martin Wentz hielt es damals schon für aussichtslos, eine Mobilisierung in den Unternehmen zu erreichen. »Ich war nicht so naiv, zu denken, wir drehen die Arbeiter um«, sagt er. Diese Vorstellung hält er im Nachhinein für »ziemlich infantil«.

Nur zwei Themen boten für die Studenten Anknüpfungspunkte mit der Gewerkschaftsbewegung: Das war zum einen der Kampf gegen die von der Bundesregierung geplanten Notstandsgesetze. Und zum anderen der Krieg der USA im fernen Vietnam, der zumindest von Teilen der Gewerkschaften und der SPD zu diesem Zeitpunkt kritisch gesehen wurde.

Mittlerweile schützte die Polizei öffentliche Veranstaltungen an wichtigen Orten in der Stadt, weil sie von der Protestbewegung als Möglichkeit gesehen wurden, auf ihre Anliegen aufmerksam zu machen. Am 15. März wurde unter sehr hohen Sicherheitsvorkehrungen in der Paulskirche der Paul-Ehrlich-Preis verliehen. Mit 100 000 Mark die höchstdotierte Auszeichnung auf medizinisch-wissenschaftlichem Sektor in Deutschland. Preisträger waren der Deutsche Otto Westphal und der Brite Walter Morgan. Doch tatsächlich kam es gar nicht zu großen Kundgebungen der Studenten.

Das änderte sich am 20. März. An diesem Tag stand in den Städtischen Bühnen in Frankfurt die Uraufführung des Theaterstückes auf dem Programm, das zum prägendsten im Jahr 1968 werden sollte. Der Schriftsteller Peter Weiss hatte diese Polemik verfasst und ihr einen sehr langen Titel gegeben: *Diskurs über die Vorgeschichte und den lang andauernden Verlauf des Befreiungskrieges in Viet Nam als Beispiel für die Notwendigkeit des bewaffneten Kampfes der Unterdrückten gegen ihre Unterdrücker sowie über die Versuche der Vereinigten Staaten von Amerika, die Grundlagen der Revolution zu vernichten*. Auf dem Spielplan stand das Stück unter dem Titel, mit dem es jetzt Furore machen sollte: *Viet Nam Diskurs*. An dem Stück hatte Weiss sehr lange gearbeitet, die Lektüre von mehr als 100 Büchern floss in den Text ein. Der Autor stellte sehr ausführlich die Vorgeschichte des Vietnamkrieges dar, blendete weit zurück und zeigte, dass die USA schon in die letzte Phase der französischen Kolonialzeit bis 1954 involviert gewesen waren. Das Stück prangerte das Vorgehen der USA als Verbrechen an. Es erhob engagiert Anklage gegen den von den Amerikanern geführten Krieg.

Von der Uraufführung in Frankfurt aus sollte der *Viet Nam Diskurs* seinen Siegeszug über viele Bühnen antreten, wieder ein Beispiel dafür, wie 1968 weit über die Grenzen der Stadt hinaus wirkte. Inszeniert hatte die Uraufführung der Generalintendant der Städtischen Bühnen, Harry Buckwitz, persönlich, der damit wieder Mut und Engagement zeigte. Natürlich zog das Stück wütende Kritik bürgerlicher Kreise auf sich. Doch weder Weiss noch Buckwitz scherten sich darum, bei der Uraufführung wurden beide gefeiert. Viele Studenten und Schüler begleiteten die Aufführung mit Rufen und rhythmischem Klatschen. Am Ende des Stücks wurde das Publikum einbezogen zu einer Diskussion über die Funktion des politischen Theaters.

Grundlage der Uraufführung war ein von Weiss und dem Studenten Jürgen Horlemann verfasstes Buch, das bereits im Frankfurter Suhrkamp Verlag erschienen war. Der SDS-Aktivist Horlemann war 1970 dann Mitbegründer der Kommunistischen Partei/Aufbauorganisation (KPD/AO). Autor Weiss flog nach der Uraufführung demonstrativ zum Urlaub nach Kuba. Nur dort wollte er sich erholen: »Die Besitztümer der reichen Nationen sind verpestet vom Aasgeruch«, urteilte er.

1968 in Frankfurt: Das hieß auch, dass der Widerstand gegen diktatorische Regimes in anderen Staaten auf die Straße getragen wurde. Immer wieder. Das galt zum einen gegen die Herrschaft des Schahs in Persien, der sich nur durch blutige Unterdrückung und Folter an der Macht hielt. In Deutschland machte dagegen die exiliranische Studentenorganisation CISNU mobil. Deren Mitglieder, die nicht selten selbst Opfer der Verfolgung gewesen waren, machten bei den Demonstrationen durch besondere Härte und Militanz von sich reden. Auf der anderen Seite verfügte das Schah-Regime in Deutschland über Schlägertrupps, die brutal vorgingen. Bei der Demonstration in Berlin am 2. Juni 1967, bei der Benno Ohnesorg erschossen worden war, hatte man sogar im Fernsehen erleben können, wie die Schergen des Regimes mit langen Stöcken auf ihre Gegner eindroschen. Spätestens seit diesem Tag machte das ironische Verdikt »Jubel-Perser« in der Studentenbewegung die Runde.

Doch es gab auch »Jubel-Griechen«, und mit denen bekamen es die Frankfurter zu tun. Am 21. April 1967 hatten sich in Griechenland Obristen der griechischen Armee an die Macht geputscht, die gesellschaftliche Fortschritte hin zu einem demokratischen Staatswesen zurückdrehen wollten. Seither war das griechische Generalkonsulat in Frankfurt, das im Westend lag, immer wieder Ziel von Demonstrationen von Exil-Griechen, die bald von Studenten unterstützt wurden. Auch das griechische Militärregime verfügte über Schläger-Trupps in Frankfurt und anderen Städten, eben die »Jubel-Griechen«, wie sie Irmelin Demisch in der Erinnerung nennt. Sie weiß noch: »Die droschen auf uns ein und die deutsche Polizei sah zu.« Am 31. März eskalierte die Auseinandersetzung. Zu diesem Zeitpunkt tagte ein Bundeskongress des SDS im Studentenhaus auf dem Campus der Goethe-Universität. Dort machte die Nachricht die Runde, dass am Abend im Frankfurter Palmengarten der griechische Botschafter Alexis Kyrou aus Bonn erwartet wurde. Er wollte zu Frankfurter Griechen aus Anlass des griechischen Nationalfeiertages sprechen. Rasch beschloss der SDS, die Versammlung zu sprengen. Zu diesem Zeitpunkt zählte der SDS in Frankfurt etwa 400 eingeschriebene Mitglieder, konnte jedoch problemlos zu bestimmten Anlässen Tausende von Studenten auf die Straße bringen. Am Abend gelang es tatsächlich etwa 150 Protestierenden, in den Palmengarten und in den Großen Saal des Palmengarten-Gesellschaftshauses einzudringen, wo Botschafter Kyrou am Rednerpult stand. Die Polizei, die anfangs nur mit wenigen Beamten präsent war, wurde offenbar überrascht. Die Versammlung endete im Tumult und musste abgebrochen werden. Der SDS feierte den Erfolg. Doch bald sollte dieser Etappensieg von ganz anderen Ereignissen überschattet werden.

Die Kaufhaus-Brandstiftung und das Attentat auf Rudi Dutschke

In der Nacht vom 2. auf den 3. April 1968 lag die Zeil, die Haupteinkaufsstraße in Frankfurt am Main, ziemlich ruhig und verlassen da. Es waren nur noch wenige Autos unterwegs, nur ab und zu rumpelte eine Straßenbahn über die Gleise. Doch kurz vor Mitternacht waren plötzlich explosionsartige dumpfe Schläge zu hören. Wenig später schlugen Flammen aus zwei Kaufhäusern. Es brannte im Kaufhof an der Hauptwache und im Kaufhaus M. Schneider weiter östlich an der Zeil. Bei der Feuerwehr wurde Großalarm ausgelöst, weil es drei Brandherde zu bekämpfen galt, zwei im Kaufhof und einen bei M. Schneider. Schon bald stellte sich heraus, dass es sich nicht um einen Unfall handelte. Es waren vorsätzlich Brandsätze gelegt und gezündet worden. Zum Glück hielten sich kurz vor Mitternacht, also lange nach Geschäftsschluss, keine Menschen mehr in den Gebäuden auf. Die Feuerwehr brachte die Flammen rasch unter Kontrolle, der Sachschaden war aber durchaus beträchtlich. Sachverständige bezifferten ihn später auf 390 865 Mark im Kaufhof und 282 339 Mark bei M. Schneider.

Die Kaufhaus-Brandstiftungen markierten einen Einschnitt in der 68er-Bewegung. Es war die bis dahin größte Gewalt gegen Sachen, bei der durchaus auch in Kauf genommen wurde, dass Menschen hätten zu Schaden kommen können. In der Protestbewegung löste die Tat eine neue, heftige

Söhnlein, Proll, Baader, Ensslin – der Prozess nach dem Kaufhausbrand

Debatte aus. Gehörten die Täter noch zur Bewegung? Waren solche Taten legitim oder überschritten sie das zulässige Maß an Gewalt? Wenig später wurden neben Andreas Baader und Gudrun Ensslin auch der Student Thorwald Proll und der Schauspieler Horst Söhnlein als Brandstifter festgenommen. Sie geben die Tat zu und begründen sie unter anderem mit dem Protest gegen den Krieg der USA in Vietnam. Die Bevölkerung sollte aufgerüttelt und aus ihrer passiven Konsum-Haltung herausgeholt werden, so argumentieren die Festgenommenen.

Die Tat wurde vom SDS offiziell verurteilt, in einer schriftlichen Erklärung. In ihr war vom Irrweg der Gewalt die Rede. Daniel Cohn-Bendit dagegen bekannte sich zunächst zu den vier Angeklagten, als am 14. Oktober 1968 das Landgericht Frankfurt den Prozess gegen sie eröffnete. »Sie gehören zu uns«, diktierte er Medienvertretern im Gerichtssaal in die Notizblöcke. Eine Haltung, von der er sich später distanzierte. Er habe damals die wahre Gewaltbereitschaft der späteren RAF-Terroristen falsch eingeschätzt, bekannte er. Ohne Zweifel war die Kaufhaus-Brandstiftung der Anlass für einige in der Bewegung, sich zu radikalisieren, einige Zeit später in den Untergrund zu gehen und sich dem bewaffneten Kampf anzuschließen. Aber es war nicht diese Tat allein, die für eine Radikalisierung sorgte. Im April folgten die Horror-Nachrichten Schlag auf Schlag.

Am 4. April 1968 um 18.01 Uhr Ortszeit wurde in Memphis/Tennessee der US-Bürgerrechtler Martin Luther King ermordet. Er stand auf dem Balkon des Lorraine Motels, als ihn tödliche Schüsse trafen. Zwei Monate später wurde ein Arbeitsloser namens James Earl Ray in London als angeblicher Täter verhaftet. Auf dem Gewehr, mit dem King erschossen wurde, fanden sich Fingerabdrücke von ihm. Ray gab die Tat zunächst zu, stritt sie aber dann über Jahrzehnte ab. Bis heute wollen die Behauptungen nicht verstummen, dass Ray lediglich der vorgeschobene Sündenbock einer großen Verschwörung gewesen sei, die federführend das FBI organisiert habe. So ähnlich wie fünf Jahre zuvor bei der Ermordung von US-Präsident John F. Kennedy der Einzeltäter Lee Harvey Oswald präsentiert wurde, eine Geschichte, an der es bis heute berechtigte Zweifel gibt. Bei der Ermordung von Martin Luther King war auffällig, dass der angebliche Täter durch alle Kontrollen ins Flugzeug bis nach London gelangte und dort untertauchen konnte.

In Frankfurt löste der Tod des Bürgerrechtlers bei der Studentenbewegung Entsetzen aus. Die Ermordung galt als Beweis dafür, dass der US-amerikanische Staatsapparat zu allen Mitteln griff, um sich unliebsame Personen vom Hals zu schaffen. Und es wurde erwartet, dass es jederzeit auch in Deutschland zu einem Mordanschlag gegen führende Mitglieder der Bewegung kommen könnte. Am 6. April nahmen an einem Schweigemarsch durch die Frankfurter Innenstadt aus Anlass der Mordtat etwa 1000 Menschen teil. Aufgerufen hatten nicht die Studenten, sondern die katholische und evangelische Kirche. Der Marsch endete mit einer Kundgebung auf dem Römerberg. Am 9. April folgte ein weiterer Schweigemarsch, an dem etwa 800 Menschen teilnahmen. Nur 48 Stunden später bestätigten sich die schlimmsten Befürchtungen vieler: Der Studentenführer Rudi Dutschke wurde bei einem Mordanschlag in Berlin schwer verletzt. Jetzt gab es für die Protestbewegung kein Halten mehr. Während die Ärzte in einem Krankenhaus um das Leben des Schwerverletzten rangen, gab es in vielen deutschen Städten Demonstrationen. Doch nur in Berlin und Frankfurt erreichten sie ein besonderes Ausmaß an Erbitterung.

Dutschke war und ist bis heute neben Daniel Cohn-Bendit die Symbolfigur der 68er-Bewegung. Der Aktivist war 28 Jahre alt, als ihn der Hilfsarbeiter Josef Bachmann am Morgen des 11. April mit drei Pistolenschüssen, davon zwei in den Kopf, niederstreckte. Dutschke besaß großes Charisma, er war ein begnadeter Redner, der mit seiner rauen und rauchigen Stimme binnen Minuten große Menschenmengen in seinen Bann schlagen konnte. Cohn-Bendit und Dutschke unterschieden sich stark. Der in Schönefeld in der DDR geborene Dutschke besaß nichts von der Leichtigkeit und von dem Hedonismus, für die Cohn-Bendit stand. Dafür hatte er sich umfassende Kenntnisse in Gesellschaftstheorie angeeignet, aus denen heraus er sein eigenes Bild einer sozialistischen Demokratie ableitete. Seine Vorstellung war keinesfalls die einer Diktatur des Proletariats, wie sie der dogmatische Flügel des SDS verfolgte. Dutschke konnte sich stattdessen die Wiedervereinigung der beiden deutschen Staaten unter dem Vorzeichen eines demokratischen Sozialismus vorstellen.

Der Studentenführer war für den Staat, aber auch für politische Gegner auf der Rechten die Feindfigur überhaupt. Dutschke wusste das, exponierte sich aber dennoch stets aufs Neue mit seinen Reden und seinen Auftritten. Anfang 1968 verfolgten ihn konkrete Vorahnungen, dass er selbst Opfer eines Attentats werden könnte. Im Februar 1968, beim Vietnam-Kongress in Berlin, hatte er gesagt: »Wir sind zu viele geworden, als dass sie es noch schaffen könnten, uns zu integrieren ... Der heutige Faschismus ist nicht mehr manifestiert in einer Partei oder in einer Person, er liegt in der tagtäglichen Ausbildung der Menschen zu autoritären Persönlichkeiten ... Sie wagen es nicht mehr, aus ihren Löchern hervorzukriechen als Organisation, das schließt allerdings nicht aus, dass individualisierter Faschismus gegen uns mobilisiert wird.« Und genau das geschah am 11. April. Der Attentäter Bachmann trug Ausschnitte der *Deutschen National-Zeitung* der NPD bei sich, mit der Schlagzeile »Stoppt den roten Rudi jetzt!«.

Noch am Abend des 11. April, als sich die Nachricht vom Attentat in Frankfurt verbreitete, demonstrierten Jugendliche vor dem Hauptbahnhof und vor dem Schauspielhaus. Bei einem Teach-in im Hörsaal VI der Universität überlegte der SDS derweil, wie der Springer-Verlag in Frankfurt mit gezielten Aktionen am besten zu treffen sei. An der Wand hing des-

Hing an jeder Litfaßsäule – das Fahndungsplakat

halb ein Frankfurter Stadtplan. Rasch einigte man sich darauf, die Auslieferung der *Bild*-Zeitung, der wichtigsten Springer-Publikation, zu blockieren. Für Hessen wurde die Auflage in der Societäts-Druckerei an der Frankenallee produziert. Am Karfreitag kamen dort mehr als 2000 Protestierende zusammen und blockierten das Haupttor. Das Unternehmen rief die Polizei und bat sie, den Eingang freizuräumen. Es war der Beginn heftiger Straßenschlachten, die sich über das gesamte Osterwochenende hinzogen und sich bald vom Gallus aus auch in andere Teile der Stadt verlagerten.

Für die 68er-Bewegung in Frankfurt waren diese Oster-Proteste prägend. Viele nahmen daran teil. Und viele hat dieses Wochenende verändert: »Wir waren stolz darauf, dass wir die Auslieferung der *Bild*-Zeitung zumindest eine Zeitlang verhindern konnten«, sagt Heiner Boehncke. Tatsächlich gelang es der Polizei zunächst nicht, den Lastwagen mit der gedruckten Zeitung eine Gasse freizuräumen. Die Zeitzeugen beschreiben Auseinandersetzungen von großer Härte. Wasserwerfer hielten in die Menge, berittene Polizei drang auf die am Boden Sitzenden ein. Schmerzensschreie waren zu hören, von den Demonstranten flogen Flaschen und Steine. »Ostern an der Frankenallee war total wichtig«, sagt Irmelin Demisch. Die Bewegung wollte nach dem Tod von Martin Luther King und dem Attentat auf Rudi Dutschke zeigen, dass sie diese Gewalt nicht einfach hinnehmen würde. »1968 im Gallusviertel habe ich meine erste körperliche Erfahrung als Demonstrant gemacht«, sagt Martin Wentz, »ich wurde verprügelt von Polizisten mit langen Gummiknüppeln.«

KD Wolff hebt noch heute hervor, dass sein Aufruf zum Protest gegen Springer »in Frankfurt, Hamburg, Dortmund, München und Berlin« gehört worden sei. Insgesamt zehntausend Menschen habe der SDS in Frankfurt am Osterwochenende mobilisieren können. »Wir haben die Societäts-Druckerei regelrecht eingekesselt.« Allerdings brachte der Oster-Protest auch »eine neue Stufe der Brutalität, es war ein sehr brutales Vorgehen seitens der Polizei«. Auch Wolff erinnert sich noch: »Die Polizei ist mit Pferden in uns reingeritten.« Die Demonstranten habe aber »eine Wut der Entschlossenheit« beflügelt. »Wir fragten uns, was aus dem Land werden würde, wenn wir uns jetzt nicht wehren würden.«

Mitten im Chaos der Demonstrationen kam am Frankfurter Hauptbahnhof ein junges Ehepaar aus Stuttgart mit wenig Gepäck an. Joseph Fischer und seine Ehefrau hatten sich entschlossen, aus der baden-württembergischen Landeshauptstadt in die Stadt Adornos umzuziehen. Fischer beschreibt das Klima in Stuttgart zu dieser Zeit als sehr konservativ. Schon wenn man sich auf der Straße geküsst habe, sei das schwierig gewesen. Der 20-Jährige setzte sich allerdings nur knapp gegen seine Ehefrau durch. Die strebte eigentlich nach Berlin, weil sie die Stadt als Zentrum der Bewegung empfand. Fischer argumentierte dagegen mit den Vorlesungen des Philosophen Theodor W. Adorno, die er unbedingt hören wollte. So hing es am seidenen Faden, dass an diesem Osterwochenende 1968 eine Frankfurter Geschichte begann, die Joschka Fischer schließlich zum deutschen Außenminister und zu einer zentralen Figur der GRÜNEN werden ließ.

Im Jahr 1968 blieb der 20-Jährige allerdings eine Randfigur. Zwar stürzte er sich noch an Ostern in die Demonstrationen und bezog nach eigenen Worten dabei kräftig Prügel von der Polizei. Doch das ganze Jahr über trat er nicht als Führungsfigur in Erscheinung. »Fischer kam und hat langsam seinen Platz gesucht«, erinnert sich Daniel Cohn-Bendit. Er habe in diesem Jahr vor allem »Theorie gepaukt« und sich als Autodidakt ein großes Wissen angelesen. Tatsächlich pflegte Fischer nur wenige Jahre später, als die Gruppe *Revolutionärer Kampf* gegründet war, neue Mitglieder erst einmal einem peinlichen Theorie-Test zu unterziehen. Aber 1968 war das alles noch Zukunft. Zufällig entstandene Fotografien aus diesem Jahr zeigen den späteren Minister, wie er am Rande von Teach-ins mit verschränkten Armen stand, eine Zigarette im Mundwinkel, und zuhörte. »Fischer hat 1968 keine Rolle gespielt«, sagt auch KD Wolff knapp. »Fischer hat 1968 gelernt, dabeigestanden und Theorie gepaukt«, urteilt Arno Widmann, der ihm damals auch begegnete. Als Sohn eines Metzgermeisters habe der spätere Minister aber »den Ehrgeiz besessen, dass er aufsteigen wollte«.

Am 15. April, dem Ostermontag, überlagerten sich der Protest gegen Springer und das Attentat auf Dutschke mit dem Abschluss der alljährlichen Ostermarschbewegung für Frieden und Abrüstung. Auf dem Höhepunkt strömten am Mittag etwa 12 000 Menschen auf dem Römerberg zusammen. Tatsächlich schien es in diesen Stunden, als könnten Studenten und Gewerkschaftsbewegung einen gemeinsamen Nenner finden. Am Nachmittag lud der SDS zu einem »Teach-in« in die Universität ein. Dort trat der marxistische Politologe Wolfgang Abendroth auf, der an der Universität Marburg unterrichtete und seit vielen Jahren für die Überwindung des kapitalistischen Wirtschaftssystems in Westdeutschland kämpfte. Abendroth hegte durchaus Sympathien für die Studentenbewegung, sein eigentliches Ziel blieb aber, die Arbeiter zum Widerstands gegen die herrschenden Verhältnisse zu bewegen. Bei der Versammlung an der Frankfurter Universität rief der damals 61-Jährige die Stu-

Krahl – der Robespierre aus Bockenheim, daneben KD Wolff

denten dazu auf, ihren Protest gegen den Springer-Konzern fortzusetzen.

Einen Tag später griff SDS-Aktivist Hans-Jürgen Krahl die Frankfurter Polizeiführung bei einem weiteren Teach-in scharf an und forderte vor mehr als 1000 Zuhörern, dass sich unter anderem der Frankfurter Oberbürgermeister Willi Brundert (SPD) der Diskussion mit den Protestierenden stellen müsse. Er und der hessische Innenminister Heinrich Schneider, ebenfalls ein Sozialdemokrat, sollten sich wegen des harten Vorgehens der Polizei rechtfertigen.

Brundert kam tatsächlich und diskutierte mit den Studenten am nächsten Tag an der Universität. Der Oberbürgermeister war vor allem von der Sorge getrieben, weitere Proteste zu verhindern. Die bundesweite, überwiegend negative Berichterstattung über die »Osterkrawalle« in Frankfurt schadete in seinen Augen dem ohnehin angeschlagenen Image der Stadt. Der Sozialdemokrat appellierte vor mehr als 2000 Zuhörern an die Protestierenden, weitere Demonstrationen zu unterlassen. Doch es gab keine Verständigung, dafür Hohngelächter und wütende Zwischenrufe gegen den Oberbürgermeister. Auch an dieser Stelle zeigte sich, dass die etablierte Politik und der Protest sich weit voneinander entfernt hatten. Allerdings sorgten die »Osterkrawalle« für Unverständnis in weiten bürgerlichen Kreisen in der Stadt. »Die Bevölkerung war auf diese Auseinandersetzung nicht vorbereitet, sie verstand sie nicht«, bemerkte Heiner Halberstadt.

Der Frankfurter Schriftsteller Horst Krüger, damals 49 Jahre alt, verfolgte in diesen Wochen das Geschehen sehr genau und diskutierte immer wieder mit den Protestierenden. Er trat durchaus für eine Reform der verkrusteten Verhältnisse an den Universitäten ein, lehnte aber einen Umsturz der Gesellschaft insgesamt ab. In seinem Buch *Deutsche Augenblicke* zog er wenige Monate später Bilanz der Protestbewegung: »Im Umgang mit ihnen stellt sich bald heraus, dass ihre beredtesten Vertreter fast durchweg Kinder aus wohlhabenden Bürgerhäusern sind. Es sind Söhne von Kaufleuten, Anwälten, Ärzten, Industriellen. Arbeiterjugend ist, entsprechend der unveränderten Klassenstruktur unserer Universitäten, nicht vertreten. Kinder aus Bauernhäusern, aus dem Handwerk, den breiten Schichten der Unterprivilegierten, fehlen. Von daher bekommt ihr revolutionärer Anspruch, die Arbeiter aus dem Zwang des Kapitalismus befreien zu wollen, den Zug ins Romantische und kraus Verstiegene. Massenpsychologisch gesehen, sind diese Studenten unendlich isoliert. Sie agieren freischwebend neben allen anderen Gruppen der Gesellschaft.«

Bei den 68ern geht heute noch das Urteil darüber auseinander, inwieweit ihnen damals tatsächlich ein Brückenschlag zu den Arbeitern und zu bürgerlichen Bevölkerungsschichten gelungen ist. Daniel Cohn-Bendit urteilt freimütig: »Zur Arbeiterklasse gab es kaum eine Verbindung, auch während der Aktionen im Frühjahr 1968 gegen Springer nicht.« Es sei den 68ern damals nicht gelungen, eine gemeinsame »Vision« von gesellschaftlicher Veränderung zu entwickeln. Die damalige Aktivistin Irmelin Demisch berichtet dagegen von »positiven Kontakten mit Arbeitern« gerade in dieser Zeit. So hätten sie und andere Studenten sich mit Lehrlingen getroffen und gemeinsam marxistische Texte wie »Lohnarbeit und Kapital« gelesen. Demisch erinnert sich daran, dass bei der zentralen Lehrlingsfeier der Industrie- und Handelskammer im Palmengarten »auf der Geige die Internationale gespielt wurde«. Und wenn die Studenten demonstrierend über die Hanauer Landstraße zogen, seien »die Arbeiter schon aus den Fabriken gekommen«.

Am 27. April gab es ein deutliches Zeichen der Solidarität aus der Gewerkschaftsbewegung. Der Bezirkstag der IG Druck und Papier in Frankfurt forderte die Enteignung des Springer-Konzerns und ein Verbot der rechtsradikalen NPD und übernahm damit zentrale Forderungen der Studenten.

Wenig später beginnt in der Stadt die entscheidende Phase der Revolte, der Monat Mai. In diesen wenigen Wochen konzentrieren sich viele Hoffnungen. Der Lehrbetrieb an der Universität wird tatsächlich durch einen Streik zum Stillstand gebracht, alternative Vorlesungen entstehen, ein Ausbreiten der Bewegung scheint möglich. Parallel dazu erreicht der Aufstand der Studenten und Arbeiter in Frankreich mit dem Generalstreik vom 19. Mai seinen Höhepunkt. In Deutschland werden alle Aktionen auf einen Termin hin ausgerichtet: Am 30. Mai will die Koalition von CDU/CSU und SPD im Deutschen Bundestag die heftig bekämpften Notstandsgesetze beschließen, das wollen Gewerkschaften wie Studenten in jedem Fall verhindern. Durchaus hoffnungsvoll verlief der Auftakt: die zentrale Kundgebung des Deutschen Gewerkschaftsbundes am 1. Mai auf dem Römerberg. Es sprach der Bundesvorsitzende der Industriegewerkschaft Metall, Otto Brenner, der noch einmal das Nein des DGB zu den Notstandsgesetzen begründete. Vor mehr als 15 000 Menschen durfte dann aber, und das war durchaus ein Signal, Studentenführer Hans-Jürgen Krahl das Wort ergreifen.

Und der intellektuelle Kopf der Frankfurter Bewegung, wie stets in Rollkragenpullover und Sakko, hielt eine brillante Rede. In gestochen scharfen Worten, ohne sich auch nur einmal zu versprechen, prangerte er die »Volksverhetzung« durch die *Bild*-Zeitung an, die den Menschen mit allen Mitteln einreden wolle, dass die Aktionen der Studenten »Terror« seien. Die Studenten stellten dagegen »das Recht der Geschlagenen« und nähmen ihr »elementares Recht auf Widerstand« in Anspruch. Krahl zeichnete ein düsteres Bild von den

Geht das Proletariat den revolutionären Weg mit? Krahl am 1. Mai auf dem Römerberg

Absichten der Bundesregierung, die »Vorsorge für einen neuen Faschismus« treffe, »Schutzhaft und Arbeitslager« für politisch unliebsame Gegner vorbereite. Die Bundesregierung wolle das Grundgesetz in sein Gegenteil verkehren. Dagegen helfe nur ein politischer Streik an den Universitäten, der die Grundlage bilden werde für einen dann folgenden Generalstreik in Deutschland. Hier wurde noch einmal die Hoffnung deutlich, den Protest ausweiten zu können. Im Publikum gab derweil der 28-jährige Günter Amendt dem Hessischen Fernsehen und seinem legendären Reporter

Hans-Joachim Rauschenbach ein Interview. Amendt, damals Student der Soziologie und Politologie, sollte sich später als Sexualwissenschaftler einen Namen machen. Er kündigte vor der Kamera an, dass man den etablierten Lehrbetrieb an der Frankfurter Universität durch einen Streik lahmlegen werde. Ziel sei eine »offene, autonome Universität« mit einem alternativen Lehrplan, die dann auch den Arbeitern im Sinne einer »Volksuniversität« offenstehen werde. Die Studenten hofften auf die Unterstützung gerade der Gewerkschaftsjugend. Und tatsächlich sagte dann auch eine Vertreterin der jungen Gewerkschafter, die neben Amendt stand, deren Solidarität zu. Auch der Physikstudent Martin Wentz war am 1. Mai auf dem Römerberg in der Menge. Er hielt den Protest gegen die Notstandsgesetze für richtig: »Sie waren eine Fortsetzung des reaktionären Staates, den wir verändern wollten.«

Am 14. Mai sprang der Funke zunächst auf die Universitätskliniken in Niederrad über. Etwa 800 Medizinstudenten formierten sich dort zu einem Marsch über das weitläufige Gelände. Sie protestierten gegen Form und Inhalt des Medizinstudiums und insbesondere gegen die sehr schlechte Ausbildung der Medizinalassistenten. Am 15. Mai begann der »aktive Streik« an der Goethe-Universität, der zunächst auf zwei Tage angelegt war. Etwa 2500 Demonstranten gelang es tatsächlich, große Teile des Lehrbetriebes lahmzulegen. Unter die Studenten mischten sich auch Gewerkschafter, Schüler von etlichen Frankfurter Gymnasien, schließlich Mitarbeiter der großen Frankfurter Verlage Suhrkamp und S. Fischer. Parallel dazu kam es in etwa zwei Dutzend Frankfurter Betrieben zu Arbeitsniederlegungen und Kundgebungen gegen die Notstandsgesetze.

Der SDS hatte unter dem Stichwort »Politische Universi-

Goethe trifft Marx – ein neuer Name für eine alte Uni

ARX
TÄT

tät« einen alternativen Lehrplan vorbereitet, der auch umgesetzt wurde. Wolff betont heute, dass dies 1968 nur in zwei deutschen Universitätsstädten gelungen sei, in Berlin und Frankfurt. Insgesamt 24 Seminare konnten in der kurzen Zeit der Universitäts-Besetzung organisiert werden, mit Themenblöcken wie »Autoritärer Staat und Faschismus«, »Geschichte und Gewalt«, »Analyse der BRD – Zur politischen Geschichte der APO«, oder »Autoritäre Schule und Widerstand«. In diesen Tagen schien plötzlich alles an Utopie möglich: eine neue Universität mit neuen, fortschrittlichen Inhalten. Bernd Schwibs, damals Student der Soziologie und Politologie, erinnert sich an das »Gefühl, dass etwas anders sein kann: Die Welt kann eine andere werden«. Für eine kurze Zeit herrschte an der Universität aber auch ein rechtsfreier Raum. Die Studenten, die mit einer Intervention der Polizei rechneten, hatten eigene Wachen postiert, um rechtzeitig Alarm schlagen zu können. Irmelin Demisch bewachte mit anderen »den Hinterausgang der Universität zum Senckenberg-Institut hin, dabei habe ich meinen späteren Ehemann kennengelernt«. Sie lacht noch heute in der Erinnerung.

Zur Wahrheit gehört aber auch, dass die Besetzung der Universität nicht bei allen Studenten Beifall fand. Cornelia-Katrin von Plottnitz hielt zum Beispiel für falsch, das Institut für Sozialforschung einzubeziehen, an dem der Philosoph Theodor W. Adorno unterrichtete: »Ausgerechnet Adorno das anzutun, fand ich nicht okay!« Tatsächlich wollten schon am 16. Mai Hunderte von Studenten zum üblichen Unterricht zurückkehren. Es kam zu Schlägereien mit den Besetzern. Bei einem Teach-in plädierte die Mehrheit dafür, den Universitätsstreik zu beenden. Universitätspräsident Walter Rüegg hatte die Polizei alarmiert, schien aber dann zunächst einzulenken. Am 24. Mai beschlossen Senat und Rektor, den normalen Lehrbetrieb bis zum 1. Juni einzustellen. Das war der Tag nach der geplanten Verabschiedung der Notstandsgesetze im Bundestag. Nur drei Tage später wurde die Lehranstalt von den Studenten in »Karl-Marx-Universität« umbenannt. Allerdings stürmten Protestierende auch die Räume des Rektorats und verwüsteten sie, ließen Talare mitgehen. KD Wolff kann sich noch heute köstlich darüber amüsieren, dass bei dieser Aktion auch die goldene Amtskette des Präsidenten verschwand: »Die ist nie wieder aufgetaucht!«, lacht er.

Am 27. Mai, drei Tage vor der geplanten Abstimmung in Bonn, organisierte der DGB in Frankfurt seine abschließende Kundgebung gegen die Notstandsgesetze. Auf dem Römerberg drängten sich 12 000 Menschen. Und am Abend dieses Tages setzte das Theater ein Zeichen. In der Oper, in der Pause der Aufführung von *La Traviata*, stand plötzlich Generalintendant Harry Buckwitz auf der Bühne, inmitten von Schauspielern, Studenten und Bühnenarbeitern. Gemeinsam verlasen sie eine Resolution gegen die Notstandsgesetze und provozierten damit wütende Proteste bei einem Teil des bürgerlichen Publikums. Es kam zu regelrechten Tumulten.

Die Städtischen Bühnen mit Buckwitz an der Spitze und das Theater am Turm (TAT) im Volksbildungsheim bildeten 1968 in Frankfurt eine engagierte Gegenwelt zur bürgerlichen Gesellschaft. Sie standen an der Seite der 68er-Bewegung und formulierten mit ihrem Spielplan einen kritischen, provozierenden Kommentar zu den herrschenden Verhältnissen. Buckwitz hatte das schon seit Jahren getan, indem er Brecht und andere Autoren inszenierte, die das bürgerliche System Nachkriegsdeutschlands nachhaltig herausforderten. Das TAT

Der gemeinsame Nenner unterschiedlicher politischer Kulturen – der Kampf gegen die Notstandsgesetze

hatte seit 1966 mit Uraufführungen des jungen österreichischen Dramatikers Peter Handke, inszeniert vom jungen deutschen Regisseur Claus Peymann, die Theaterwelt aufgemischt und das Publikum zum Teil verstört. Am 8. Juni 1966 hatte Peymann das erste Stück Handkes inszeniert, das den Weltruf des jungen Kärntner Dichters begründen sollte: *Publikumsbeschimpfung*. Am 11. Mai 1968, also nur wenige Tage vor der Besetzung der Universität, brachte Peymann wieder so eine Uraufführung auf die Bühne des TAT: *Kaspar*.

Dieses Drama von Handke erzählte nicht nur einfach die Geschichte des Kaspar Hauser, des lange von den Menschen isolierten Menschen. Es ließ langsam eine Existenz entstehen, die um ihre Sprache ringt, die ihre Welt erfährt, die den Einflüssen von »Einsagern« ausgeliefert wird, die ihr vorschreiben wollen, wie sie sich zu verhalten hat. Am Ende wird der Kaspar mehr und mehr zugerichtet im Sinne der Gesellschaft und ihrer Regeln, die er verinnerlicht: »Keiner darf mit den Zähnen auf die Gabel beißen, keiner darf die Namen von Mördern bei Tisch erwähnen, keiner darf in Dienstwagen Privatpersonen befördern, jeder muss sich für jedermann lohnen.« Das Publikum wurde, schon während es noch in den Zuschauerraum strömte, aus den Lautsprechern von Stimmen empfangen, die auf es einsprachen: Fußballkommentatoren, Ansagen in Bahnhöfen und anderes mehr.

Mit dem *Kaspar* provozierte Handke bewusst auch Teile der Studentenbewegung, deren dogmatischer Flügel in Frankfurt ja durchaus autoritäre, sogenannte »sozialistische« Regime verehrte wie das in der Volksrepublik China oder in Nordvietnam. Kritiker Hellmuth Karasek war bei der Uraufführung am 11. Mai angetan, ein Teil des jungen Publikums aber nicht: Es bekundete Unmut und schimpfte den Autor einen Reaktionär. Tatsächlich zeigten Regisseur Peymann und Handke selbst grundsätzliche Sympathie mit der Revolte in Frankfurt. »Ich war Anarchist und links, jedenfalls im Kopf und im großen Reden. Und ich war immer davon überzeugt, dass man mit dem Theater politisch-moralisch handeln müsse. So war schon die Arbeit am TAT angelegt«, erinnerte sich Peymann 1995. Und 2016 blendete er im Gespräch mit Karlheinz Braun, dem Gründer des *Verlags der Autoren*, zurück auf eine Nacht im Mai 1968, als die Schauspieler, der Regisseur und der Autor durchs Frankfurter Bahnhofsviertel zogen: »Plötzlich kam die Polizei. Peter Handke fing an zu skandieren: Nazibullen, Nazibullen. Und wir alle, wie im Chor, stimmten ein: Nazibullen. Da wurde das halbe Ensemble einfach verhaftet. Ich hab mir am nächsten Morgen einen schönen Anzug mit Krawatte angezogen und bin mit Siegfried Unseld, dem Chef des Suhrkamp Verlages, direkt zum Polizeipräsidenten persönlich gegangen, mit einer Kaution von 20 000 Mark, damit wir abends wieder spielen konnten. Wir haben es tatsächlich geschafft!«

Szenen aus dem Mai, in dem in Frankfurt alles möglich schien. Während der *Kaspar* uraufgeführt wurde, eröffnete der Kriegsdienstverweigerer Paul-Gerhard Hübsch im Haus Bockenheimer Landstraße 67 den ersten Hippie-Laden in Deutschland. Hier gab es nicht nur die Musik und die Bücher der Hippie-Bewegung zu kaufen, hier konnte man auch an Haschisch und LSD kommen. Hübsch war an Ostern dabei gewesen, bei der Blockade der *Bild*-Zeitung im Gallus, und war durch den Polizeieinsatz ernüchtert. »Ich sah keine andere Möglichkeit mehr als die, Schluß zu machen mit dieser Gesellschaft, eine Gegengesellschaft, Gegenkultur, Gegenschule, ein Gegenleben aufzubauen, in den Ritzen des verkommenen Kapitals zu nisten und neues Leben aus den Trümmern auszugraben«, schrieb er später in seiner Autobiografie *Keine Zeit für Trips*. Der Aktivist der Kommune I sollte als Schriftsteller Hadayatullah Hübsch bekannt werden.

Im Mai 1968 war der Shop an der Bockenheimer Landstraße »Freiraum« und »Enklave der Ausgeflippten«. Hier fanden sich die neuesten Untergrundzeitungen und Poster aus den USA, auch die Schallplatten von Grateful Dead, Frank Zappa oder Jefferson Airplane. Hier erklang die Musik, die auch in Frankfurt die Revolte begleitete. Die zumindest bei einem Teil der Aufbegehrenden Anklang fand. Bei anderen war Free Jazz angesagt oder auch immer noch die Stones oder gar die Beatles. SDS-Chefideologe Hans-Jürgen Krahl provozierte schon durch seinen Musikgeschmack: Er hörte gerne Heintje-Platten, also die Musik eines kindlichen Schlagersängers, den eigentlich die Eltern der Studenten verehrten.

Doch der Staat und die Stadt waren nicht länger gewillt, dem Aufbegehren nur zuzuschauen. Am 29. Mai kam der damalige hessische Verkehrs- und Wirtschaftsminister Rudi Arndt (SPD) persönlich in die besetzte Universität. Er appellierte an das Streikkomitee, die Besetzung und den Streik freiwillig aufzugeben. Andernfalls würde der Staat handeln. Aber es kam bei der Debatte mit den Streikenden zu keiner Einigung. Im Gegenteil: Die Bewegung hatte auf die Gymnasien übergegriffen. Immer mehr Schülerinnen und Schüler traten dort in den Streik und solidarisierten sich mit den Studenten. Die Bettinaschule wurde besetzt und zum Aktionszentrum der Schülerbewegung erklärt.

Der Gegenschlag

Am 30. Mai handelte der Staat. Das hessische Innenministerium ließ durch zwei Hundertschaften Polizei das Universitätsgelände räumen. Es entwickelten sich Straßenschlachten. In der Innenstadt bauten Studenten vorübergehend Barrikaden und blockierten Straßen. Die Streikenden fanden kurzfristig Aufnahme im Schauspielhaus. Generalintendant Harry Buckwitz, der mit der Revolte sympathisierte, sagte die für den Abend geplante Aufführung des Stücks *Soldaten* von Rolf Hochhuth ab und ließ eine Diskussion im Schauspielhaus zu. Doch die Protestierenden konnten nicht mehr verhindern, dass die Polizei auch die Bettinaschule räumte. Am nächsten Tag kam dann ein heftiger Schlag für die Protestbe-

Das Klima wird rauer – Gerangel zwischen 68 und der alten Republik

wegung. Der Deutsche Bundestag in Bonn beschloss mit den Stimmen von CDU/CSU und SPD in letzter Lesung die umstrittenen Notstandsgesetze, allen vorausgegangenen Protesten zum Trotz. Die Hoffnungen, dass zumindest Teile der Sozialdemokraten sich verweigern würden, erfüllten sich nicht.

Am gleichen Tag durchsuchte die Polizei das zentrale Büro des Sozialistischen Deutschen Studentenbundes (SDS) im Haus Wilhelm-Hauff-Straße 5 in Frankfurt. Die Staatsgewalt schien jetzt bemüht, die Protestbewegung zu brechen. Und tatsächlich ließen sich scheinbar viele Aktivisten vom massiven Vorgehen der Polizei einschüchtern. Der SDS hatte am 31. Mai zu einem »Widerstandskongress« in der Frankfurter

Festhalle aufgerufen. Doch es kamen statt der erwarteten zehntausend Menschen nur knapp 1000. Habermas provozierte die Versammlung durch ein Referat mit dem ironischen Titel *Die Scheinrevolution und ihre Kinder*. Wegen seines Faschismus-Vorwurfes gegen Teile der Revoltierenden sah er sich wütenden Vorwürfen ausgesetzt.

Die Bewegung stand jetzt an einem Scheideweg. Wie sollte es weitergehen? Die erhoffte Mobilisierung in den Betrieben zur Unterstützung des Protests an der Universität war weitgehend ausgeblieben. Die Aktivisten, die gehofft hatten, bis zu einem Generalstreik zu kommen und so die staatliche Ordnung zu erschüttern, sahen sich entmutigt. »Natürlich war die Verabschiedung der Notstandsgesetze eine große Enttäuschung für uns«, erinnert sich KD Wolff. Auch aus Frankreich kamen keine guten Nachrichten: Die Revolte dort, die mit einem Generalstreik am 19. Mai ihren Höhepunkt erreicht hatte, bröckelte. Die bürgerliche Regierung mit Staatspräsident de Gaulle an der Spitze hatte, um sich eine neue Legitimität zu verschaffen, zu Wahlen aufgerufen. De Gaulle präsentierte sich den Menschen als Garant der Ordnung gegen das drohende Chaos. Und das sollte am Ende dazu führen, dass die Gaullisten die Wahl mit großer Mehrheit gewannen.

Und doch: In Frankfurt geht das Projekt der »behüteten Bürgertöchter und Bürgersöhne«, wie Irmelin Demisch es nennt, weiter. Es zeigt sich bald, dass bestimmte Veränderungen im Alltagsleben, die seit 1967 erreicht worden sind, nicht mehr zurückgedreht werden können. Immer mehr junge Menschen in Frankfurt, nicht nur Studenten, lebten jetzt in Wohngemeinschaften. Die privat organisierten Kinderläden, die an die Stelle der offiziellen Kindergärten traten, breiteten sich aus. Junge Eltern wollten hier ihre Kinder frei von der Repression erziehen, die noch in städtischen oder kirchlichen Einrichtungen vorherrschte. Auch Irmelin Demisch begann, in einem »freien Kinderladen« zu arbeiten. Die Studenten suchten weiter die Verbindung zu den Arbeitern gerade in den großen Frankfurter Industrieunternehmen. Dazu wurden nachts Zehntausende von Flugblättern vervielfältigt. »Ich stand da nächtelang und hab die abgezogen«, weiß Demisch noch. An Schlaf war bei den Aktivisten nicht zu denken, man hielt sich mit Kaffee und Cola wach. »Morgens um halb fünf hatte ich dann einen Riesenstapel von Flugblättern, doch manchmal kamen nur wenige, um sie abzuholen und sie vor den Fabriken zu verteilen.« In dieser Zeit gab es nur noch »eine Handvoll zuverlässiger Genossen«.

Tatsächlich war die Teilnahme auch an Demonstrationen zurückgegangen. Die spektakulären öffentlichen Protestaktionen wurden jetzt von einer Phase abgelöst, in der viele der Studenten nach einer neuen Orientierung suchten. Es wirkte sich aus, dass in Frankfurt im SDS eher intellektuelle Führungspersonen wie Hans-Jürgen Krahl und KD Wolff den Ton angaben. »In Frankfurt war der Spaßfaktor nicht sehr groß, in Frankfurt war die Revolte eher eine ernsthafte Sache«, urteilt Bernd Schwibs. In Berlin sei mehr gelacht worden. Tatsächlich habe man in der zweiten Hälfte des Jahres 1968 bereits bemerkt, dass die zuvor erreichte gemeinsame Bewegung »am Auseinanderbrechen war«. Immer mehr spielten jetzt im SDS die politischen Fraktionen eine Rolle, die mehr gegen- als miteinander arbeiteten.

Nachdem die Verhinderung der Notstandsgesetze als gemeinsames Ziel weggefallen war, traten die ideologischen Unterschiede in der Bewegung deutlich zutage. Da gab es die, die auf eine Überwindung der kapitalistischen Produktionsverhältnisse zielten. Sie arbeiteten auf eine Diktatur des Proletariats hin und nahmen sich dabei die Volksrepublik China zum Ziel. Dass dort keineswegs das Volk an der Macht war, sondern die Partei mit blutiger Unterdrückung herrschte, wurde verdrängt. Andere sahen in der UdSSR und im Warschauer Pakt ein politisches Vorbild, dieser Flügel sollte später die Deutsche Kommunistische Partei (DKP) ins Leben rufen. KD Wolff zählte sicherlich zu denen, die damals auf einen Umsturz des kapitalistischen Systems hinarbeiteten.

Es gab aber auch die große Gruppe derer, die das System lediglich reformieren, aber nicht stürzen wollten. Ihr Ziel waren demokratischere Verhältnisse an den deutschen Hochschulen, andere Lehrinhalte und eine Mitbestimmung der Studenten. »Die Studentenbewegung hat sich gespalten, das Sektierertum begann«: So empfand es Martin Wentz. Für ihn war klar, »dass ich mich nicht dem revolutionären Umsturz verschreiben würde, ich wollte einen demokratischen Sozialismus«. Und wie zur Bestätigung fügt er noch einmal hinzu: »Demokratie war mir extrem wichtig, dafür wollte ich kämpfen.« Die Begeisterung einiger Genossinnen und Genossen für die politischen Verhältnisse in der Volksrepublik China oder in Nordkorea teilte er nie. »Ich habe mich nie als Maoist gesehen, ich wollte keine blaue Ameise sein, kein Mann der Uniform.«

Cornelia-Katrin von Plottnitz verlor während des gesamten Jahres 1968 nie das Ziel aus dem Auge, ihr Lehramtsstudium abzuschließen. Sie wollte Lehrerin werden und dann an der Schule für eine Veränderung des Unterrichts eintreten, unter dem sie noch während ihrer eigenen Schulzeit gelitten hatte. Eine neue Generation demokratisch orientierter Lehrkräfte sollte die ablösen, die in den späten 60er-Jahren häufig genug noch aus der Nazizeit stammten. Schon in den 20er-Jahren hatte es eine reformpädagogische Bewegung gegeben. Doch die war durch die nationalsozialistische Terrorherrschaft »ausgelöscht« worden, so von Plottnitz. »Mein Entschluss stand fest: Ich wollte als Lehrerin an die Schule!« 1969, das war der Zeitplan, wollte sie an der Universität ihr Examen ablegen. Das sollte sich noch als schwierig genug erweisen.

Am 1. Juni 1968 wollten die Studenten in Frankfurt an den Jahrestag der Erschießung von Benno Ohnesorg in Berlin im Juni 1967 erinnern. Doch auf dem Opernplatz kamen gerade einmal 300 Menschen zusammen. Am 5. Juni verkündete das Land Hessen gleichsam offiziell das Ende der Gegen-Universität: In Frankfurt wurde der »normale« Lehrbetrieb auf dem Campus wieder aufgenommen. Die Professoren standen wieder vor den Studenten, die *Karl-Marx-Universität* schien Vergangenheit. Scheinbar schien alles wie früher. Doch es sollte sich bald zeigen, dass dies nicht stimmte.

Am 6. Juni schockte eine neue Attentat-Nachricht aus den USA die linke Öffentlichkeit in Frankfurt, das ja durch die vielen US-Soldaten und ihre Familien mit den USA besonders verbunden war. Der ehemalige US-Justizminister Robert F. Kennedy starb an den Verletzungen, die er zwei Tage zuvor durch drei Pistolenschüsse im *Ambassador*-Hotel in Los Angeles erlitten hatte. Nach der Ermordung von US-Präsident John F. Kennedy 1963 und des Bürgerrechtlers Martin Luther King im Frühjahr 1968 war dies das dritte prominente Opfer politischer Gewalt in den USA. Es schien, als sollten Hoffnungsträger, die auf eine Verbesserung der gesellschaftlichen Verhältnisse in den USA hinarbeiteten, systematisch ermordet werden. Robert F. Kennedy befand sich mitten im Vorwahlkampf, um US-Präsident zu werden und dann, das war zumindest sein Versprechen, Spaltung und Gewalt in der US-Gesellschaft zu überwinden und für die Gleichberechtigung von Schwarzen und Weißen einzutreten. Längst sind von den Historikern auch die dunklen Seiten der Kennedy-Brüder herausgearbeitet worden. Und doch darf spekuliert werden, dass ein Präsident Robert F. Kennedy den Lauf der Geschichte verändert hätte. Etwa durch eine frühere Beendigung des Vietnamkriegs, den ja auch die Revoltierenden in Frankfurt bekämpften. So wurde von vielen 68ern die Ermordung Robert Kennedys durch den Attentäter Sirhan Sirhan als neuerlicher Rückschlag empfunden. Behauptungen, dass hinter dem christlichen Palästinenser eine Verschwörung gestanden habe, ließen sich nicht erhärten.

Am 15. Juni betrat ein neuer Akteur das politische Spielfeld in Frankfurt. Er sollte dem Jahr der Revolte neue, wichtige Impulse geben. Der 23-jährige Daniel Cohn-Bendit, in Frankreich Wortführer der 68er-Bewegung, war von Präsident Charles de Gaulle des Landes verwiesen worden. Frankfurt war die Stadt, in der Cohn-Bendit schon ab dem Alter von dreizehn Jahren aufgewachsen war, bevor er zum Studium nach Paris ging. Seine Bedeutung für Frankfurt im Jahr 1968 wird in diesem Buch in einem besonderen Kapitel gewürdigt. Für viele wurde er ab Sommer zum Hoffnungsträger: Er sollte mit seinem Charisma und seinem Kultstatus neuen Aufschwung für die Bewegung bringen, das erwarteten viele. Viele empfanden so, wie Heiner Boehncke es im Rückblick beschreibt: Cohn-Bendit sei der »Star« der 68er gewesen. Bemerkenswert ist, dass sich keiner der Zeitzeugen, mit denen wir gesprochen haben, negativ über den heute 72-Jährigen äußert, auch nicht hinter vorgehaltener Hand.

Tatsächlich hielt sich Cohn-Bendit in den nächsten Wochen gar nicht so oft in Frankfurt auf. Er schrieb in Italien mit seinem Bruder Gabriel an dem Buch *Linksradikalismus – Gewaltkur gegen die Alterskrankheit des Kommunismus*, das noch 1968 im Rowohlt Verlag erscheinen sollte. Wer es las, dem wurde klar, dass der Aktivist kein Freund kommunistischer Herrschaftsmodelle war, sondern sich als Anarchist verstand. Mit ihm sollte der in Frankfurt von manchen so vermisste Spaßfaktor gestärkt werden.

Doch der Sommer brachte noch eine weitere wichtige Veränderung. Und sie konnte von den Studenten durchaus als gewisser Erfolg angesehen werden. Besaß Cohn-Bendit Kultstatus aufseiten der Revolte, so besaß der Philosoph Theodor W. Adorno diese Ausstrahlung unter den Lehrenden der Goethe-Universität. Und es war Adorno, der gemeinsam mit den jungen Professoren Ludwig von Friedeburg und Jürgen Habermas auf den Protest reagierte und Vorschläge für eine neue Satzung des Fachbereichs Soziologie vorlegte. Die wichtigste vorgeschlagene Reform: Die Vollversammlung des Fachbereichs sollte künftig zu jeweils einem Drittel von Professoren, Assistenten und Studenten gestellt werden. Dazu sollte es mehr Lehrmaterial für die Studenten geben, das zudem weitgehend kostenlos zur Verfügung gestellt werden sollte, bessere Nutzungsmöglichkeiten für die Universitätsbibliothek und andere Verbesserungen mehr. Mit diesem Paket wollten Adorno, Habermas und von Friedeburg ihren Reformwillen dokumentieren. Allein, es stieß bei den kritischen Studenten auf Ablehnung. Sie kritisierten vor allem, dass die Professoren in Wahrheit ihre Privilegien und ihre Machtposition nicht aufgeben wollten. Die Einrichtung einer Drittelparität führe dazu, dass Professoren und Assistenten mit zwei Dritteln die Studenten in der Vollversammlung jederzeit überstimmen könnten. Die Basisgruppe Soziologie hatte dagegen Halbparität gefordert: Professoren und Assistenten einerseits und Studenten andererseits sollten sich in der Vollversammlung gleichberechtigt gegenüberstehen.

Die Basisgruppe appellierte an Professoren wie Adorno, Habermas oder von Friedeburg, den Lehrbetrieb von sich aus zu beenden und sich den Arbeitsgruppen der Studenten anzuschließen. Zugleich dachten die Organisatoren der Revolte aber auch ganz praktisch. Sie verlangten von den Professoren, auch für das zurückliegende Streiksemester Scheine auszustellen und die Teilnahme am Unterricht zu bestätigen, der zum Teil gar nicht stattgefunden hatte. Habermas antwortete mit dem klassisch gewordenen Satz: »Setzen Sie mich nicht unter Druck, sonst wird meine Zustimmung schwer gemacht.« Tatsächlich dachten weder er noch Adorno oder von Friedeburg daran, den Forderungen der Studenten nachzugeben. Es war klar, worauf das hinauslief: Im Wintersemester 1968/69 drohte der nächste politische Streik an der Frankfurter Universität.

Doch erst einmal beschäftigten andere Ereignisse die kritische Öffentlichkeit. Am 1. Juli fand man den hessischen Generalstaatsanwalt Fritz Bauer tot in seiner Wohnung. Er wurde gerade einmal 64 Jahre alt. Mit ihm starb ein engagierter Vorkämpfer für eine Demokratisierung der Justiz in Deutschland, die ein knappes Vierteljahrhundert nach dem Ende des Naziregimes noch immer von zahlreichen Mittätern aus dieser Zeit durchsetzt war. Außerhalb seines Büros im Frankfurter Gerichtsviertel hatte sich Bauer nach eigenen Worten oft wie im Feindesland gefühlt. Und doch war es ihm gelungen, mit den Frankfurter Auschwitzprozessen ab 1963 die erste juristische Aufarbeitung der Vorgänge in dem Vernichtungslager in Gang zu setzen. Bauer, selbst ein früherer KZ-Häftling, war es auch zu verdanken, dass mit Adolf Eichmann einer der wesentlichen Organisatoren des Holocaust in Argentinien gefasst werden konnte. Der Generalstaatsanwalt informierte den israelischen Geheimdienst Mossad über den Aufenthaltsort Eichmanns in Argentinien. Daraufhin kidnappten Mossad-Agenten den früheren SS-Obersturmbannführer und brachten ihn nach Israel, wo ihm der Prozess gemacht wurde, der mit seiner Hinrichtung endete.

Exkurs 2
Der Frankfurter Diplomaten-Prozess und die Zeugenaussage eines deutschen Bundeskanzlers im Jahre 68

Am 19. August 1968 endete der *Frankfurter Diplomaten-Prozess*. 1959 kam das Verfahren in Gang – Prozessbeginn war am 8. November 67 – und wurde insbesondere in der Schlussphase von der Generation der 68er und da besonders der Jurastudenten im SDS intensiv verfolgt – auch wegen der empörenden Rolle des als Zeuge der Verteidigung aussagenden damaligen Bundeskanzlers Kurt Georg Kiesinger.

Angeklagt im sogenannten *Diplomaten-Prozess* – es handelte sich um zwei ehemalige Diplomaten der NS-Zeit – waren der einstige Polizeipräsident von Frankfurt und zwischen 1941 und 1944 Gesandter der deutschen Botschaft in Sofia, Adolf Heinz Beckerle, wegen Mittäterschaft an der

Ein Kanzler wusste von nichts – Zeuge Kiesinger vor Gericht

Deportation von 11 343 »neobulgarischen« Juden aus Thrakien und Mazedonien sowie der frühere für Bulgarien zuständige Judenreferent im *Judenreferat D III* im Auswärtigen Amt, Fritz Gebhardt von Hahn, der zusätzlich noch der Deportation von 20 000 griechischen Juden beschuldigt wurde.

Der Prozess war geprägt durch wütende Attacken des ehemaligen SA-Führers Beckerle gegen Generalstaatsanwalt Fritz Bauer, durch die rachsüchtigen und »brutalen Verfolgungsmaßnahmen« Bauers befände er sich inzwischen in einer »ähnlichen Lage wie der jüdische Hauptmann Dreyfus«. Viel perfider kann ein Vergleich kaum sein.

Auf besondere Aufmerksamkeit stieß gegen Ende des Prozesses die Aussage von Bundeskanzler Kiesinger. Dieser wurde am 4. Juli 1968 in Bonn auf Antrag der Verteidigung verhört. Die Richter hatten eine Vernehmung Kiesingers als nicht relevant für das Verfahren abgelehnt, aber die Verteidigung setzte die Vernehmung des Kanzlers aufgrund eines besonderen Paragrafen (§220) in der Strafprozessordnung durch, mit dem ein Angeklagter einen Zeugen unmittelbar auch dann laden lassen kann, wenn das Gericht dies ablehnt.

Ziel der Verteidigung war, einen Vorwurf von Staatsanwalt Bauer zu entkräften. Der Angeklagte Beckerle bestritt, in der deutschen Gesandtschaft in Sofia von Massenhinrichtungen auch nur Kenntnis gehabt zu haben. Bauer stellte dem gegenüber klar, dass die Gesandtschaft Zeitschriften wie die *Neue Zürcher Zeitung* abonniert hatte, in der regelmäßig über die Judenvernichtung berichtet wurde. Bundeskanzler Kiesinger sollte im Sinne der Verteidigung diesen Vorwurf entkräften. Als ehemaliger stellvertretender Leiter der rundfunkpolitischen Abteilung im nationalsozialistischen Außenministerium könne Kiesinger bezeugen, dass jegliche Zeitungsberichte aus dem Ausland grundwegs als erlogene Gräuelpropaganda gegolten hätten.

Und Kiesinger unterstützte tatsächlich – auch er gab sich als »Unwissender und Opportunist« – diese Logik. Die linksliberale Presse und auch die gegen diese »typische« Haltung der eigenen Eltern aufbegehrenden 68er reagierten empört – auch noch im Schatten dessen, dass Generalstaatsanwalt Fritz Bauer überraschend drei Tage vor Kiesingers Aussage am 1. Juli tot in seiner Frankfurter Wohnung aufgefunden wurde.

Es gab Gerüchte über einen Mordanschlag, auch über Freitod aufgrund massiver Einschüchterungen und anonymer Bedrohungen wurde spekuliert. Bei der von dem Frankfurter Gerichtsmediziner Joachim Gerchow vorgenommenen Leichenöffnung wurde eine Herzvorschädigung, eine schwere akute Bronchitis sowie die Einnahme einer (eher kleineren)

Dosis eines Schlafmittels festgestellt. Es ergaben sich keinerlei Hinweise auf ein Fremdverschulden. Der Tote wurde nicht in Frankfurt beerdigt, sondern im schwedischen Göteborg, wo er gemeinsam mit dem damaligen Vizekanzler Willy Brandt (SPD) im Untergrund gegen die Nazis gearbeitet hatte.

Der Frankfurter Diplomaten-Prozess endete knapp drei Wochen nach Bauers Tod am 1. August 1968. Hahn wurde zu acht Jahren Zuchthaus verurteilt.

Abgetrennt wurde das Verfahren gegen den früheren Frankfurter Polizeipräsidenten Beckerle – Sohn eines Postbeamten, Abitur 1921 an der Wöhlerschule, Mitglied im Jungdeutschen Orden und im Ende 1922 gegründeten Wiking-Bund, NSDAP-Mitglied, 1928 in der SA mit dem Aufbau der Sturmabteilungen, Propagandafahrten und Saalschlachten beschäftigt, nach 1933 SA-Obergruppenführer und Frankfurter Polizeipräsident, 1939 kommissarischer Polizeipräsident in Lodz, 1941 in den Auswärtigen Dienst berufen, bis zur Gefangennahme 1944 deutscher Gesandter in Sofia. Danach 10 Jahre Haft in sowjetischen Straflagern.

1955 kam Beckerle nach Frankfurt zurück, war bis 1959 Abteilungsleiter einer Motorenfabrik in Neu-Isenburg. Vom Oberbürgermeister wurde er nach der Gefangenschaft vor dem Rathaus mit Handschlag willkommen geheißen und bekam angeblich 6000 Mark – damals ein Vermögen – Begrüßungsgeld als Unterstützung ausgehändigt. Die *Vereinigung der Verfolgten des Naziregimes* (VVN) erhob schon früh (1956) Anzeige wegen Mordes und Verbrechen gegen die Menschlichkeit. Das Verfahren bezüglich seiner Amtszeit als Frankfurter Polizeipräsident wurde allerdings 1957 eingestellt. Bis Fritz Bauer sich dann wieder näher für den Fall interessierte.

Doch zu einer Verurteilung durch ein deutsches Gericht kam es aber – wie so oft – nicht mehr. Um den Fortgang des Verfahrens gegen Hahn nicht zu gefährden, wurde das Verfahren gegen Beckerle aus Krankheitsgründen am 28. Juni 68 vorläufig abgetrennt und am 19. August 1968 förmlich eingestellt. Da war Fritz Bauer schon tot. Beckerle starb im April 1976 eines natürlichen Todes in seiner Heimatstadt.

Eine Frankfurter Karriere des 20. Jahrhunderts. Im Brennpunkt des Jahres 68.

Exkurs 3
Der Prager Frühling in Frankfurt

Daniel Cohn-Bendit brachte aus Paris die antiautoritäre, undogmatisch-anarchistische Haltung mit, die speziell für die 68er in Frankfurt prägend war; Milan Horáček, Pavel Schnabel und andere aus Prag die antitotalitäre – auch antikommunistische – Haltung, die Frankfurt im Gegensatz zu vielen anderen deutschen Universitätsstädten stark beeinflusste; Heinz Brandt die Erfahrung eines aberwitzigen Lebens im Kampf gegen Unterdrückung, Verfolgung und Apparatschiks.

Alle führenden Köpfe der 68er aus Frankfurt hatten Kontakt zu den Exilkreisen aus Prag, unterstützen die Dissidenten aus dem Osten politisch und materiell. In vielen anderen Teilen der deutschen Linken nach 68 war ansonsten offene Kritik am »Ostblock« verpönt. Zum Teil, weil man nicht in die »Kalte-Krieger-Rhetorik« der »Revanchisten« einstimmen wollte, aber auch aus latentem und oft recht grob gestricktem Anti-Amerikanismus – der aber in Frankfurt deutlich weniger spürbar war als im Rest der Republik.

Pavel Schnabel noch in Prag – vor dem Frühling

Vielleicht sei die kühne These erlaubt, dass bei der Frankfurter Linken die Beziehung zu osteuropäischen Dissidenten – sowohl zu den geflüchteten als auch zu denjenigen, die hinter dem Eisernen Vorhang blieben – enger und intensiver war als in der »Frontstadt Berlin«.

Pavel

Alexander Kluge und Pavel Schnabel sprachen bei ihrer ersten Begegnung Englisch miteinander. Schnabel konnte damals noch kein Deutsch. Es war eine knifflige Situation für ihn, denn da er aus der Tschechoslowakei geflohen war, war er dann ein Antikommunist oder ein Linker? Und als Kluge ihn fragte: »But you are a socialist?«, hatte er nachdenken müssen. Der Begriff war ihm unbekannt. Im Ostblock gab es Kommunisten und Reformer. Hätte er gefragt, ob er Kommunist sei, hätte er sicher gesagt, nein, das sei er nicht. Aber Sozialist? Er hat einfach genickt. Und das hat vielleicht den Ausschlag für seine weitere Berufskarriere gegeben.

Auch wenn die Antwort eher spontan kam und inhaltlich zu diesem Zeitpunkt für ihn selbst kaum nachvollziehbar war, scheint es im Nachhinein kaum als Zufall, dass Pavel Schnabel bis heute in Frankfurt beheimatet ist.

Denn er ist schon typisch für Frankfurt, der kleine Unterschied zwischen »S« wie sozialistisch und »K« wie kommunistisch. Alles, was sich irgendwie mit »K« benannte, bekam in Frankfurt politisch keinen Fuß auf den Boden. Selbst bei den Wahlen zum Studentenparlament der Goethe-Universität kamen ein ganzes Jahrzehnt weder die Dogmatiker sowjetischer Prägung der DKP noch die marxistisch-leninistischen-Gruppen mit maoistischer Orientierung über einen Sektenstatus hinaus. Der AStA war fest in der »Sponti-Hand« der

Sozialistischen Hochschulinitiative (SHI). Spontaneistisch. Sozialistisch. Antikommunistisch. Das lag auch an den Erfahrungen, die die Dissidenten aus dem Osten vermittelten.

Wenige Wochen vor der Begegnung mit Kluge in München lag Pavel Schnabel noch mit dem Gesicht auf dem blanken Straßenpflaster vor dem Gebäude des tschechischen Rundfunks, als es russische Panzer zu umzingeln versuchten. Der 21. August 1968 hat den heute renommierten Regisseur und Kameramann, Bundesfilmpreis- und Grimme-Preisträger Pavel Schnabel tief bewegt.

»An dem Tag selbst bin ich sehr früh aus dem Studentenheim raus, nachdem ich von einem Freund geweckt worden bin, der mir sagte, ›Russen sind da, Panzer sind auf den Straßen‹. Die Nacht zuvor war sehr kurz. In der Nacht zuvor bin ich vielleicht erst gegen vier Uhr, drei Uhr nachts ins Bett gekommen, und vielleicht sind wir da schon um sechs Uhr früh wieder auf der Straße gewesen. Und intuitiv bewegten wir uns – es waren Massen Leute auf der Straße – zum Rundfunkgebäude, zum Prager Rundfunk, wo sich auch, glaube ich, die ersten Auseinandersetzungen ereigneten, bei denen geschossen worden ist – nicht etwa in die Menschenmenge, aber über sie hinweg. Ich habe das einfach zum ersten Mal erlebt: Schüsse, Panzer und die Situation, dass man sich mit Hunderten oder Tausenden Leuten auf den Boden wirft in der Angst, Kugeln fliegen durch die Luft. Das machten wir beide intuitiv. Ich war nicht nur entsetzt über diese Erfahrung. Als ich dann wieder zurück zum Studentenheim ging … Als ich merkte, dabeizubleiben wird mir nicht gut tun – nicht nur, dass ich da was abkriege, dass die Gefahr besteht, ich kriege da was ab. Psychisch war die Situation kaum zu ertragen. Diesen bewaffneten Soldaten mit den Panzern gegenüberzustehen, die über Hindernisse, Barrikaden hinweg, über einen quer stehenden Bus und eine Straßenbahn hinwegrollten – diese Bilder blieben haften.«

Als sich dann Alexander Dubček, die Hoffnung der Reformbewegung, mit zittriger Stimme und schwer atmend Anfang September live im Radio für die »brüderliche Hilfe« der Volksarmeen bedankte, beschloss Schnabel, in dem Land keine Zukunft mehr sehen zu wollen und überhaupt, sich nie wieder für politische und gar sozialistische Ideen zu engagieren.

Wenige Wochen nach seiner Flucht rief er Alexander Kluge an – die Nummer fand er im Telefonbuch –, denn er war einer der wenigen deutschen Filmemacher, dessen Name ihm damals etwas sagte.

Auf der berühmten Prager Filmakademie FAMU – sein Lehrer war Milan Kundera – wurden freitags immer Filme gezeigt, nur Filme, es gab nur Kino an dem Tag. Und zwar Filme, die verschiedentlich über Festivals, über irgendwelche Schienen außerhalb des Systems des Filmverleihs im Lande beschafft wurden, auch über Botschaften, die normalerweise in Kinos nicht gezeigt wurden, die man zensierte. Auch der Kluge-Film *Die Artisten in der Zirkuskuppel: ratlos …* war darunter.

Kluge schickte den jungen Kameramann zu Äppelwoi Motion Pictures, den Absolventen der Ulmer *Hochschule für Gestaltung*. Dadurch sammelte er Praxiserfahrung, die ihm ab 1971 Kamerajobs bei SWR und ZDF einbrachte. Aber er wurde nie ein »Fernsehmensch«.

Zu Beginn der 70er-Jahre lebte Pavel Schnabel im Frankfurter Westend, jenem Viertel, in dem später heftig der Häuserkampf tobte. Hausbesetzungen, Immobilienspekulation, Straßenkämpfe. Alexander Kluge drehte 1974 – quasi aus sei-

Ein Film aus dem umkämpften Westend

ner Wohnung heraus – den legendären Film zur Zeit, *In Gefahr und größter Not bringt der Mittelweg den Tod* – nach einem Graffiti im Treppenhaus eines der besetzten Häuser – ein leicht verändertes Motto des deutschen Dichters Friedrich von Logau. Es taucht in einer Anfangssequenz des Filmes wie nebenbei auf.

Auch Schnabels Anfangsjahre standen im Geist der Zeit nach 68. Und es gab viele irritierende Details. »Als wir im Frankfurter Westend eine zum Abriss bestimmte und deswegen mietgünstige Jahrhundertwende-Villa bezogen hatten, habe ich in den zahlreichen und mir unendlich scheinenden Sitzungen gemerkt, dass die Studenten einen deutlichen Ehrgeiz hatten, sich von Kluge – ihrem Professor – möglichst abzugrenzen. Eine solche Haltung war mir unbekannt. Wir haben ja in Prag unsere Professoren bewundert und eher geliebt. Ihr Interesse oder gar ihre Zuneigung hätten wir genossen. Und das, obwohl wir einige Härten von ihnen ertragen mussten.«

Nicht immer stand der Film allein im Zentrum des Interesses. Der Geist von 68 und die gute alte sozialistische Idee erschütterten sein Exilland gründlich. »Zwischendurch nahmen wir kollektiv teil an politischen Aktionen, wie der Belagerung des Jugendgefängnisses im oberfränkischen Ebrach oder bei Sit-ins an der Goethe-Universität Frankfurt. So hatte ich auch mehrere Tage lang die Gelegenheit, bei einer explosiv gestimmten SDS-Tagung an der Uni Freiburg das Temperament der deutschen Sozialisten (und -Innen!) bewundern zu können. Manche Genossen misstrauten der tschechoslowakischen Reformbewegung – alleine schon, weil die *Bild* mit Dubček sympathisierte, konnte es in Prag nur um eine Konterrevolution gehen.« So wurde er zum Beginn seiner Emigration noch häufig mit der Gretchenfrage geprüft: »Wenn ihr doch in der ČSSR Sozialismus habt, warum verlässt du dann das Land?«

Natürlich stand Schnabel für »Freiheit – Gleichheit – Brüderlichkeit«, doch er stand gerade aufgrund seiner Vita ebenso natürlich dafür, dass es nicht richtig sein kann, einem der »sozialistischen« Länder das demokratische Experiment durch Waffengewalt und Okkupation auszutreiben.

Die Arbeitsprozesse selbst waren geprägt von der Wohngemeinschaftskultur der Zeit. »Wir haben zusammen einen Kollektivfilm gemacht. Das war die Vorstellung davon, die schräge Vorstellung – es gab große Auseinandersetzungen und ich war da einer, der eher reaktionäre oder konservative Haltungen einnahm, weil Kunst – nun ja –, weil ich da andere Vorstellungen hatte, wie Kunst zustande kommen kann und wie Filmarbeit auszusehen hat.«

Selbst sehr diszipliniert arbeitend, war es für Schnabel schon eine besondere Erfahrung, dass fast alles, was er an Professionalität für einen künstlerischen Prozess für notwendig hielt, negiert wurde. Und es ging auch häufig entsprechend chaotisch zu. Er erinnert sich noch gut, dass er sich nicht damit abfinden konnte, dass es hieß, »Morgen fahren wir um neun Uhr los zum Drehort«, und gegen halb elf schlichen sich die ersten Leute aus den Betten und sind irgendwie um halb zwei dann losgefahren und um vier an den Drehort gekommen. Natürlich war dann das Licht weg. Man hat aber trotzdem gedreht. Das alles klingt ihm immer noch absurd, aber die Erfahrung war fantastisch.

Es wurden irgendwie zwei Welten. Schnabel spürte natürlich noch den Mief der Nachkriegsjahre durchs Wohnzimmer wehen. Diese Animosität, die er bei den Freunden gegenüber einem Staat verspürte, dessen Kanzler Kiesinger hieß. »Was aus diesem Lande stinkt aus der Vergangenheit.«

Doch das, was die Linksradikalen so allgemein als »Schweinestaat« bezeichneten – und manches, was Vergangenheitsbewältigung hieß, konnte ja auch Schnabel nachvollziehen –, war für ihn andererseits auch ein Land, in welchem er bewunderte, was alles möglich ist. Nach seinen Erfahrungen in den Fabriken der ČSSR kam ihm bisweilen der Alltag in Deutschland wie das eigentliche Arbeiterparadies vor. Ein Eindruck, der natürlich in der deutschen Linken kaum auf Verständnis stieß.

»Dieses Land hat mich toll aufgenommen, und ich habe mich sehr bald zu identifizieren begonnen. Ich sage allerdings auch heute noch nicht: Ich bin ein Deutscher. Ich lasse aber auch nicht zu, dass mir jemand sagt, dass ich ein Tscheche bin. Weil auch das bin ich nicht. Ich würde sagen, ich bin ein Frankfurter. Aber zu diesem Begriff Heimat – in dem bewege ich mich nicht, in dem denke ich nicht. Und was Nation betrifft, noch mehr. Also durch die Komplikation, dass mein Vater jüdisch ist und auch sein Leben lang sehr viel dafür zu leiden hatte – meine Mutter ist christlich, ist eine Tschechin, womit ich streng genommen selber gar nicht jüdisch bin, das kann ich ja nur nach der Mutter sein – und weder Lust habe, mich mit der tschechischen Mentalität und Geschichte, noch mit der deutschen Mentalität und Geschichte zu identifizieren – eine andere ist mir nicht angeboten worden oder bietet sich mir nicht an, aber ich glaube, ich würde bei näherer Kenntnis auch dankend ablehnen, ja, als Identität habe ich eigentlich durch die Emigration das Privileg, mich zur Nation nicht bekennen zu müssen.«

Politisch hat er bewundert, als dann die grüne Bewegung

kam. »Das alles fand ich eine tolle Entwicklung und ich fühlte mich sehr damit verbunden, und ich fand das nicht nur interessant, ich stand dahinter, fand gut, womit ich konfrontiert worden bin.« Und das alles war ja in der Tschechoslowakei unter Panzern begraben worden. »Diese Bewegung für Offenheit, dieser Versuch eines nicht-autoritären Umgangs. Diese Infragestellung von Institutionen. Nichts davon gab es dort … natürlich, weil es da die gröbste kommunistische – plakativ gesagt – Unterdrückung gegeben hat. Und ich kriegte es dann auch mit, wenn ich dort hingefahren bin. Und weil ich die Freundschaft mit einem Freund gepflegt habe, mit dem ich offen miteinander über alles sprechen konnte. Er war ein tschechischer Dissident, Regisseur, arbeitete für das tschechische Fernsehen als Freiberufler, und wir haben uns viel zu sagen gehabt, wie das ist, wenn ich Filme mache – er war auch Dokumentarfilmer –, und über Politik. Ich habe ihn mit Materialien versorgt, und ich habe für einen ganzen Kreis von Leuten Bücher geschmuggelt, Werke von Exilkünstlern wie Jiri Kosta, Pelikan, Kundera, die in westlichen Verlagen auch auf tschechisch gedruckt wurden. Nicht irgendwie aktiv eine Art Widerstand gemacht, aber unterstützend. Und ich habe Dokumente von Geflüchteten herausgeschmuggelt, wie Zeugnisse, persönliche Unterlagen, die sie einst auf der Flucht nicht mitnehmen konnten …«

Beruflich ging Schnabel konsequent seinen Weg. Als er merkte, wie »miserabel« die Kameraarbeit hier vergleichsweise war – wie gesagt, Schnabel kam von der berühmten Prager Filmakademie –, auch wenn ihm diese Einschätzung heute arrogant klingt, hat er sich dann doch getraut, seine Fähigkeiten anzubieten.

In den nächsten Jahren war er als Kameramann sehr gefragt,

denn seine Qualitäten sprachen sich schnell herum. Wenn er Zeit hatte, fuhr er zu Festivals, beispielsweise nach Oberhausen oder Mannheim, und sah dann oft Filme, bei denen er dachte: Das kann ich auch. 1977 nahm er sein erstes eigenes unabhängiges Filmprojekt in Angriff. Es war die »Hommage à August Sander«, ein Dokumentarfilm über einen der wichtigsten deutschen Fotografen. Für »Jetzt – nach so vielen Jahren« bekam er 1982 gemeinsam mit Harald Lüders den Adolf-Grimme-Preis mit Gold.

Sitzt man heute mit Pavel Schnabel auf einen Kaffee im Kunstverein zusammen, spürt man die Verwunderung, wenn er Zeiten passieren lässt. »68 in Prag und 68 in Deutschland, das waren beides politische Aufbrüche und doch zwei ganz verschiedene Welten.« Prag war an ganz konkreten Reformschritten orientiert, der antiautoritäre Moment und die Veränderung in der Alltagskultur fehlten – auch wenn man natürlich auch die Stones hörte und die Haare länger wurden – weitgehend.

Und so ist es verblüffend, dass es in beiden Ländern parallel ein roll-back gibt – auch bezüglich der handelnden Personen von einst: Im heutigen Prag gibt es verschärft wieder den Blick zurück auf Mütterchen Russland, in Deutschland hört man wieder lauter den Ruf nach Volk und Nation.

Und der Begriff des Gutmenschen hier entspricht in etwa dem, wenn alte Veteranen des Prager Frühlings und eine seiner Leitfiguren, der einzigartige Künstler und große Europäer Václav Havel, nun als naive Havelaner fast schon bemitleidet werden.

Man spürt Verständnis, denn manches lief in der bisweilen selbstgerechten und selbstgefälligen Generation der 68er nicht wirklich rund, weder in Deutschland noch in Prag –

aber noch mehr spürt man die Sorge, vor dem, was aus dieser Kritik folgt …

Milan

Am 21.8.68 rollten russische Panzer in Prag ein. Anfang September flüchtete auch Milan Horáček über die Grenze. Ein Freund hatte geholfen, der als Grenzsoldat strafversetzt war.

Heute ist in den Stasiunterlagen zu finden, dass er auch in der DDR schon intensiv beobachtet wurde. Der Satz »wir leben in einem Gefängnis« wurde besonders herausgehoben. Horáček wurde als Bausoldat in einer Strafkolonie eingesetzt. Der Freund wollte eigentlich Milan nur bei der Flucht helfen, erkannte aber als Grenzsoldat schnell: Milan, du hast recht mit dem Gefängnis, und kam spontan mit. Er lebt heute noch in Frankfurt.

Milan Horáček studierte in Frankfurt unter anderem bei dem Wirtschaftswissenschaftler Jiri Kosta, die politische Grundhaltung war antikommunistisch, aber – wie 20 Jahre später bei vielen ostdeutschen Dissidenten durchaus sozialistisch – so pflegte er später mit Rudi Dutschke einen engen Kontakt zu den Eurokommunisten innerhalb der KPI.

Horáček lernte Dutschke Anfang der 70er kennen, mit ihm verband ihn bis zu dessen Tod eine tiefe Freundschaft. Dutschke unterstützte ebenso wie KD Wolf, Cohn-Bendit, der Linksgewerkschafter Heinz Brandt und insbesondere auch Joseph Beuys und Heinrich Böll die Exilkreise aus Frankfurt wie die Gruppe »Wege 68«, die einerseits durchaus »landsmannschaftlich« mit Tanz- und Filmveranstaltungen wirkte, die aber ein breites Netzwerk von Dissidenten aus dem Osten verband.

Beuys unterstützte das Netzwerk um Milan auch finan-

Ein 68er des Prager Frühlings: Milan Horáček später im Römerparlament

ziell: »Als einmal 300 Mark Telefonkosten in einem Jahr aufliefen – durch Telefonate mit Italien oder auch Rudi in Aarhus zum Beispiel –, kam dann gerade noch rechtzeitig ein Scheck von Beuys, bevor das Telefon abgestellt worden wäre ...«, erinnert sich Horáček heute noch.

SOLIDARITÄTSVERANSTALTUNG
ZUR BEFREIUNG DER POLITISCHEN GEFANGENEN IN DER CSSR

K.D. Wolff R. Dutschke D. Cohn-Bendit H. Brandt M. Horacek A. Kleist O. Schreiner

»Die intensivsten Diskussionen fanden im Atelier bei Beuys statt, gerade auch, wenn ich dort mit Rudi zusammentraf«, so Milan Horáček, »und dabei hatte Joseph sogar seinen Hut mal nicht auf, sondern nur ein Wollmütze – wegen des Temperaturausgleichs aufgrund seiner Stahlplatte auf dem Kopf, seiner Kriegsverletzung.«

Auch ein regelmäßiges Heft der Exil-Opposition erschien Mitte der 70er in Frankfurt, die *Listy-Blätter* – »oft im Verlag Roter Stern bei KD Wolff produziert«, so Milan Horáček. In einem gemeinsamen Aufruf von Horáček, Dutschke, Cohn-Bendit und KD Wolff hieß es beispielsweise in einem der Hefte:

»Unsere Forderung nach Freilassung aller politischen Gefangenen richtet sich daher zuerst an alle jene Kommunisten, Sozialisten und Demokraten, denen die Sache der

Menschenrechte ungeachtet aller vorhandenen Differenzen gemeinsam ist. Zugleich aber auch an alle, für die ihre Respektierung wesentlicher Maßstab zur Beurteilung gesellschaftlicher Verhältnisse ist.«

Die Stasi tat sich in dieser Zeit sichtbar schwer mit der politischen Einordnung von Milan Horáček. Natürlich galt er als Dissident erst mal grundsätzlich als unzuverlässig. Aber die politische Einordnung schwankte massiv – vielleicht auch davon abhängig, welche Spitzel gerade ihre Erkenntnisse zu Protokoll gaben. Die Einschätzungen änderten sich monatlich bis in seine Zeit als Gründungsmitglied der GRÜNEN.

So gibt es Vermerke, dass er mit Petra Kelly, Bastian und Lukas Beckmann zu den »reaktionären Kräften« gehöre – im Gegensatz zu den realistischen Kräften um Schily, Trampert und Antje Vollmer. 1984 wurden dann seine angeblich konservativen Positionen einer antisozialistischen Politik kritisiert, während er plötzlich ein Jahr später von der Stasi als grüner Pragmatiker mit realistischen Positionen geführt wurde.

All dies nährt den Verdacht, dass die Stasi, je mehr sie Horáček ausspionierte, umso weniger von ihm verstand, und die Einschätzung sich weniger nach der tatsächlichen politischen Haltung oder »Flügelzugehörigkeit« richtete, als vielmehr nach der Frage, wer hat Kontakt zur Opposition im Osten und wer gefährdet mit seiner Persönlichkeit das SED-Regime in seinem Bestand. Also die klassische Frage eines Regimes kurz vor dem Abruf.

1990, nach dem Fall des »Eisernen Vorhangs«, wurde Horáčeks Ausbürgerung aus der Tschechoslowakei von Václav Havel zurückgenommen, der ihn auch in seinen Beraterstab aufnahm. Und er ist wohl der einzige Politiker, der zu den Gründungsmitgliedern zweier Parteien in zwei europäischen Staaten Europa gehört – den GRÜNEN in Deutschland und den GRÜNEN in Tschechien.

Heinz

Heinz Brandt hatte sein erstes 68 schon Ende der 20er-Jahre. Jugendbewegt, KPD-Mitglied, kultureller Aufbruch. »Die Revolution ist eine gute Sache. Revolution bringt den Frieden. Und erfüllte eine messianische Zukunftshoffnung. Wir waren das Salz der Erde«, schrieb er fast ein ganzes Leben später. Seine Autobiografie hat den bezeichnenden Titel: *Ein Traum, der nicht entführbar ist.*

Diesen Traum lebte er weiter. Er stand 1933 mit einem KPD-Plakat vor einem Berliner Wahllokal, noch die Schrammen am Körper von einem brutalen SA-Überfall Tage vorher. Untergrund, sechs Jahre Zuchthaus nach 1934. Aus der Zeit im Konzentrationslager die Nummer 69 912 auf dem Arm.

Nach der Befreiung aus dem KZ 1945 Eintritt in die SED in Berlin. Und schon bald die Konflikte eines unangepassten antiautoritären Geists mit den Regimen von Ulbricht und Stalin. Nach dem XX. Parteitag der KPdSU – also nach dem Tod Stalins – konnte Brandt nach Moskau reisen, um dort das Schicksal seiner Geschwister zu erkunden. Er erfuhr, dass sein Bruder den Stalinschen Säuberungen zum Opfer gefallen und seine Schwester nach Sibirien verbannt worden war.

Auch 1953 war er schon voller Hoffnung dabei gewesen. Doch alle Hoffnungen auf Öffnung wurden enttäuscht. 1961 dann doch die Flucht in den Westen. 1961 während einer Gewerkschaftstagung in West-Berlin setzte die Stasi einen attraktiven weiblichen Spitzel – Brandt war dafür durchaus empfänglich – auf ihn an und entführte ihn in die DDR. Man wollte ihn umdrehen, als das nicht gelang, wieder Gefängnis. Verurteilt zu 13 Jahren wegen staatsgefährdender Propaganda.

Bertrand Russell und Erich Fromm führten eine internationale Solidaritätskampagne an, die nach drei Jahren seine Freilassung bewirkte. Rechtzeitig zum Beginn der Jugendrevolte – sein zweites 68 – in der Bundesrepublik.

Als Metaller kämpfte er gegen den Atomkurs der Gewerkschaften, war in Brokdorf dabei. Mit Böll und Grass auf den Teach-ins der Friedensbewegung. Mit Dutschke und Cohn-Bendit landete er bei den GRÜNEN, wandte sich dort aber sofort gegen die sektiererischen Tendenzen der Gründerjahre.

Ein fast aberwitziges Leben des 1909 in Posen geborenen und in Frankfurt 1996 gestorbenen »ewigen Ketzers und Anti-Apparatschiks« – die authentische Stimme in Frankfurt, wenn es galt, einen undogmatischen Linkskurs zu verteidigen, trotz oder wohl auch wegen der unglaublichen Biografie mit Verfolgung von rechtem und linkem Totalitarismus des 20. Jahrhunderts.

Auch die authentische Stimme, die zu verteidigen und zu unterstützen, die mit dem Prager Frühling nach Frankfurt kamen.

Trotz der Turbulenzen im Osten Europas und deren Einfluss auf die deutschen 68er: Der Vietnamkrieg und das Vorgehen der US-Streitkräfte blieben das prägende Thema. Im Spätsommer kam in die Kinos der Bundesrepublik ein höchst umstrittener US-Spielfilm, der, man kann es nicht anders sagen, den Völkermord der USA in Südvietnam rechtfertigte. *The Green Berets* (deutscher Titel: *Die grünen Teufel*) hieß das Machwerk, als dessen Regisseur und Hauptdarsteller sich der US-Schauspieler John Wayne hergegeben hatte. Der ultrakonservative Wayne, der voll hinter dem Einsatz der US-Streitkräfte in Vietnam stand, und der damals immerhin schon 60 Jahre alt war, spielte den Kommandeur einer Einheit der US Special Forces. 141 Minuten lang (!) war die deutsche Schnittfassung, und der US-Filmkonzern *Universal* glaubte tatsächlich, mit dem Streifen in Deutschland, Frankreich und anderen europäischen Ländern reüssieren zu können. Der französische Filmkritiker Jacques Demeure schrieb damals in der Zeitschrift *Positif*: »Sollte man John Wayne eines Tages aufhängen müssen, so wäre es besonders traurig, daß der Strick, den er sich selbst geknüpft hat, ein so miserabler Film wie *The Green Berets* ist.«

Für die 68er war dieser Streifen, der übrigens vollständig in Wyoming gedreht worden war, eine offene Provokation. Am 30. August plante *Universal* die Frankfurter Premiere im großen Kino *Turmpalast* am Eschenheimer Turm, doch Studenten sprengten die Vorstellung. Es entbrannte eine Schlägerei zwischen Protestierenden und anderen Besuchern, die John Wayne im Kampf gegen den Vietcong gerne gesehen hätten. Am Ende musste das Kino von der Polizei geräumt werden. Die Demonstranten ließen sich widerstandslos abführen.

Es war dies ein gutes Beispiel dafür, wie die Auseinandersetzungen des Jahres auch den kulturellen Sektor erfassten. Nur einen Tag später verlor die Revolte in Frankfurt einen wichtigen Unterstützer: Der langjährige Generalintendant der Städtischen Bühnen, Harry Buckwitz, nahm Abschied und verließ die Stadt. Er hatte die Bühnen seit 1951 geführt. Sie waren in dieser Zeit weit über Deutschland hinaus zu einem wichtigen Ort für das moderne, zeitgenössische Theater geworden. Buckwitz hatte Stücke von Autoren wie Friedrich Dürrenmatt, Rolf Hochhuth, Max Frisch, Eugène Ionesco, Jean-Paul Sartre und vor allem immer wieder Bertolt Brecht auf die Bühne gebracht. Doch die ständigen Auseinandersetzungen mit konservativen Frankfurter Kommunalpolitikern und der Kampf um die Finanzierung des Theaters hatten ihn zermürbt und krank gemacht.

Karlheinz Braun erinnert sich noch gut an diese Zeit, die für ihn zur Vorgeschichte und zum Urgrund des Jahres 1968 in Frankfurt gehört. Der langjährige Leiter des Verlags der Autoren in Frankfurt, heute 85 Jahre alt, urteilt: »68 in Frankfurt, das war eine Kulturrevolution.« Die Stadt sei für die 68er-Bewegung »viel wichtiger« gewesen als Berlin. Tatsächlich hat in den Augen des Verlegers der kulturelle Aufbruch, der in Frankfurt zu 1968 hinführte, bereits in den 50er-Jahren begonnen. Der gebürtige Frankfurter studierte damals an der Universität Literaturwissenschaft und Philosophie und promovierte 1959. Zuvor schon leitete er das Studententheater *Neue Bühne* an der Universität. Und tatsächlich ergänzte sich dessen Programm mit dem Spielplan der von Buckwitz geleiteten Städtischen Bühnen. »Es gab damals einen Boykott von Brecht in Westdeutschland, der wurde in Frankfurt durchbrochen.« Während Buckwitz seine Brecht-Inszenierungen brachte, zeigte die *Neue Bühne* beispielsweise 1958 die westdeutsche Uraufführung von Brechts *Antigone-Modell*.

Noch an der Universität knüpfte der Theatermacher enge Kontakte mit dem Sozialistischen Deutschen Studentenbund: »Die verbündeten sich mit uns.« Bald wurde Siegfried Unseld, nach Peter Suhrkamps Tod der neue Leiter des Suhrkamp Verlages, auf den jungen Braun aufmerksam. Und holte ihn 1959 als Leiter des Theaterverlages zu Suhrkamp. Und dort war er im Herbst 1968 maßgeblich daran beteiligt, dass auch bei Deutschlands damals wichtigstem Verlag die Revolte ausbrach.

Am 12. September kam in Frankfurt die Bundesdelegiertenkonferenz des SDS zusammen. Doch die Organisation war zu diesem Zeitpunkt schon so geschwächt und zerstritten, dass kein einziger Beschluss gefasst wurde. Auch ein neuer Bundesvorstand konnte nicht gewählt werden. KD Wolff und sein Bruder Frank blieben als Vorsitzende einfach weiter im Amt. Am 14. September erlebten die Frankfurter Genossen, wie ein prominenter Besucher aus Berlin der Bewegung neue Medien-Aufmerksamkeit brachte. Fritz Teufel, Aktivist der Kommune 1 und für seine anarchistischen Späße bekannt, war der Star einer Aktion, bei der es darum ging, das berühmte Café Laumer, Bockenheimer Landstraße 67, zu erobern. Immer wieder hatten dessen Besitzer Studenten-Aktivisten den Zutritt verwehrt, weil ihr Äußeres so gar nicht zu dem gutbürgerlichen Ambiente passte. Wo Professor Adorno morgens frühstückte, sollte für die, die gegen ihn protestierten, kein Platz sein. Prompt riefen Flugblätter am 14. September zur Aktion, Motto: »Mit Teufel treiben wir den Gilb aus dem Café Laumer.«

Was nun geschah, sollte als »Kuchenschlacht ums Café Laumer« in die Geschichte von 1968 eingehen. Tatsächlich versuchten Teufel und andere, mit Mohrenköpfen und Tortenstücken »bewaffnet«, die Räume zu stürmen. Sie forderten ultimativ ihr Recht ein, auch dort sitzen und genießen zu dürfen. Teufel warf einen »halben Mohrenkopf« auf den Besitzer, wie die *Frankfurter Rundschau* penibel berichtete. Doch der Eigner wollte nicht nachgeben, rief die Polizei, und bald war das schönste Getümmel im Gange. Die Polizei führte einzelne Angreifer ab, ließ sie aber bald wieder frei. Teufel, der sehr wohl wusste, wie mit den Medien umzugehen war, setzte sich mit einem Tortenstück auf die Umfassungsmauer des Cafés, das gab schöne Fotos. Die *Frankfurter Rundschau* urteilte am 16. September unter dem Titel »Marx und Mohrenköpfe« sybillinisch: »Der Konditor sollte den jungen Leuten sein Lokal nicht verwehren. Und die jungen Leute sollten sich anständig benehmen. Wenn sie weiter in ihr »Recht« hineinsteigen, wird jedermann annehmen müssen, sie und ihre Idee der Gesellschaftsverbesserung pfiffen auf dem letzten Loch.«

Am gleichen Tag kündigte sich das kulturelle Großereignis des Jahres an, die Frankfurter Buchmesse. Für den SDS war klar, dass man dieses schon damals größte Medientreffen der Welt zur Plattform für den Protest machen würde. Der Börsenverein des Deutschen Buchhandels wiederum als Veranstalter der Buchmesse wollte demonstrieren, dass man sich nicht alles bieten lassen werde. Als letztes Mittel im Falle von Störungen drohte Vorsteher Friedrich Georgi unmissverständlich damit, die Messehallen für die allgemeinen Besu-

Die Tortenschlacht ums Laumer – Fritz Teufel reicht an

cher zu schließen. Nur noch das Fachpublikum dürfe dann bleiben. Peter Weidhaas steht die Atmosphäre damals noch deutlich vor Augen. Der damals 36 Jahre alte studierte Grafiker hatte 1968 eine Anstellung bei der Messe- und Ausstellungs-GmbH gefunden, die Veranstalter der Buchmesse war. »Offiziell wurde ich eingestellt als Assistent für Auslandsausstellungen und tatsächlich fuhr ich dann gleich mit dem damaligen Außenminister Willy Brandt zur Buchmesse nach Buenos Aires.«

Bei der Frankfurter Messe aber sollte er, so wurde es ihm von seinen Vorgesetzten klargemacht, »den Kontakt halten zu den Studenten und dafür sorgen, dass es keinen Ärger gab mit der Polizei«. Doch das sollte eine schwere Mission werden. Aber Weidhaas war ehrgeizig und wollte bei der Buchmesse Karriere machen. Es würde ihm gelingen. Von 1975 bis zum Jahr 2000 sollte er später selbst an der Spitze der Buchmesse stehen und die Veranstaltung in diesem Vierteljahrhundert reformieren und modernisieren. 1968 zeichnete sich das noch nicht ab. Direktor der Buchmesse war damals Sigfred Taubert, nach den Worten von Weidhaas »eigentlich ein Liberaler«. Doch Taubert hatte den Präsidenten des Senegal, Leopold Senghor, für den Friedenspreis des Deutschen Buchhandels ins Gespräch gebracht. Und das machte den Kulturmanager in den Augen der Studentenbewegung zum Feind, galt Senghor doch als Vertreter eines neokolonialistischen Regimes, das mit der eigenen Bevölkerung brutal umsprang.

Der SDS gab die Parole aus: »Belagert die Buchmesse, besetzt die Paulskirche!« Dort sollte der Preis an Senghor am 22. September verliehen werden. Die Polizei stationierte vorsorglich mehrere Hundertschaften auf dem Gelände, auch

Wasserwerfer standen bereit. An den Eingängen penible Kontrollen: Transparente wurden ebenso beschlagnahmt wie mögliche Wurfgeschosse. Doch die Studenten waren entschlossen, die Anwesenheit Hunderter von Journalisten aus aller Welt für ihre Ziele zu nutzen. Dabei ging es nicht nur darum, etwa den verbrecherischen Krieg in Vietnam anzuprangern. Der Protest richtete sich auch gegen verhasste Repräsentanten der Bundesregierung. Am 20. September traf auf dem Gelände der Messe Bundesfinanzminister Franz Josef Strauß ein. Er galt der linken Opposition als umstrittenstes Mitglied der Bundesregierung, unvergessen waren sein Einsatz als Bundesverteidigungsminister für die Wiederaufrüstung der Bundeswehr und sein Vorgehen gegen das Magazin *Spiegel* und dessen Herausgeber Rudolf Augstein wegen kritischer Berichterstattung.

Der CSU-Politiker wollte der Öffentlichkeit in der Messehalle 5 sein neues Buch mit dem verheißungsvollen Titel *Herausforderung und Antwort* präsentieren. Das Werk, erschienen im stark rechtsgerichteten Seewald Verlag, sollte natürlich auch signiert werden. Doch dazu kam es erst einmal nicht. Mehrere Hundert Demonstranten empfingen den Minister mit Sprechchören wie »Strauß ist ein Faschist« und versuchten, ihn zu verprügeln. Zur Menge gehörten mit Daniel Cohn-Bendit und KD Wolff die beiden bekanntesten Vertreter der Frankfurter Revolte. Der Gang zum Stand des Seewald Verlages war blockiert.

Messedirektor Taubert forderte die Protestierenden auf, den Weg freizumachen und erntete nur Hohngelächter. So musste die Polizei schließlich mit massivem Schlagstockeinsatz dem Bundesfinanzminister den Weg bahnen. Es war der Auftakt für turbulente Tage. Mittendrin der junge Messeangestellte Peter Weidhaas, der von einem Konfliktherd zum anderen eilte. »Die linke persische Studentenorganisation CISNU hatte zum Beispiel aus Protest gegen das Schah-Regime den Gemeinschaftsstand des Iran besetzt, es kam zu heftigen Auseinandersetzungen mit Vertretern der persischen Regierung, die mit Würgehölzern bewaffnet waren.« Am Ende behalf sich Weidhaas damit, dass er einfach den Stand dauerhaft schließen ließ. Am nächsten Tag spitzte sich die Situation weiter zu. Der spätere Messechef Weidhaas weiß noch, dass der SDS für den Nachmittag zu einer Blockade des Standes des Diederichs Verlages aufgerufen hatte. Dort erschienen damals die Bücher von Friedenspreisträger Senghor.

Die Halle sechs war bald mit Hunderten von Protestierenden gefüllt, der Stand von Diederichs dicht umlagert. Der Messebetrieb wurde mehr und mehr behindert. In dieser Situation zog Messedirektor Sigfred Taubert eine fatale Konsequenz: Er ließ die Halle sechs, das zentrale Gebäude für die deutschsprachige Belletristik, insgesamt schließen, niemand kam mehr heraus, niemand mehr herein. Mit einer Ausnahme allerdings, wie Weidhaas sich erinnert: Ausgerechnet der Vorsitzende der rechtsradikalen NPD, Adolf von Thadden, hatte sich mit einem Presseausweis Zutritt verschafft. Als das bei den Protestierenden bekannt wurde, sorgte es für zusätzliche Empörung. Von Thadden war damals eine besondere Reizfigur für die Linke. Mit dem Mann aus einem alten pommerschen Adelsgeschlecht an der Spitze erlebte die NPD seit 1967 bundesweit einen Aufschwung. Sie hatte sich zum Ziel gesetzt, bei der nächsten Bundestagswahl in den Bundestag einzuziehen. 1969 sollte sie tatsächlich nur knapp scheitern, mit 4,7 Prozent.

Die Sperrung der Halle sechs brachte die Vertreter vieler Verlage gegen den Messedirektor auf. Sie fühlten sich konkret in ihren Geschäften behindert und da verstand die Branche keinen Spaß. Etliche Verlagshäuser, darunter auch Suhrkamp, schlossen von sich aus ihre Stände und protestierten so gegen die Entscheidung des Direktors. Die gesamte Buchmesse stand kurzfristig auf der Kippe. Einige Verleger drohten damit, im nächsten Jahr nicht wieder anzureisen. Auch wenn Taubert die Halle sechs bald wieder öffnete, die Atmosphäre blieb vergiftet.

Am nächsten Tag stand in der Paulskirche die Verleihung des Friedenspreises des Deutschen Buchhandels an den senegalesischen Präsidenten Leopold Senghor an. Aus heutiger Sicht war die Entscheidung der Jury des Friedenspreises tatsächlich höchst fragwürdig. Offenkundig hatten sich die Jury-Mitglieder vor allem mit Senghors Gedichten beschäftigt, nicht aber mit der politischen Lage im Senegal. Senghor ließ dort Oppositionelle blutig verfolgen, es gab auch Tote bei Demonstrationen. Aus Sicht der Studenten war die Herrschaft des Präsidenten ein neokoloniales Regime. Tausende von Demonstranten umdrängten die Paulskirche, es kam zu heftigen Auseinandersetzungen mit der Polizei, die versuchte, den 800 geladenen Ehrengästen den Weg in die Kirche freizukämpfen. Augenzeuge Weidhaas: »Bundespräsident Heinrich Lübke und Senghor gelangten nur unter großen Schwierigkeiten in die Kirche.« Die Preisverleihung fand statt, während Tausende draußen buhten und pfiffen. Als der Festakt beendet war, gab der SDS die Parole aus: Stürmt die Buchmesse! Und jetzt verlor Direktor Taubert vollends die Nerven: Er ließ den östlichen Haupteingang der Messe, der am nächsten zur Stadt gelegen war, verrammeln. Mehrere

Rund um die Paulskirche tobte des Kampf zwischen dem Geist der Nachkriegszeit und einem neuen Aufbruch

Hundert Polizeibeamte schützten die Zäune der Messe, konnten aber nicht verhindern, dass sie allenthalben überklettert wurden und Demonstranten auf das Messegelände gelangten. Chaos brach aus. Es gab Sachschaden, Messefahnen wurden zerrissen, Stände beschädigt. Über Stunden war der Messebetrieb lahmgelegt.

In dieser Situation forderte Siegfried Unseld, der Chef des Suhrkamp Verlages und Mitglied des Messe-Aufsichtsrates, für den nächsten Tag ultimativ eine Sitzung dieses Gremiums. Unselds Rolle bei der Buchmesse 1968 ist bis heute umstritten. Der Suhrkamp Verlag hatte zahlreiche Bücher der Kritischen Theorie publiziert, die sozusagen den intellektuellen Überbau der Revolte bildeten. Seit Jahren traten die Suhrkamp-Autoren für eine Veränderung der bürgerlichen Gesellschaft ein und kritisierten sie scharf. Die linke »Suhrkamp-Kultur«, wie sie 1973 von George Steiner bezeichnet wurde, war prägend für die Bundesrepublik geworden. Karlheinz Braun, damals einer der Suhrkamp-Lektoren, fasst das so zusammen: »Das Lektorat hat gekämpft für aufklärerische Literatur, gegen die reaktionäre Republik schon in der Zeit von Bundeskanzler Adenauer.«

Verleger Unseld selbst allerdings wird von Braun noch heute kritisch gesehen. »Er war ein Kleinbürger«, urteilt der ehemalige Suhrkamp-Mitarbeiter. Unseld habe als selbstherrlicher »Monarch« alle Entscheidungen im Verlag alleine getroffen. Im Aufsichtsrat der Messe-und Ausstellungs-GmbH, dem Veranstalter der Buchmesse, versuchte der Suhrkamp-Chef allerdings zu vermitteln zwischen den Interessen der Verlage und den Anliegen der linken Demonstranten. Unseld besaß gute Kontakte zu Daniel Cohn-Bendit und zu KD Wolff, den wichtigen Wortführern der Studenten. Am letzten Tag der Buchmesse 1968 erreichte der Verleger im Aufsichtsrat eine Art Resolution. Die Messe und Ausstellungs-GmbH sprach sich für Versammlungs- und Meinungsfreiheit auf der Buchmesse aus. Zugleich stellte sich Unseld allerdings hinter Messedirektor Taubert, dessen Rücktritt von den Protestierenden vehement gefordert worden war. Das nahmen linke Verlage und die Studenten dem Suhrkamp-Chef übel: Er mache sich zum Büttel des Systems, hieß es. Mehr noch: Er erziele Profite mit linker Literatur, in den Augen der Protestbewegung besonders verwerflich.

Immerhin sicherten alle Verlagsvertreter am Ende der Buchmesse zu, dass sie im nächsten Jahr wieder nach Frankfurt kommen würden. Damit hatte die Messe-und Ausstellungs-GmbH ihr wichtigstes wirtschaftliches Ziel erreicht: Der Fortbestand der Messe war gesichert. Unseld startete umgehend in den Urlaub, er wollte sich unter anderem in Rom mit einer der berühmtesten künftigen Suhrkamp-Autorinnen treffen, mit Ingeborg Bachmann.

Während der ahnungslose Suhrkamp-Chef nach Süden fuhr, brach im Verlagshaus, damals noch Grüneburgweg 69 im Frankfurter Westend, die Revolte los. Neun der zehn Lektoren probten den Aufstand. Noch heute versichert Karlheinz Braun: »Wir wollten Unseld nicht stürzen, der Vorstoß der Lektoren war eine Bitte um Mitbestimmung.« Der Brief, den neun Lektoren am 27. September an den Verleger schrieben, begann zwar mit dem Worten »Lieber Herr Unseld«, konnte aber durchaus als Kriegserklärung gelesen werden. Denn die Lektoren wollten die bisherige Allmacht des Verlagschefs deutlich beschneiden. Sie forderten, dass künftig in den Verlagen Suhrkamp und Insel eine Lektoratsversammlung das Sagen haben müsse, und zwar in »allen Fragen der Programmgestaltung«. Die gesamte Produktion, die Aufnahme von Autoren, der Start neuer Reihen: All das sollte die Lektoratsversammlung entscheiden. Faktisch wäre das die Entmachtung des Verlegers gewesen. Die neun Unterzeichner wollten mit dieser Neuordnung ein »Modell« auch für andere deutsche Verlage schaffen.

Tatsächlich beobachtete Peter Härtling mit großem Argwohn, was sich bei Suhrkamp anbahnte. Er wollte auf jeden Fall verhindern, »dass der Virus übersprang«, wie er heute sagt. Das gelang ihm auch. »Ich bin heute noch stolz darauf, dass die Mannschaft von Fischer zusammenblieb, während Suhrkamp zerbrach.«

Als Unseld aus dem Urlaub zurückkam und den Brandbrief der Lektoren auf seinem Schreibtisch vorfand, begriff er sofort, dass es jetzt ums Ganze ging: um die Macht im Hause. Der Verleger reagierte allerdings geschickter, als seine Mitarbeiter es erwartet hatten. Er schlug nicht sofort mit dem Flammenschwert dazwischen, sondern informierte erst einmal die wichtigsten Autoren des Verlages und versuchte, sie auf seine Seite zu bringen. So fuhr er zu Martin Walser an den Bodensee und zu Max Frisch nach Locarno, schrieb an andere wie Uwe Johnson, Peter Weiss und auch an den Philosophen Theodor W. Adorno. Und versuchte, deren Unterstützung zu bekommen, die ihm auch von Adorno sofort versichert wurde.

Es begann ein langes Ringen um eine neue Verlagssatzung. Am 14. Oktober diskutierten Unseld und Autoren wie Walser, Frisch und Johnson eine ganze Nacht lang mit den Lektoren. Zwei Tage später bot der Verleger den Lektoren Walter Boehlich, Karl Markus Michel und Günther Busch sogar an, ihnen bei der Gründung eines neuen, »sozialistisch geführten« Verlagshauses finanziell behilflich zu sein. Eine Offerte, die er später wieder zurückzog. Am 1. November schien eine Einigung mit Unseld auf eine neue Verlagsverfassung möglich, nachdem die Lektoren schriftlich versichert hatten, sie wollten Entscheidungen des Verlegers nicht »majorisieren«. Doch bald wurde deutlich, dass der Suhrkamp-Chef nicht wirklich bereit war, an den Binnenverhältnissen im Verlag tatsächlich etwas zu verändern. Er wollte nicht tatsächlich Macht abgeben. Lektoren wie Walter Boehlich, Peter Urban und Urs Widmer kündigten daraufhin, wenig später folgte ihnen auch Karlheinz Braun. »Walter Boehlich war das Herz und die Seele des Verlages, Unseld war der Kopf«, so sieht es Braun heute.

So war zwar der Versuch der Lektoren gescheitert, den Suhrkamp Verlag demokratischer aufzustellen, tatsächlich aber blieb diese Revolte im wichtigsten deutschen Verlagshaus nicht ohne Folgen. Am Ende der Entwicklung stand am 1. April 1969 die Gründung eines neuen genossenschaftlich organisierten Verlages in Frankfurt. Dafür taten sich wichtige Autoren wie Peter Handke, Martin Sperr, Bazon Brock und Günter Herburger als Besitzer zusammen. Der Name des neuen Unternehmens war konsequenterweise *Verlag der Autoren*, Geschäftsführer wurde Karlheinz Braun. Die wichtigen Entscheidungen, wie etwa die über das Verlagsprogramm, trafen Delegierte, die von den Eigentümern des Verlages auf drei Jahre gewählt wurden. Karlheinz Braun ist stolz darauf, dass dieser Verlag noch heute existiert. Ein wichtiges Beispiel für die Umwälzungen, die das Jahr 1968 in Frankfurt ausgelöst hat.

Während der Aufstand der Lektoren im Suhrkamp Verlag begann, startete die Justiz die Aufarbeitung der Revolte in Frankfurt. Am 27. September, also nur fünf Tage nach den Protesten an der Paulskirche gegen den Friedenspreisträger Leopold Senghor, musste sich Daniel Cohn-Bendit vor einem Frankfurter Einzelrichter in einem Schnellverfahren verantworten. Cohn-Bendit hatte versucht, die Polizeiabsperrungen zu durchbrechen und war verhaftet worden. Die Anklagepunkte gegen ihn: Landfriedensbruch, schwerer Hausfriedensbruch, Aufruhr und Nötigung von Beamten. Das Urteil lautete acht Monate Gefängnis auf Bewährung. Es wurde allerdings nie rechtskräftig, weil Cohn-Bendits Anwalt, der spätere hessische Justizminister Rupert von Plottnitz, in Revision ging. (Siehe dazu auch das Interview mit von Plottnitz und das Kapitel über Cohn-Bendit).

Am 3. Oktober konnte das Theater am Turm (TAT) einen großen Erfolg verbuchen. Es wurde als einziges deutschsprachiges Ensemble zur Theater-Biennale in Venedig eingeladen, und zwar mit der Uraufführung von Peter Handkes Stück *Kaspar*, die Regisseur Claus Peymann inszeniert hatte. »Das Theater am Turm damals, das bedeutete wirklich Aufbruch«, sagt Verleger Karlheinz Braun heute noch. Mit Inszenierungen wie dem *Kaspar* sei es »das Wohnzimmer der Außerparlamentarischen Opposition« gewesen.

Am 14. Oktober folgte dann der nächste wichtige Prozess, mit dem der Staat versuchte, Akteure aus dem Jahr 1968 zur Verantwortung zu ziehen. Wegen gemeinschaftlicher gefährlicher Brandstiftung mussten sich vor dem Landgericht Frankfurt Gudrun Ensslin, Andreas Baader, Thorwald Proll und Horst Söhnlein verantworten. Verhandelt wurden die Brandanschläge vom April auf die Kaufhäuser M. Schneider und Kaufhof an der Zeil. Der Prozess zog sich über sieben Verhandlungstage hin. Am Ende wurden alle vier Angeklagten zu jeweils drei Jahren Zuchthaus verurteilt. Die Verteidiger gingen in Revision. Zwei der Anwälte sollten später noch eine bemerkenswerte Karriere machen. Otto Schily trat den GRÜNEN bei, wurde Bundestagsabgeordneter, wechselte zur SPD und war schließlich Bundesinnenminister. Horst Mahler wurde Mitglied der terroristischen Rote Armee Fraktion (RAF) und driftete danach in den Rechtsradikalismus ab.

Alle vier Angeklagten wurden am 13. Juni 1969 auf freien Fuß gesetzt, bis zu einer Entscheidung über die Revision. Alle Verhandlungstage wurden von Protesten des Publikums begleitet. Bei der Urteilsverkündung am 31. Oktober kam es zu regelrechten Tumulten, die Polizei räumte schließlich den Gerichtssaal. Dieser Prozess im Herbst 1968 ist deshalb von

Bedeutung, weil von ihm aus direkte Wege zum Terrorismus der RAF in den 70er-Jahren führten. Andreas Baader und Gudrun Ensslin tauchten mit Thorwald Proll 1969 direkt unter, nachdem sie freigelassen worden waren. Proll stellte sich aber im November 1970 freiwillig, nachdem er sich zwischenzeitlich in England versteckt hatte. Er trat seine Haft an und wurde im Oktober 1971 vorzeitig entlassen. Seither lebt er als Autor und Buchhändler in Hamburg und hat unter anderem das Buch *Mein 1968* geschrieben. Horst Söhnlein trat seine Haft 1969 direkt an und kam ebenfalls bald wieder auf freien Fuß. Baader und Ensslin dagegen wurden prominente Mitglieder der Rote Armee Fraktion und endeten 1977 im Hochsicherheitstrakt des Gefängnisses Stuttgart-Stammheim durch Freitod.

In ihren Schlussworten beim Kaufhausbrand-Prozess bekräftigten die Angeklagten, dass sie ein Zeichen gegen den Krieg der USA in Vietnam hatten setzen wollen. Diese Aussagen erschienen noch 1968 als Buch unter dem Titel *Vor einer solchen Justiz verteidigen wir uns nicht*.

Schließlich begann am 15. November vor der Zweiten Zivilkammer des Landgerichts Frankfurt der Prozess gegen KD Wolff und den SDS wegen der Blockade der Societätsdruckerei an Ostern 1968. Das Unternehmen stellte Schäden im Umfang von 71 540,59 Mark in Rechnung und verlangte Ersatz. Auch hier legten die Anwälte, unter anderem der spätere hessische Justizminister Rupert von Plottnitz, Berufung ein. Der Prozess wurde später im Rahmen einer allgemeinen Begnadigungswelle für Straftaten des Jahres 1968 eingestellt. Der erfolgreiche Verleger KD Wolff ist heute unter anderem Träger des Bundesverdienstkreuzes.

Im Spätherbst 1968 war diese Perspektive noch nicht absehbar. Der SDS rüstete für den nächsten politischen Streik an der Goethe-Universität, in dessen Mittelpunkt der Fachbereich Soziologie und das Institut für Sozialforschung der Professoren Adorno und Habermas stehen sollte. Beide hatten die Forderungen der Protestbewegung abgelehnt, eine Vollversammlung am Fachbereich einzurichten, die je zur Hälfte aus Vertretern des Lehrkörpers und den Studenten bestehen sollte. Die Aktivisten wollten das Soziologiestudium der Zukunft vor allem an dem Ziel ausrichten, die Strukturen der kapitalistischen Gesellschaft zu überwinden und zu beseitigen. Die Professoren wurden aufgefordert, sich am Streik zu beteiligen. Am 9. Dezember besetzten Studenten das Institut für Sozialforschung an der Senckenberganlage und begannen dort, einen alternativen Unterrichtsplan zu organisieren. Das Soziologische Seminar wurde in »Spartakus-Seminar« umbenannt.

Arno Widmann, der als Student Adorno zugleich verehrte, sich aber auch in den Vorlesungen mit ihm anlegte, ist bis heute überzeugt, dass der Protest den Philosophen schlicht überforderte. »Er hat mit uns diskutiert, aber zugleich zeigte er Hilflosigkeit und einen Mangel an Souveränität.« In einem Comic aus diesen Tagen wurde Adorno gezeigt, der in seinem Büro auf und ab geht und nachdenkt. »Ich habe vor den ungebildeten Banausen gar keine Angst«, grübelt der Philosoph und weiter: »Wenn ich nur wüsste, was das alles bedeutet.« Nachts träumt der Professor dann, dass sein Lieblingsgegner, der Aktivist Hans-Jürgen Krahl, auf seiner Brust sitzt und ein großes Messer schwingt. »Aber ist das nicht Terror, Herr Krahl?«, fragt Adorno besorgt. Und Krahl antwortet: »Sie personalisieren.« Ein Beispiel, das zeigte, dass die Aktivisten durchaus auch zur Selbstironie fähig waren.

Tatsächlich allerdings grübelte Adorno nicht länger, sondern handelte. Das hieß konkret, dass für den Wissenschaftler, der sich bisher zu Diskussionen mit den Studenten bereit gezeigt und auch an Teach-ins teilgenommen hatte, jetzt eine Grenzlinie überschritten schien. Er alarmierte schlicht die Polizei und forderte sie auf, die Besetzung zu beenden und die Arbeitsfähigkeit des Instituts wiederherzustellen. Adorno und Habermas appellierten zugleich an die Studenten, das Institut für Sozialforschung wieder zu räumen. Habermas kam sogar am 17. Dezember abends noch persönlich ins Institut und sprach mit den Besetzern. Das zeigte offenbar Wirkung. Denn als am frühen Morgen des 18. Dezember ein großes Polizeiaufgebot das Soziologische Seminar räumen wollte, war das Gebäude bereits verlassen. Am nächsten Tag kamen allerdings etwa 1000 Studenten in der Mensa der Universität zusammen und kündigten eine Fortsetzung des politischen Streiks nach den Weihnachtsferien an. Falls die Professoren dann wieder die Polizei einschalteten, könne der Streik auf die gesamte Universität ausgeweitet werden.

Tatsächlich zeigte auch dieser zweite Streik, dass die Basis der Protestbewegung kleiner geworden war. Es gab immer noch kleine Aktionen, deren politischer Sinn jedoch immer fraglicher geworden war. So störten zum Beispiel Jugendliche am 24. Dezember den Weihnachtsgottesdienst im Frankfurter Dom. Aber der große Zusammenhalt bröckelte. Das Auseinanderbrechen der Bewegung in Splittergruppen und neue »Parteien« hatte auch in Frankfurt längst begonnen. So war bereits am 29. Oktober im Haus Dornbusch eine erste Kreismitgliederversammlung der neu gegründeten Deutschen Kommunistischen Partei (DKP) zusammengekommen. Hier organisierten sich nun all diejenigen, für die das gesellschaftliche Modell der UdSSR und der anderen Staaten des Warschauer Paktes zukunftsweisend und vorbildlich erschien. Am 17. November folgte im Volksbildungsheim die Gründungskonferenz des hessischen Landesverbandes der Sozialistischen Deutschen Arbeiterjugend (SDAJ). Sie trat zukünftig als eine Art Jugendorganisation der DKP auf, war aber formal unabhängig. Wie sich bald herausstellen sollte, wurden beide Gruppierungen aktiv von der DDR unterstützt.

Zugleich wurde der SDS, der bisher eine Art Dachorganisation der Bewegung gewesen war, von politischen Flügelkämpfen zerrissen. Bernd Schwibs, damals Student bei Adorno, zählt in der Erinnerung auf: »Da gab es zum Beispiel die orthodoxen Kommunisten, die in Marburg ihre Hochburg hatten, es gab die Maoisten, die in Heidelberg stark waren, und die intellektuelle Fraktion des SDS in Frankfurt.«

Zugleich machte der Staat klar, dass sich die Ausnahmesituation des Jahres 1968 an der Frankfurter Universität nicht mehr fortsetzen sollte. Am 8. Januar 1969, dem ersten Tag nach den Weihnachtsferien, veröffentlichten Rektor Walter Rüegg sowie die Dekane aller Fachbereiche einen Aufruf »an die Studenten der Universität Frankfurt«. Sie drohten offen damit, dass »die Nichtanrechnung von Vorlesungen und Übungen« und »die Schließung von Fakultäten oder auch der ganzen Universität« kommen werde, falls sich die Proteste der Studenten auch im Jahr 1969 fortsetzten. Absichtliche Störungen des Lehrbetriebes würden nicht mehr geduldet. Teilnehmer an rechtswidrigen Aktionen werde die Universität in Zukunft sofort »den Strafverfolgungsbehörden melden«. Auf Besetzungen werde man mit »sofortigem polizeilichen Einsatz« reagieren.

Der AStA der Goethe-Universität wollte sich nicht einschüchtern lassen. Man werde nicht zulassen, dass »die Interessen der Studenten für ein demokratisches Studium« zu kriminellen und illegitimen Anliegen erklärt würden, hieß es in einer Erklärung. Die meisten der Fachschaften setzten ihren Vorlesungsstreik fort, der durch die Weihnachtsferien unterbrochen worden war. Professoren, die versuchen, Vorlesungen abzuhalten, werden massiv gestört. Die Aktivisten versuchen, eine Diskussion über ihre Forderungen zu erzwingen, etwa die nach Mitbestimmung über die Lehrinhalte. Es gibt auch weiter Aktionen außerhalb der Universität. Viel Aufsehen hatte schon am 2. Januar der Versuch von Demonstranten erregt, Gleise im Frankfurter Hauptbahnhof zu blockieren. So sollten Züge mit 2000 Wehrpflichtigen, die auf dem Weg in die Kasernen waren, aufgehalten werden. Die Bundeswehr, deren Strukturen als undemokratisch bekämpft wurden, sollte so gleichsam vom Nachschub an Menschen abgeschnitten werden. Doch die Züge konnten abfahren, nachdem die Polizei die Demonstranten vertrieben hatte.

In der Nacht vom 7. auf den 8. Januar gelang es Unbekannten, trotz scharfer Bewachung, einen Brandanschlag auf das Amerikahaus zu verüben. Dabei wurde insbesondere die Bibliothek schwer beschädigt, Bücher und Zeitungen verbrannten. Mit Spannung wurde an der Universität der Besuch von Kultusminister Ernst Schütte (SPD) erwartet, der grundsätzlich zum Streik und zu den Forderungen nach Umstrukturierung des Lehrbetriebes Stellung nehmen wollte. Doch Schütte lehnte am 7. Januar in einer Diskussion mit mehreren Hundert Studenten alle deren Forderungen ab und machte deutlich, dass die Landesregierung eine Fortsetzung des Streiks an der Universität nicht hinnehmen werde. Die Studenten verlangten vergeblich den Rücktritt von Universitätspräsident Walter Rüegg, keine weiteren Polizeieinsätze mehr auf dem Universitätsgelände und die Einstellung aller Strafverfahren gegen Demonstranten.

Am Tag danach kündigte der AStA bei einer Pressekonferenz an, dass der Streik fortgesetzt werde. Präsident Rüegg wiederum drohte allen Mitarbeitern der Universität, die Streikende unterstützten, mit Disziplinarmaßnahmen. Doch der SDS, der versuchte, die Federführung bei den Aktionen zu behalten, stieß zunehmend auf Widerstand selbst im Fachbereich Soziologie, der als Speerspitze der Revolte angesehen wurde. Immer mehr Studenten distanzierten sich von einem Kurs des bedingungslosen Widerstands. In einem Flugblatt, das sich gegen den SDS richtete, hieß es am 15. Januar: »Wir wollen Studienreform, nicht Revolution« und »Wir wollen Demokratie, nicht Demagogie«. Nötig sei die »konstruktive Zusammenarbeit mit reformwilligen Professoren«. Interessant ist, dass in diesem Zusammenhang sogar Daniel Cohn-Bendit, der bisher bei vielen Studenten sehr beliebt war, in die Kritiklinie geriet. »Wir brauchen den Kapitalisten Cohn-Bendit und seine Soziologen nicht«, so eine weitere Flugschrift. Das Schimpfwort »Kapitalist« zielte darauf, dass der Studentenführer durch seine Auftritte etwa im Fernsehen, aber auch durch Buchveröffentlichungen Honorare erhielt und die nicht der Bewegung spendete. Tatsächlich bröckelte die Beteiligung an den vom SDS initiierten Aktionen immer mehr ab. Zu einer Vollversammlung des Fachbereichs Soziologie am 23. Januar kamen nur noch 200 Studenten. Konkurrierende Gruppierungen wie die neue Deutsche Kommunistische Partei (DKP) fanden dagegen Zulauf: So organisierte die DKP am 16. Januar im Volksbildungsheim erstmals eine Gedenkveranstaltung an die Ermordung von Rosa Luxemburg und Karl Liebknecht.

Der gesellschaftliche Aufbruch außerhalb dieser Konflikte innerhalb der Linken war aber nicht mehr aufzuhalten. Die Kunstszene der Stadt wurde voll von der 68er-Bewegung und ihren neuen Lebensformen erfasst. Der Künstler Thomas Bayrle lebte beim Jahreswechsel 1968/69 in einem achtköpfigen Kollektiv. Dabei galt es, wie er sagte, Widersprüche auszuhalten. »Ich habe tagsüber in einer Werbeagentur gearbeitet als Brotjob und nachts ziemlich genau das Gegenteil gemacht, nämlich für die Studentenbewegung.« Für den *Heidi loves you*-Shop an der Bockenheimer Landstraße »habe ich ein Bild von Roy Lichtenstein an die Wand gepinselt«. Bayrle machte seine ersten Drogenerfahrungen, die er heute noch als sehr positiv in Erinnerung hat. »Es war fröhlich und verrückt, wir haben getanzt und gevögelt.« Auf der sogenannten »Haschwiese« im Anlagenring rauchte er seinen ersten Joint.

In der Galerie von Herbert Meyer-Ellinger und in der Galerie Lichter, die von Rochus Kowallek geleitet wurde, stellte der damals 31-Jährige Arbeiten aus. »Und ich hab auch schon Bilder verkauft«, sagt er stolz. Der Frankfurter Kowallek hatte Mitte August 1968 von sich reden gemacht, weil er in einem Düsenjet auf dem Weg von Frankfurt zum sizilianischen Flughafen Catania den ersten *Air-Art-Salon*, eine fliegende Ausstellung darstellender Kunst, präsentiert hatte. Die Kritikerinnen und Kritiker, die dabei sein durften, waren begeistert. Auch die Studenten der Städelschule, an der Bayrle später als Professor unterrichten sollte, wurden vom Aufbruch erfasst. Das *Thoma-Eck* Ecke Thomastraße und Schweizer Straße in Sachsenhausen wurde damals zum Treffpunkt der Studenten der Kunsthochschule, ebenso das *Eppstein-Eck* im Westend. »Das waren wichtige Kneipen, weil es so viele gute Kneipen für uns damals nicht gab«, erinnert sich Bayrle. Der junge Künstler deckte sich in der im Oktober 1968 eröffneten linken Buchhandlung *Libresso* am Opernplatz mit »chinesischer Literatur« ein: »Ich war damals sehr maomäßig orientiert.« Doch am Ende schreckte ihn eine Gesellschaft, die nach dem Vorbild der Volksrepublik China mit der Diktatur einer Partei organisiert war, doch ab. Bayrle wandte sich seiner künstlerischen Karriere zu. 1970 veröffentlichte er im neu gegründeten linken Frankfurter *März Verlag* Arbeiten unter dem Titel *Feuer im Weizen*. Das waren erotische Pop-Art-Collagen, »eine Persiflage auf die Aufklärungsbücher von Beate Uhse«, wie der 79-Jährige heute sagt. Mit *Feuer im Weizen* wurde die internationale Kunstwelt endgültig auf Bayrle aufmerksam, der heute einer der bedeutendsten lebenden deutschen Künstler ist. Mitglied im Kollektiv des neuen *März Verlages* war der frühere SDS-Aktivist KD Wolff. So sollte sich 1970 ein Kreis schließen.

Doch ein Jahr zuvor kämpfte Wolff noch an der Frankfurter Universität dafür, die Protestbewegung am Leben zu erhalten. Am 31. Januar besetzten Studenten das Institut für Sozialforschung, also das universitäre Domizil des so geliebten und gehassten Theodor W. Adorno. Und siehe da: Der Professor fackelte nicht lange. Er rief sofort die Polizei und erstattete Anzeige wegen Hausfriedensbruchs. Damit war das Tischtuch zwischen den Aktivisten und dem Philosophen endgültig zerschnitten. Die Polizei rückte mit einem großen Aufgebot an, fand 76 Besetzer vor Ort und nahm sie allesamt fest. Darunter auch Studentenführer Hans-Jürgen Krahl, der als Kopf der Bewegung in Untersuchungshaft genommen wurde. Auch das bedeutete eine neue Eskalation seitens des Staates. Er machte deutlich, dass er sogenannte

»gesetzlose Räume« an der Universität nicht mehr dulden würde.

Der SDS versuchte, Krahl zum Märtyrer zu machen. Schon am 1. Februar, als etwa tausend Menschen, darunter viele spanische Exilanten, in der Frankfurter Innenstadt gegen das Franco-Regime demonstrierten, forderten Sprechchöre die Freilassung des Studentenführers. Noch am gleichen Abend stürmten etwa 100 Jugendliche das gutbürgerliche *Café Kranzler* an der Hauptwache, damals eine Filiale des berühmten Berliner Stammbetriebes. Sie riefen Parolen für Krahl und verstörten das Publikum gehörig, die rasch gerufene Polizei nahm elf Protestierende fest. Am 4. Februar gab es wieder Putz an der Uni: Diesmal wurde das Büro von Universitätsjustitiar Hartmut Riehm verwüstet. Akten brannten. Am 6. Februar hatten die Justizbehörden ein Einsehen: Sie setzten Krahl, der nicht vorbestraft war, bis zur Gerichtsverhandlung auf freien Fuß. Wohl auch, um nicht den Vorwand für immer neue Protestaktionen zu liefern.

Zugleich geriet die Berichterstattung in den Frankfurter Zeitungen immer negativer. »Sturmtrupps in der Uni« oder »Universität fordert Polizeischutz an« lauteten die Schlagzeilen, die sich vor allem auf Randale, Verwüstungen und Schäden konzentrierten. Selbst die linksliberale *Frankfurter Rundschau*, die im Jahr 1968 die Revolte durchaus auch mit Sympathie begleitet hatte, thematisierte jetzt die negativen Auswirkungen. So zum Beispiel, dass »viele Hundert von der Arbeit heimkehrende Menschen« wegen der Demonstrationen vergeblich auf die Straßenbahn gewartet hätten.

Der AStA der Universität zog in einem Flugblatt Parallelen zwischen dem Vorgehen der Polizei in Frankfurt und im faschistischen Spanien, in dem seit 1939 Diktator Francisco

Franco uneingeschränkt herrschte. »Bekämpft die Herstellung spanischer Zustände in Deutschland«, hieß die Schlagzeile. Am 10. Februar durchsuchte die Polizei das zentrale Büro des SDS nahe der Universität. Zugleich wurden die Ergebnisse der Wahl zum Studentenparlament bekanntgegeben. Sie machten deutlich, dass der SDS tatsächlich nicht mehr von der Mehrheit der Studenten unterstützt wurde. Ganz im Gegenteil. Nur noch 20 Prozent der Stimmen entfielen auf den SDS, 41 Prozent aber auf das Aktionskomitee Demokratischer Studenten (ADS), das Reformen des Universitätsbetriebes wollte, nicht aber dessen Neuorganisation im Rahmen der Herrschaft der Arbeiterklasse.

»Der SDS war immer nur ein Teil der Bewegung«, urteilt der damalige Physikstudent Martin Wentz. Viele der Studenten hätten seine Analyse der gesellschaftlichen Verhältnisse nicht geteilt. Der angehende Physiker ging ganz bewusst zu Vorlesungen im Fachbereich Soziologie und zu »Teach-ins, wo KD Wolff gesprochen hat«. Wentz fand Wolffs Auftritte zwar »faszinierend«, aber sie überzeugten ihn nicht. Und Hans-Jürgen Krahl, so der Sozialdemokrat heute, »hat mir durch seine Rhetorik und sein Wissen zwar neue Welten geöffnet«. Aber seinem Appell zum Umsturz der kapitalistischen Verhältnisse folgte der Student nie: »Ich bin als Naturwissenschaftler einen anderen Weg gegangen.«

Der SDS gab als Reaktion auf die Wahlniederlage die Parole aus, die Aktionen von der Universität in die Frankfurter Stadtteile zu verlagern. Dort sollte ein neuer Versuch unternommen werden, sich in der Bevölkerung zu verankern. Tatsächlich entstanden mindestens ein Dutzend »Stadtteil-Basisgruppen«, sie reichten vom Frankfurter Nordend bis nach Neu-Isenburg und Gravenbruch.

Aufgabe der Aktivisten war es, gezielt in den Stadtteilen auch Lehrlinge und Schüler zu aktivieren, als geeignete Mittel wurden »Politfilmabende« und »Lehrlingsheimbesetzungen« angesehen. Anführer KD Wolff wurde persönlich zum Beispiel im Stadtteil Gallus aktiv, bei Mieter- und Lehrlingsinitiativen, stand noch einmal frühmorgens vor den Werkstoren. Doch die Resonanz blieb mäßig. Immer mehr gärte es dagegen an den traditionellen Kindergärten und an den Gymnasien. Am 14. Februar demonstrierten Eltern »für antiautoritäre Kindergärten«. Aktivistin Irmelin Demisch begann zu dieser Zeit, »zwei Tage ohne Bezahlung in einem Kinderladen zu arbeiten«. In dieser neuen Bewegung verankert zu sein, »war wichtig für uns«. Am 25. Februar kam es am Gagern-Gymnasium zu heftigen Protesten, nachdem zwei Schüler der Schule verwiesen werden sollten. Sie hatten ein Flugblatt verfasst, in dem das Kollegium und seine konservativen Unterrichtsmethoden verspottet wurden. Erst der Einsatz der Polizei kann die empörten Schülerinnen und Schüler vorübergehend besänftigen, doch sie fordern weiter, dass die Relegation zurückgenommen wird. Der Schulfriede steht auf dem Spiel. Am 13. März sollte die Schulleitung nachgeben: Der Verweis wurde zurückgenommen. Es war ein Erfolg von der Art, wie ihn die neue Schülerbewegung jetzt immer öfter erzielte.

Immer häufiger organisierten nun die Schülerinnen und Schüler insbesondere an den Gymnasien ihre eigenen Demonstrationen. An vielen Schulen entstanden eigene Zeitungen, in denen mit viel Fantasie, Spaß und Ironie die verkrusteten Verhältnisse aufs Korn genommen wurden. Nicht nur, dass noch Lehrkräfte aus der Zeit des Nationalsozialismus dort arbeiteten. Auch die Lehrpläne waren zum Teil seit Jahrzehnten nicht mehr grundlegend verändert worden und sparten unliebsame Themen völlig aus, wie zum Beispiel die Nazizeit. Die Schulleitungen waren mit der neuen Generation in den Klassen nicht selten überfordert. Sie reagierten mit Repression, riefen die Polizei, was die Fronten oft nur verhärtete. Überhaupt war körperliche Gewalt insbesondere gegen jüngere Schülerinnen und Schüler durchaus noch üblich, auch das ein Relikt der Nazizeit.

Genau um das zu ändern, wollte Cornelia-Katrin von Plottnitz 1969 ihr Examen als Lehramtsstudentin an der Goethe-Universität absolvieren. Doch just als Anfang 1969 die Prüfungen anstanden, hatte der SDS wieder zum politischen Streik aufgerufen. »Das Germanistische Institut war besetzt, der Professor kam nicht durch die Blockade in den Hörsaal, wo die Examensarbeiten geschrieben werden sollten, und ich war mitten im Getümmel.« Doch die spätere ehrenamtliche Stadträtin der GRÜNEN ließ sich nicht irritieren. Nach mehreren Anläufen gelang der Studienabschluss. Ihre erste Zeit als Referendarin absolvierte sie an der Bettinaschule, die 1968 bis zur Räumung durch die Polizei das Aktionszentrum der Schülerbewegung gewesen war. »Dort herrschte ein ganz revolutionäres Klima, gerade die Schülerinnen waren sehr selbstbewusst.«

Von Plottnitz erinnert sich noch daran, dass sie als Referendarin mit dem Fall einer Gymnasiastin konfrontiert worden war, die in der 12. Klasse schwanger wurde. Das wäre noch kurz zuvor von den Schulbehörden als Skandal behandelt und die junge Frau von der Schule verwiesen worden. »Doch das Mädchen durfte am Gymnasium bleiben und das Kind austragen.« So zeigte sich der angehenden Lehrerin schnell, dass die Verhältnisse an den Schulen begannen, sich grundlegend zu verändern.

Am 28. Februar wurde das Amerikahaus in Frankfurt, das im Januar durch einen Brandanschlag beschädigt worden war, wiedereröffnet. Insbesondere die Bibliothek stand der Öffentlichkeit wieder zur Verfügung. Und ungeachtet aller Proteste, die sich damals gegen US-Einrichtungen in Frankfurt richteten, blieb sie es auch bis auf Weiteres. Am 30. März stand in Frankfurt der Höhepunkt und Abschluss des Ostermarsches 1969 an. Er sollte exemplarisch zeigen, wie isoliert mittlerweile der militante Teil der Bewegung war. Einige Tausend Menschen versammelten sich zur finalen Kundgebung auf dem Römerberg, darunter auch Studenten. Nicht wenige SDS-Aktivisten teilten freilich nicht den pazifistischen Standpunkt der Mehrheit. Im Anschluss an die Kundgebung kam es in der Innenstadt zu Ausschreitungen militanter Demonstranten, es flogen Steine und es gab Sachbeschädigungen. Noch am gleichen Tag distanzierte sich das Ostermarschkomitee von diesem Verhalten. Dieser Tag markierte eine Trennlinie: Fortan hatte der SDS die Sympathien der Friedensbewegung endgültig verloren, mit Unterstützung war von dort nicht mehr zu rechnen.

Anfang April verschärfte die Universitätsführung noch einmal den Kurs gegen rebellierende Studenten. Gegen sechs Personen, die als Rädelsführer eingeschätzt wurden, strengte Präsident Walter Rüegg Ausschlussverfahren an, sie sollten die Universität verlassen. Im Vorfeld des 1. Mai flammte die ideologische Auseinandersetzung zwischen linken Aktivisten und dem Standpunkt der Gewerkschaftsführung noch einmal auf. Der Frankfurter SDS lehnte die vom DGB favorisierten Modelle der Mitbestimmung in den Unternehmen strikt ab. Die Gewerkschaften, so der Vorwurf, akzeptierten damit dass kapitalistische Wirtschaftssystem. Mitbestimmung könne, so hieß es in einem Flugblatt, »allenfalls ein paar soziale Verbesserungen bringen, aber niemals die Lage der Lohnabhängigen grundsätzlich ändern«. Die Lohnarbeit könne nur aufgehoben werden »durch die Enteignung der Kapitalistenklasse« und die Überführung der Produktionsmittel in Gemeineigentum. Damit war schon genau die Gesellschaftsanalyse der kommunistischen Gruppen umrissen, die sich ab 1970 aus der ideologischen Erbmasse der 68er-Bewegung bilden sollten.

Die linken Gruppierungen an der Universität hielten auch weiter an den ideologischen Schulungen ihrer Mitglieder fest. Bei den maoistisch orientierten Aktivisten wurden vor allem Texte von Mao Tse-tung gelesen, aber auch Lenin studierte man.

Am 6. August 1969, mitten in den Semesterferien, erreichte eine Nachricht Frankfurt, die viele 68er zutiefst erschütterte. Der Philosoph Theodor W. Adorno, Subjekt ihrer fortgesetzten Hassliebe, war überraschend an seinem Urlaubsort in der Schweiz gestorben. Als offizielle Todesursache wurde ein Herzschlag übermittelt. Er wurde nur 65 Jahre alt. Adorno war in den Wochen vor seinem Tod von ihm nahestehenden Menschen als zutiefst erschöpft und auch verstört beschrieben worden (siehe dazu auch das Kapitel über die Frauenbewegung). Bis heute wird darüber diskutiert, ob nicht die scharfen Auseinandersetzungen an der Universität Adorno so zugesetzt hatten, dass er starb. Bei der Beerdigung auf dem Frankfurter Hauptfriedhof versammelten sich mehr als 2000 Menschen, darunter zahlreiche Studenten. Vielen war die Betroffenheit und Erschütterung anzusehen. Studentinnen weinten. Hans-Jürgen Krahl, der intellektuelle Kopf der Bewegung, hatte zuvor jedem persönlich Prügel angedroht, der es wagen würde, die Trauerfeier durch Zwischenrufe oder Aktionen zu stören. Zunächst hatte die sogenannte »Lederjacken-Fraktion«, die bei Ausschreitungen stets als Speerspitze auftrat, Eierwürfe am Grab des Philosophen angekündigt. Doch Krahl setzte sich durch, es gab keine einzige Störung. Tatsächlich legte die SDS-Führung mit KD Wolff einen Kranz an der Grabstelle nieder.

Alle fühlten damals, was der bekennende »Adornit« Arno Widmann heute so ausdrückt: »Mit dem Tod von Adorno ging etwas zu Ende.« Widmann glaubt nicht, dass der Philosoph zu Tode erschöpft war. »Tatsächlich wurde er an der Universität zuletzt wieder präsenter.« Adorno habe sich auf das nächste Semester gefreut, er habe »an seiner Ästhetischen Theorie gearbeitet«. Widmann, der selbst etliche Vorlesungen des Wissenschaftlers gesprengt und sich immer wieder mit ihm auseinandergesetzt hatte, berichtet sogar: »Er hat wieder mit uns diskutiert und wir haben uns verständigt.« Der Journalist empfindet noch heute: »Adorno blieb unvollendet.« Irmelin Demisch, die sich damals als Kommunistin verstand, lobt bis heute die Gesellschaftsanalyse des Philosophen. »Sein Buch *Dialektik der Aufklärung* war für uns die Bibel, es war klar und gut.« In den Vorlesungen erlebte sie den Professor allerdings als »tendenziell verschroben: Wir haben versucht, ihn zu verstehen«.

Peter Härtling empfand bei Adornos Tod gar, dass »ein Zeitalter zu Ende war«. Auch er erinnert sich, dass der Philosoph durch die Auseinandersetzungen mit den 68ern »verstört« gewesen sei. Er hält den Umgang der Aktivisten mit dem Professor für falsch und unwürdig: »So einen wie ihn greift man nicht an.« Der damalige Leiter des S. Fischer Verlages war Adorno, der ihn auch im Verlag besuchte, oft begegnet. Er weiß noch, dass der Soziologe »halbwegs stolz« darauf war, dass seine Bücher bei den Studenten eine so große Verbreitung fanden. Der S. Fischer Verlag hatte deshalb die zuerst 1944 von Adorno und Horkheimer veröffentlichte *Dialektik der Aufklärung* im April 1969 neu aufgelegt. Zu diesem Zeitpunkt kursierten allerdings in Deutschland bereits zahlreiche Raubdrucke des Klassikers. »Horkheimer war darüber wütend, weil ihm dadurch Tantiemen entgingen.«

Der Verleger Karlheinz Braun, der bei Adorno studiert hatte, nennt das Buch *Dialektik der Aufklärung* ein »Faszinosum«. Die Seminare, die er bei dem Philosophen über Hegel und über Ästhetik hörte, sind ihm bis heute als beeindruckend in Erinnerung geblieben. Der Übersetzer Bernd Schwibs, ebenfalls Adorno-Student, empfand die *Dialektik der Aufklärung* schlicht als »den Subtext des Protests«. In den Vorlesungen war er »fasziniert und beeindruckt von der Rhetorik dieses Mannes«, fühlte aber zugleich: »Er schüchterte einen schon sehr ein.« Gemeinsam mit anderen Kommilitonen war der Philosophiestudent beim Tod Adornos »zutiefst betroffen«.

Tatsächlich markierte dieser 6. August 1969 für viele, die ihn miterlebten, das wahre Ende des Jahres 1968. Um zu verstehen, warum die 68er-Bewegung danach so rasch zerfiel, ist der 28. September 1969, der Tag der Bundestagswahl, allerdings noch wichtiger. Die Sozialdemokraten erreichten 42,7 Prozent und konnten gemeinsam mit der FDP (5,8 Prozent) mit sehr knapper Mehrheit eine neue Bundesregierung bilden. Diese sozialliberale Koalition mit dem ehemaligen Emigranten Willy Brandt als Bundeskanzler versuchte, die Impulse der Studentenbewegung in eine Politik der Reform des kapitalistischen Systems umzumünzen. Brandt fasste das in seiner Regierungserklärung am 21. Oktober 1969 in dem berühmt gewordenen Satz zusammen: »Wir wollen mehr Demokratie wagen.«

Plötzlich schienen sich viele Anliegen der 68er in praktische Politik der Bundesregierung zu verwandeln. Brandt war zudem für viele Aktivisten mit seinem Widerstand gegen das nationalsozialistische Terrorregime eine moralisch integre Figur, die sie respektierten. »Wir haben ihm geglaubt, was er gesagt hat, Brandt war für mich einfach eine glaubwürdige Person«, erinnert sich Martin Wentz. Der Bundeskanzler leitete eine neue Ostpolitik ein, die auf eine faktische Anerkennung des zweiten deutschen Staates, der DDR, hinauslief. Allein das war ein großer Tabubruch gegenüber der vorherigen Politik der bürgerlichen Regierungen. Brandt trat zudem für eine Versöhnung mit den Staaten ein, die unter der Militärmaschine der Nazis besonders gelitten hatten, also die Sowjetunion und Polen. Tatsächlich entstand in der Bundesrepublik so etwas wie eine politische Aufbruchstimmung. Viele 68er entschlossen sich, ihren weiteren Lebensweg innerhalb des kapitalistischen Systems zu verwirklichen, den sprichwörtlich gewordenen »Marsch durch die Institutionen« anzutreten.

Die 68er-Aktivisten, die versucht hatten, die kapitalistische Wirtschaftsordnung zu überwinden, sahen sich rasch in einer Minderheit isoliert. Sie organisierten sich in neuen Gruppierungen und Parteien, die sich selbst für kommunistisch erklärten. Etwa in der KPD/AO, also der Aufbauorganisation für eine Kommunistische Partei, oder im KBW (Kommunistischer Bund Westdeutschland). Irmelin Demisch etwa trat 1970 in die KPD/AO ein und stieg in Frankfurt zu einer führenden Genossin auf. Am 31. März 1970 erlebte die Stadt noch einmal eine politische Wegmarke. Der Sozialistische Deutsche Studentenbund löste sich bei einem letzten Treffen von etwa 350 führenden Mitgliedern auf. Im Studentenhaus auf dem Campus der Goethe-Uni gelang es nicht mehr, die Dachorganisation der 68er-Bewegung am Leben zu erhalten. Ein letzter Appell von Daniel Cohn-Bendit, eine neue bundesweite Organisationsform zu bilden, verhallte ungehört (siehe dazu auch die Kapitel über KD Wolff und Daniel Cohn-Bendit).

1968 war zu Ende gegangen. Doch die gesellschaftlichen Veränderungen, die dieses Jahr auslöste, begannen erst.

Die 68er machten sich auf den Weg.

Wohin führten die Lebenswege der Frankfurter 68er?

Irmelin Demisch trat 1970 in die maoistische KPD/AO ein und blieb dort lange Zeit Mitglied. Die Aktivisten trafen sich noch weiter im Kolb-Keller am Beethovenplatz. Demisch vertiefte sich in das Studium verschiedener Philosophen, besonders schätzt sie bis heute den französischen Philosophen Michel Foucault. »Ich war eine intime Kennerin der philosophischen Postmoderne«, sagt sie stolz. 1973 kehrte sie der KPD/AO den Rücken, engagierte sich aber weiter für eine Überwindung der kapitalistischen Gesellschaftsordnung. 1978 war sie an der Organisation des *Tunix*-Kongresses in Berlin beteiligt. Etwa 15 000 Teilnehmer suchten damals vom 27. bis 29. Januar in der Technischen Universität in Berlin nach einer neuen, einheitlichen Organisation für die zersplitterte westdeutsche Linke.

In dem 1990 erschienenen Buch *Urbane Zeiten*, herausgegeben vom Institut für Kulturanthropologie und Europäische Ethnologie der Frankfurter Universität, hat sie mit anderen Autoren nach neuen, fortschrittlichen Lebensstilen in der »Stadtregion« gesucht. Dabei ging es auch um die Frage, ob die Utopie eines anderen, von den Zwängen der kapitalistischen Gesellschaft befreiten Lebens auf dem Land gefunden werden kann. »Ich bleibe in meinem Herzen eine Linke«, sagt die 70-Jährige. Sie blieb in der Großstadt und betreibt in Frankfurt heute einen Laden für Secondhand-Kleidung.

Bernd Schwibs hat sich in seinem Leben durch die Begeisterung für die französische Kultur und Lebensart leiten lassen, die er schon 1968 empfand. Schon in seiner Schulzeit in den frühen 60ern war er sehr angetan von den französischen Existenzialisten, von dem Dichter Paul Celan, von den jungen Filmemachern der Nouvelle Vague. Er lebte später für längere Zeit in Frankreich. Heute gilt der 72-Jährige als einer der besten deutschen Übersetzer aus dem Französischen, arbeitet für die Verlage Suhrkamp und Insel.

Cornelia-Katrin von Plottnitz arbeitete lange als Lehrerin. Sie trat den GRÜNEN bei und war von 1997 bis 2016 ehrenamtliche Stadträtin in Frankfurt. Sie engagierte sich in der Bildungsplanung. Als Kulturpolitikerin gilt ihr besonderes Augenmerk den freien Theatern. 1990 war sie Gründerin der Ludwig-Meidner-Gesellschaft, die mit Erfolg Leben und Werk des damals fast vergessenen Künstlers bekannt machte. Heute ist die 74-Jährige noch immer in vielen kulturellen Initiativen aktiv.

Arno Widmann gründete 1979 mit anderen zusammen die alternative *tageszeitung* (taz), wurde ihr Chefredakteur und entwickelte sich zu einem der namhaftesten deutschen Journalisten. Er war Feuilletonchef der *Zeit* und der *Frankfurter*

Rundschau und wurde für viele Journalisten zum Vorbild. Heute arbeitet der 71-Jährige in Berlin unter anderem für die *Frankfurter Rundschau* und die *Berliner Zeitung*.

Heiner Boehncke wurde zunächst Sprecher und dann langjähriger Literaturredakteur des *Hessischen Rundfunks* in Frankfurt. Er ist Autor zahlreicher literaturwissenschaftlicher Bücher, oft gemeinsam verfasst mit dem Kulturjournalisten Heinz Sarkowicz. Boehncke war lange Sprecher des *Hessischen Literaturrates* und arbeitet seit 2004 als Künstlerischer Leiter des *Rheingau Literatur-Festivals*. Der 73-Jährige vermisst bis heute die Atmosphäre des Jahres 1968 in Frankfurt, »die nächtelangen Diskussionen, das gemeinsame Philosophieren und Schreiben«.

Martin Wentz, der damals »Rauschebart und lange Haare« trug, verließ 1969 Frankfurt für einen längeren Aufenthalt in den USA. »Ich ging nach San Francisco und zur University of Berkeley, die seinerzeit führend war in Physik.« Er kam mit der Hippiebewegung in Kontakt und sang zur Gitarre die wehmütigen Lieder von Leonard Cohen. Doch er kehrte nach Frankfurt zurück, trat in die SPD ein und machte dort Karriere. Als Juso-Landesvorsitzender legte er sich mit dem damaligen SPD-Ministerpräsidenten Holger Börner an und bekämpfte den Bau der Startbahn 18 West. 1983 bis 1989 war er SPD-Unterbezirksvorsitzender in Frankfurt und gehörte 1989 zu den Architekten der ersten rot-grünen Stadtregierung. Von 1989 bis 2000 war er Planungsdezernent, heute arbeitet er als Architekt, Planer und Projektentwickler.

Wentz nennt es besorgniserregend, dass sich heute der Rechtspopulismus in Europa der Aktionsformen bediene, die einst von den 68ern angewandt worden seien. »Heute kommt der Aufstand von rechts«, sagt er. Der 71-Jährige urteilt: »Es bräuchte ein neues 68.« Er setzt aber zugleich wenig Hoffnung in die junge Generation heute. Es fehle dort der »Keim des Emanzipativen«. Eine »Facebook- und Twitter-Welt« könne »nicht politisch kommunizieren«.

Heiner Halberstadt blieb dem linken Treffpunkt *Club Voltaire* als einer der Chefs dort noch lange treu. 1989, in der ersten rot-grünen Stadtregierung, wurde er Referent des Oberbürgermeisters Volker Hauff (SPD). Später, nachdem die SPD auf Bundesebene die Änderung des Asylrechts betrieben hatte, trat Halberstadt aus der Partei aus. Er wechselte zu den Linken und war für sie Stadtverordneter. Er wird heute über die Parteigrenzen hinweg als eine Art linkes Gewissen der Stadt anerkannt.

Das Jahr 1968 empfand er vor allem als »ein Feuerwerk der Gefühle«. Doch tatsächlich sei es den Studenten nie gelungen, die Arbeitnehmer für den gesellschaftlichen Umsturz zu gewinnen. »Die Masse der Arbeiter war an einem guten Verdienst und an Vollbeschäftigung interessiert.« Die Bevölkerung in der Bundesrepublik sei auf das, was sich da an den Universitäten an »Aufbruch« entwickelt habe, »nicht vorbereitet« gewesen. Die Parole vieler Demonstrationen »Bürger, lasst das Glotzen sein, kommt herunter, reiht euch ein«, ist in Halberstadts Augen ins Leere gegangen.

Peter Härtling sieht »Gutes und Schlimmes« als Folge des Aufbruchs der 68er. Ohne Zweifel sei die bürgerliche Gesellschaft durch sie offener und »beweglicher« geworden. Doch als Eltern hätten die 68er »ihren Kindern nie einen Widerstand entgegengesetzt und ihnen stets den Weg gebahnt«. In den Augen des Schriftstellers führte das »zu einer Generation, die ungeheure Ansprüche hat und extrem beeinflussbar ist«. Zugleich aber »emotional ausgekühlt«. Der Autor sieht die Bundesrepublik zur Zeit in einer Phase »der Gegenaufklärung«. Latent sei die Gewalt von rechts immer da gewesen in Deutschland, jederzeit »abrufbar«. Es habe bloß einen Funken gebraucht, um sie zu entzünden: »Das ist ein erschreckender Befund«, sagt Härtling.

Der 83-Jährige hegt »keine Hoffnung auf eine große Gegenbewegung«. Die kritische Öffentlichkeit, die es dazu brauche, »zersetzt sich selbst durch hämische Kritik im Internet«.

Peter Weidhaas hatte im Jahr 1968 seinen 30-jährigen Geburtstag gefeiert. Der junge Mitarbeiter der *Messe- und Ausstellungs-GmbH* in Frankfurt machte wider Erwarten Karriere bei der Gesellschaft, von der die *Frankfurter Buchmesse* organisiert wurde. 1969 wurde er federführend für die Organisation von Auslandsmessen zuständig. Bereits 1972 bot ihm der damalige Direktor der *Frankfurter Buchmesse*, Sigfred Taubert, an, ab 1975 seine Nachfolge zu übernehmen. Weidhaas, der eigentlich den in seinen Augen sehr rückständigen Börsenverein des Deutschen Buchhandels verlassen wollte, kandidierte dann tatsächlich für Tauberts Nachfolge und wurde gewählt. Von 1975 bis zum Jahr 2000 stand er an der Spitze der Buchmesse und modernisierte sie grundlegend. Er richtete den Blick auf die Literatur der sogenannten Dritten Welt und gründete 1980 mit anderen in Frankfurt die *Gesellschaft zur Förderung der Literatur aus Afrika, Asien und Lateinamerika*. Weidhaas führte auch die Praxis ein, alljährlich ein Land als Ehrengast der Buchmesse zu empfangen.

Karlheinz Braun ist selbst der beste Beleg für seine These: »1968 in Frankfurt, das war eine Kulturrevolution.« Über Jahrzehnte blieb der Literaturwissenschaftler in der Stadt und weit darüber hinaus ein kultureller Impulsgeber. Den *Verlag der Autoren*, den er 1969 mitbegründet hatte, führte er zunächst bis 1976 und dann von 1979 bis 2003. In den Jahren 1976 bis 1979 hatte er als Geschäftsführender Direktor des Schauspiel Frankfurt gearbeitet. Bereits 1972 war er mit Peter Iden, damals Theaterkritiker der *Frankfurter Rundschau*, für das Kulturprogramm der *Documenta V* in Kassel verantwortlich.

Thomas Bayrle kam 1972 als Professor an die Städel-Kunsthochschule in Frankfurt und unterrichtete dort bis 2002. Er nahm an der *Documenta VI* 1977 in Kassel teil und gehört heute zu den führenden bildenden Künstlern in der Bundesrepublik. In Frankfurt lebte Bayrle zeitweise selbst in besetzten Häusern wie etwa Bockenheimer Landstraße 70. Die Revolte des Jahres 1968 habe nicht nur die vorher sehr erstarrten bürgerlichen Verkehrsformen »sehr gelockert«, sagt der 84-Jährige. Sie sorgte in seinen Augen auch dafür, dass die Barrieren zwischen Disziplinen wie Bildender Kunst und Literatur fielen. »Die Kunst hat in die Literatur hineingewirkt.« In der Folge des Jahres 1968 lernte Bayrle etwa den Regisseur und Autor Alexander Kluge kennen und kam in Kontakt mit Frankfurter Schriftstellern wie Paulus Böhmer und Gerhard Zwerenz.

III Porträts

Hans-Jürgen Krahl
»Wo die Wölfe hausen«

Es waren ungewöhnliche »Angaben zur Person«, die der »Robespierre von Bockenheim« – so sein Spitzname, vor Gericht machte, als er wegen der Protestaktionen gegen die Verleihung des Friedenspreises an L. Senghor vor Gericht stand und zu einer absurd hohen Strafe von 1 Jahr und 9 Monaten wegen des damals so beliebten Straftatbestandes der »Rädelsführerschaft« verurteilt wurde – Hans-Jürgen Krahl, neben Rudi Dutschke wohl der analytischste, charismatischste – vielleicht auch verzweifeltste – Kopf der 68er.

In einer frei und ohne Konzept gehaltenen, weit über einstündigen Einlassung erläuterte Krahl nicht nur seine Herkunft und die Zeit, die er brauchte, um sich aus dem Geist der 50er-Jahre, in der er völkisch-christlich-romantisch-esoterische und doch schon radikal verzweifelte Gedichte schrieb, in schlagenden Verbindungen aktiv war und 1961 in seiner niedersächsischen Heimatstadt Alfeld die *Junge Union* gründete, zum radikalen Linken wandelte. »Aus diesen provinziellen Traumwelten kamen die führenden Köpfe der deutschen 68er-Bewegung«, schreibt Gerd Koenen viele Jahre später in seinem klugen, wenn auch von seiner eigenen Biografie stark gefärbten Aufsatz über Krahl, den »transzendental Obdachlosen«.

Krahl – Vordenker der Revolte

Doch neben dem Blick auf seine eigene Biografie, in der Krahl vor einem Gericht, dem er eigentlich die Legitimation absprach, über ihn zu urteilen, persönlich wurde wie kaum ein anderer Genosse seiner Zeit, um zu erklären, wie dann sein »politischer Bildungsprozess« ihn aus der »imperialistisch abenteuernden Philosophie« befreite (»nachdem mich die herrschende Klasse rausgeworfen hatte, entschloss ich mich dann auch, sie gründlich zu verraten und wurde Mitglied im SDS«). Neben diesem zutiefst intimen Blick entwickelte er – hier ganz Adorno-Schüler – seine Begrifflichkeit der Ideologiekritik und dann aber, hier konsequent über Adorno hinaus, seine Vorstellung über den Weg in eine künftige Gesellschaft, sein Freiheitsversprechen, dass diese Gesellschaft eben nicht über dogmatische und autoritäre Macht- und Organisationsformen erfüllt werden kann.

Krahl von der Anklagebank: »Uns wird immer gesagt, ihr seid deshalb nicht legitim, weil ihr nicht angeben könnt, wie die künftige Gesellschaft aussehen soll. Das sagen immer diejenigen, die meinen, nun gebt uns erst einmal ein Rezept, und dann entschließen wir uns vielleicht, ob wir mittun wollen. Das sagen jene Heuchler und Feiglinge, die meistens in den Redaktionen der bürgerlichen Presse sitzen. Die künftige Gesellschaft kann man nicht vorwegnehmen. Wir können sagen, wie der künftige Fortschritt in hundert Jahren aussehen wird, aber wir können nicht sagen, wie die menschlichen Beziehungen in hundert Jahren aussehen werden, wenn wir nicht anfangen, sie ad hoc, unter uns, im gesellschaftlichen Verkehr zu verändern. Was wir machen können, ist, immanent anzusetzen an jenen unterdrückten Verkehrsformen, die die bürgerliche Gesellschaft entwickelt hat. Wir negieren sie, das heißt wir lösen überhaupt erst im politischen Kampf die Emanzipationsversprechen ein, die ihr, also die Vertreter auch der bürgerlichen Justiz, gegeben, aber nicht gehalten habt.«

Dass hier Krahl die Frage der Entwicklung einer neuen Alltagskultur, den Aufbau von solidarischen Beziehungen, ein Emanzipationsversprechen durch den politischen Kampf – obwohl es doch eigentlich kein richtiges Leben im falschen gab – vor den Klassenkampf der dogmatischen, DDR-affinen Marxisten stellt, war prägend für den Diskurs in Frankfurt. Und es war dann auch kein Zufall, dass Krahl im Focus der Kritik stand von denen, die sich im Alltag mit den männlichen Leitfiguren von jenem Emanzipationsversprechen nicht aufgehoben fühlten – im Focus der Kritik der Frauen.

Die antiautoritäre Revolte, die Krahl bei der Besetzung des *Instituts für Sozialforschung* – das eigentlich bei allen Protestaktionen als sakrosankt galt – gegen seinen Lehrer (und auch wohl Idol?) Adorno anführte (Adorno soll dabei auf eine Tafel geschrieben haben: »Aus diesem Krahl heulen die Wölfe«) –, diese Revolte drehte sich plötzlich gegen ihn ganz persönlich, als aus den Reihen des Frankfurter Weiberrates jene berühmte Tomate auf ihn geworfen wurde – als nonverbale Antwort auf den Theoriejargon (der Eigentlichkeit?) der SDS-Herren, der als männliches Machtinstrument verstanden wurde, aber auch als Antwort auf das nicht eingelöste Emanzipationsversprechen im Alltag der Mann-Frau-Beziehung unter den Linken selbst.

»Genosse Krahl, du bist objektiv ein Konterrevolutionär«, und dazu ein Tomatenwurf – beides aus Frauenhand – ausgerechnet auf Krahl. Ausgerechnet auf jenen Krahl, der doch – im Gegensatz zu den meisten Genossen, die sich nach den erbitterten Theoriedebatten abendlich im Kolb-Keller im Geschlechterkampf übten – selbst schwer mit sich zu kämpfen hatte, als er »seine latente, nicht gelebte Homosexualität als den verborgenen Grund seiner tiefen Bindungs- und Beziehungslosigkeit entdeckte« (Koenen), ausgerechnet jener introvertierte Krahl, der wie kein anderer doch eigentlich dem Postulat der Frauen nach dem Privaten im Politischen nachkam, jener Krahl, dem Silvia Bovenschen viele Jahre später einmal konstatierte: »Ich bezweifle, dass heute noch viele von uns die Befunde dessen, was sie für ihre Individualität halten, in ein solches fortschrittgeschichtliches Streckbett legen würden.« (FAZ 1988)

Spricht man heute mit den Frauen, die Krahl auf der Straße, in den Hörsälen, im verräucherten Debattenkeller erlebten, ahnt man, dieser Wurf galt einem Kopf, nicht einem Körper. »Krahl war anders« – ist das häufigste Zitat. »Wenn die anderen Machos der Körper waren, war er ein Macho des Kopfes.« Und es werden Anekdoten erzählt, dass Krahl, wenn es mal rauer auf den Straßen zuging, meist der Erste war, der sich zurückzog. »Erst lief der Krahl weg , dann die Frauen, dann die anderen vom RK, am Schluss Johnny, und so zerbeult sah der dann auch meistens aus …«

Krahl, der Nonkonformist, der Bier und Doppelkorn soff und Joints mied, der im schwarzen Rollkragenpullover laut Heintje-Lieder sang und die Niedersachsenhymne, als die anderen im Kolb-Keller die Doors auf den Plattenspieler legten, im zeitgeistwidrigen Kurzhaarschnitt, und mit seinem Glasauge in der Hand spielte – Relikt aus den Bombenangriffen der letzten Kriegs- und Kindstage. Claus Möbius – heute Grüner Stadtrat im Römer, einst der Einzige, der auch mal betriebswirtschaftliches Denken in die alternativen Projekte der Nach-68er-Zeit einbrachte – erinnert sich an die Faszination, die Krahl als Rhetoriker ausübte. »Wenn er in Form war, hing man gebannt an den Sätzen, die er analytisch messerscharf und in einer unglaublichen Komplexität über Minuten, manchmal gar Stunden frei entwickelte. Und wenige Zeit später erlebte man ihn kaum ansprechbar, vollkommen ichbezogen nur auf sich selbst konzentriert, wie in einer anderen Welt – nicht gesellschaftsfähig.«

Krahl, ein Zwiespalt. Auf allen Ebenen. Auch im Blick auf das, was 68 die Gewaltfrage hieß und später das Verhältnis zum bewaffneten Kampf. Gerd Koenen – einst als Maoist selbst Grenzgänger der Gewalt (»die politische Macht kommt aus den Gewehrläufen«), analysiert dies Jahrzehnte und einige Erfahrungen später:

»Und während draußen in Bolivien Che Guevara noch dabei war … ein zweites oder drittes Vietnam zu entzünden, schwangen Krahl und Dutschke sich zu der irritierend zweideutigen Parole auf: Die ›Propaganda der Schüsse (Che)‹ müsse ergänzt werden durch die ›Propaganda der Tat‹ in den Metropolen, in denen eine ›Urbanisierung ruraler Guerilla-Tätigkeit‹ geschichtlich möglich sei … Die Mehrdeutigkeit dieser Sätze entsprach der psychischen Ambivalenz ihrer Autoren, die letzten Endes nicht in der Lage waren, Schritte in jene Richtung zu tun, die nur zwei oder drei Jahre später zur Bildung bewaffneter Gruppen von Stadtguerilleros auch in der Bundesrepublik führen würden. Aber beide gingen sie, so viel war klar, bereits auf einem sehr schmalen Grat, oder schon auf Messers Schneide.«

Ob Krahl tatsächlich in Gefahr gelaufen wäre, von diesem schmalen Grat zu fallen und den Weg als politischer Desperado zu gehen, bleibt offen. Sein Unfalltod mit 27 Jahren im Februar 1970 – ein halbes Jahr nach dem seines Ziehgegners Adorno – lässt Raum für alles.

»Er ist unersetzlich und meiner Überzeugung nach wäre er ein höchst bedeutender Mensch geworden. Mag Ihnen das Bewusstsein, dass er ein unendlich intelligentes Wesen war, neben dem Schmerz auch eine gewisse Befriedigung gewähren«, so im Namen der Frankfurter Schule die Versöhnungsworte Max Horkheimers in einem Telegramm an Krahls Mutter.

Versöhnung andersrum fand auch kurz vorher statt. Schon in einem Nachruf auf Adorno hatte Krahl sich bewundernd über die analytische Schärfe Adornos geäußert – gleichzeitig aber noch ebenso dezidiert war seine Kritik an dessen fehlendem Schritt zur politischen Tat, zur »vorrevolutionären Praxis«:

»Doch dasselbe theoretische Instrumentarium, vermittels dessen Adorno diese gesamtgesellschaftliche Erkenntnis zu realisieren vermochte, verstellte ihm auch den Blick auf die historischen Möglichkeiten einer befreienden Praxis. In seiner Ideologiekritik am Tod des bürgerlichen Individuums zittert ein Moment berechtigter Trauer nach. Doch über diese radikalisierte letzte Bürgerlichkeit seines Denkens konnte Adorno im hegelschen Sinn dieses Begriffs nicht immanent hinausgehen. Er blieb auf sie mit furchtsamem Blick auf die schreckliche Vergangenheit fixiert: das immer zu spät kommende Bewusstsein dessen, der erst in der Dämmerung zu begreifen anfängt.« (Krahl in der FR)

Doch schon wenige Monate nach Adornos Tod und kurz vor seinem eigenen haben Frankfurter Adorno-Schüler – federführend Krahl und Frank Wolff – in einer *Erklärung der*

Frankfurter Schüler eine »Identität der Intention selbst im Konflikt« mit ihrem verstorbenen Professor konstatiert, die Studentenbewegung wolle das Erbe der Kritischen Theorie nutzen, um aus der von Adorno formulierten Ideologiekritik Organisationsformen radikaler Aufklärung zu entwickeln. Die gleichen Studenten, die noch Monate vorher das Institut besetzten, bangten nun nach dem Tod Adornos um die Zukunft der Kritischen Theorie. Es ging um die Neuausrichtung und personelle Besetzung des Adorno-Lehrstuhls. Das Fehlen der Autorität und Reibungsfigur Adorno wurde markanter.

Als Schüler gab Krahl an, er wolle einmal Professor werden. Wir dürfen spekulieren, dass er es geworden wäre, möglicherweise auf dem Adorno-Lehrstuhl des IfS – sicher nicht damals, aber vielleicht im Verlauf der Jahre.

Krahl, eine Figur für Mythen und für das Theater. Im Sommer 2015 hat das Schauspiel Frankfurt den Krahl auf die Bühne geholt. *Wut und Gedanke* hieß das Einpersonenstück, in dem der Schauspieler Vincent Glander im alten IG-Farben-Bau – heute Goethe-Universität – den Adorno-Quälgeist und Adorno-Bewunderer Krahl in einer Weise verkörperte, dass Zeitgenossen den Atem anhielten. Krahl sucht noch immer verzweifelt die praktische Antwort auf die Kritik an der spätkapitalistischen Kulturindustrie. Aber bleibt nur die gefällige Rezeption im Feuilleton und schöngeistige Erinnerung? Konstitution und Klassenkampf? Trotz alledem – Krahl lebt(e)?!

Der Regisseur der Inszenierung, Christian Franke (13 Jahre nach dem Tod Krahls geboren), war selbst erstaunt über die Aktualität dieses Grenzgängers der Studentenbewegung auf der Bühne: »Hans-Jürgen Krahl war der intellektu-

Ein Mythos für die Bühne – Vincent Glander in der Rolle des Krahl

elle Vordenker der Studentenbewegung in Frankfurt, und für uns war es schon deswegen naheliegend, sich hier mit dieser bemerkenswerten, marode schillernden und dabei doch fast vergessenen Figur jener Zeit am Theater zu befassen. Erst nach der Beschäftigung mit seiner Biografie und seinen Texten vor und während des Probenprozesses, erst nach der Premiere und im Laufe der Vorstellungen stellten wir fest, wie aktuell – beziehungsweise ist es besser zu sagen: wie anwesend – Hans-Jürgen Krahl noch im lebenden Gedächtnis der Stadt ist: Viele Zuschauer kannten ihn persönlich, erinnerten sich an die Zeit und suchten Kontakt zu uns, um über Krahl ins Gespräch zu kommen. Trotzdem war die Inszenierung – was wir aufgrund dieser für uns überraschenden Tendenz dachten – keine nostalgisch verklärende Veranstaltung, denn nicht zuletzt kamen mit den heutigen Studenten die, für die die Inszenierung auch gedacht war, und zeigten damit sowohl das Interesse an der Auseinandersetzung mit der jüngeren (Philosophie-)Geschichte als auch den Willen, über Bedingungen und Möglichkeiten von Utopie-Vorstellungen und deren Umsetzung nachzudenken; und dafür ist das Theater nach wie vor ein guter Ort.«

Daniel Cohn-Bendit
»Es sollte auch Spaß machen«

Er verkörpert den Mythos von 1968 wie kein anderer. Das ist Lust und Last zugleich. Doch Daniel Cohn-Bendit, der heute 72 Jahre alt ist, trägt sein Schicksal mit Nonchalance und Charme. Nur wer ihn lange kennt, bemerkt manchmal, wie sehr die Rolle als politische Ikone ihn auch nervt und erschöpft. Er wird ihr nicht mehr entkommen, das weiß er.

Im Gegenteil. Immer wieder in den vergangenen fünf Jahrzehnten holt den Rebellen sein großes Jahr 1968 ein. Zumeist gerade dann, wenn er hofft, die Titel vom »ehemaligen Studentenführer«, von *Dany Le Rouge* und was der Prädikate mehr sind, endgültig abgelegt zu haben. Noch immer brechen uralte politische Frontstellungen wieder auf. Unerwartet. Manchmal auf geradezu komische Art und Weise. Doch für Cohn-Bendit ist es dann nicht komisch, es zerrt an ihm und belastet und drückt nieder. An diesen Tagen fallen der Charme und die Nonchalance von ihm ab.

So war das zuletzt 2016 in seiner Heimatstadt Frankfurt, in der er jetzt seit fast 50 Jahren lebt. Mittlerweile in einer Alters-

Wohngemeinschaft, in der er sich wohlfühlt. Er wird Frankfurt nicht mehr dauerhaft verlassen, bis auf seine Reisen natürlich. Er ist hier alt geworden und will hier älter werden.

Doch 2016 kam der Frankfurter Oberbürgermeister Peter Feldmann (SPD) auf die Idee, Daniel Cohn-Bendit zum Jahrestag der Deutschen Einheit am 3. Oktober in der Paulskirche sprechen zu lassen. Das war eine gute Idee. Denn Cohn-Bendit, der 1945 im französischen Montauban geborene französische Deutsche, der deutsche Franzose, der lange Zeit im Europäischen Parlament arbeitete, verkörpert wie vielleicht kein anderer den europäischen Gedanken. Er hat in sich zwei nationale Identitäten versöhnt.

Eine gute Idee also. Doch sie rief sofort Protest hervor. Nicht nur bei den Rechtspopulisten der Alternative für Deutschland (AfD), von denen nichts anderes zu erwarten war. Nein, auch bei prominenten Politikern der Frankfurter CDU. Der Fraktionsvorsitzende der Christdemokraten im Frankfurter Stadtparlament, Michael zu Löwenstein, wollte nicht, dass Cohn-Bendit zum Thema der Deutschen Einheit in der Paulskirche sprach. In der Paulskirche, die gerade für konservative deutsche Politiker ein besonderes Symbol darstellt. Als Ort der ersten frei gewählten deutschen Nationalversammlung im Jahre 1848.

Zu Löwenstein fand eine ganz besondere Begründung für sein Ansinnen. Cohn-Bendit habe doch, so argumentierte der CDU-Politiker, eine ungeklärte »pädophile Vergangenheit«. Und da schrumpften plötzlich die fast fünfzig Jahre, die seit 1968 vergangen waren, zu einem Nichts zusammen. Es zeigte sich: Es gibt noch immer offene politische Rechnungen aus dem Jahr der Revolte. Sie werden vielleicht niemals beglichen werden. Sie sind in Wahrheit immer da und werden bei Bedarf hervorgeholt. Die Episode um den Auftritt von Cohn-Bendit in der Paulskirche 2016 zeigte, wie groß der politische Tabubruch von 1968 war. Der CDU-Politiker zu Löwenstein ist nur fünf Jahre jünger als der ehemalige Studentenführer. Das Verhalten des Christdemokraten demonstrierte: Heute ist nichts vergessen und nichts vergeben.

Von der angeblichen pädophilen Vergangenheit soll später noch die Rede sein. Doch wer Daniel Cohn-Bendit und seine Rolle als Ikone des Jahres 1968 verstehen will, der muss früher ansetzen.

Weil die Wurzeln des politischen und kulturellen Umbruchs von 1968 ja auch tief gründen, viele Jahre zurückreichen. Dass »Dany« zur Symbolfigur für mehrere Generationen in zwei Staaten werden kann, in Deutschland und Frankreich, erklärt sich aus seiner Biografie. Er ist der Sohn eines jüdischen Ehepaares, das 1933 aus Deutschland nach Frankreich fliehen muss – vor der Verfolgung durch das nationalsozialistische Gewaltregime. Sein Vater Erich hat in Berlin als Rechtsanwalt, obwohl selbst kein Parteimitglied, Kommunisten vor Gericht vertreten. Er verteidigte unter anderem den Anwalt Hans Litten, der dadurch Berühmtheit erlangte, dass es ihm gelungen war, in einem Prozess noch 1931 Adolf Hitler als Zeugen zu laden – und ihn wegen der Ausschreitungen der Nazis unter Druck zu setzen. Cohn-Bendits Plädoyer für Litten wurde veröffentlicht, erregte viel Aufsehen und führte dazu, dass die Nazis auf den Rechtsanwalt aufmerksam wurden.

Nach der Machtergreifung der NSDAP 1933 entging Erich Cohn-Bendit, gewarnt von einem Nazi-Juristen, knapp seiner Verhaftung. Er floh nach Paris. Seine Ehefrau Herta kam bald nach. Die beiden waren jetzt zwei von unzähligen deutschen Emigranten in der französischen Hauptstadt, in der viele Künstler, Schriftsteller, Intellektuelle aus dem Nachbarstaat strandeten. 1936 wurde der erste Sohn der Cohn-Bendits, Gaby, geboren. Als die Wehrmacht 1940 in Frankreich einmarschierte und in kurzer Zeit die französischen Truppen überrannte, war das Leben der deutschen Emigranten wie der Cohn-Bendits unmittelbar bedroht. Die Deutschen verlangten von den besiegten Franzosen ihre Auslieferung. Das Ehepaar floh nach Südfrankreich, in den noch nicht von den Nazis besetzten Teil des Landes. Es begann ein abenteuerlicher Überlebenskampf. Unter falschem Namen wurden die Cohn-Bendits von immer neuen Helfern versteckt, blieben auch unentdeckt, als die deutschen Truppen 1942 den Süden Frankreichs besetzten.

Cohn-Bendit erzählt bis heute gerne, dass er im Juni 1944 gezeugt worden sei, als mit der Invasion der Alliierten in der Normandie die Befreiung Europas von den Nazis begann. Ein freier Geist, in die Welt gesetzt im Monat der Befreiung: Das ist eine Version so recht nach dem Herzen des politischen Schwärmers. Ernster ist ein zweiter Hinweis, den der Politiker auch bei öffentlichen Auftritten immer wieder anbringt: dass er sein Leben nur der Tatsache zu verdanken hat, dass die alliierten Truppen die Deutschen mit Gewalt niederrangen und vertrieben. Sein Fazit: Der Einsatz von Gewalt kann unter bestimmten Umständen notwendig und gerechtfertigt sein. Daniel Cohn-Bendit ist kein grundsätzlicher Pazifist.

Auf die Welt kam er am 4. April 1945 im südfranzösischen Montauban. Bald darauf begründeten die Eltern in der Normandie ein Waisenhaus für jüdische Kinder – unzählige von ihnen hatten ihre Eltern in den NS-Todeslagern verloren. Drei Jahre später zogen die Cohn-Bendits mit ihren beiden Kindern nach Paris um. Zu diesem Zeitpunkt kriselte die Ehe bereits heftig. Daniel wohnte beim Vater, Gaby in einer anderen Unterkunft bei der Mutter. 1952 brach die Beziehung der Eltern endgültig auseinander. Erich Cohn-Bendit übersiedelte nach Frankfurt am Main, ließ sich dort wieder als Rechtsanwalt nieder. Er begann, vor Gericht Entschädigungen für Überlebende des Holocaust zu erstreiten. Eine demütigende Erfahrung, immer wieder mit Niederlagen verbunden. Nachkriegsdeutschland, in dem bald das sogenannte »Wirtschaftswunder« begann, verdrängte die nationalsozialistische Vergangenheit. Viele Richter und Staatsanwälte stammten noch aus der NS-Zeit.

In Paris besuchte der junge Daniel derweil 1956, begleitet von seinem älteren Bruder, seine erste Demonstration. »Damals habe ich tatsächlich protestiert gegen den Einmarsch sowjetischer Truppen in Ungarn«, erinnert er sich. Die Sowjets schlugen den Volksaufstand in Ungarn und die Hoffnung auf mehr Demokratie blutig nieder. Obwohl er natürlich damals nicht vollständig verstand, worum es eigentlich ging, blieb Cohn-Bendit eine Abneigung gegen das Regime in der UDSSR und dessen staatsmonopolistische Auslegung des »Kommunismus«. 1968, im Jahr der Revolte in Frankfurt, sollte diese Erfahrung eine große Rolle spielen. In diesem Jahr schlugen die Sowjets, mit Hilfe anderer Truppen des Warschauer Pakts, wieder einen Volksaufstand nieder, diesmal in der Tchechoslowakei. Und der Revolutionär Cohn-Bendit protestierte wieder auf der Straße.

In den 50er-Jahren war das noch weit weg. Einige Male fuhr der junge Daniel, der bei der Mutter in Paris lebte, zu seinem Vater in Frankfurt am Main. Er lernte die Stadt kennen, in der sich später seine politische Biografie entfalten sollte. 1958, Daniel war dreizehn Jahre alt, zog er mit der Mutter fest nach Frankfurt um. Die Eltern suchten für ihren heranwachsenden Sohn eine Schule, in der er nicht vor allem mit alten Nazi-Lehrern konfrontiert werden würde. Ihre Wahl fiel auf die reformpädagogische Odenwaldschule in Ober-Hambach. Sie hatte zu diesem Zeitpunkt einen hervorragenden, liberalen Ruf. Dort fühlte sich auch Daniel wohl. Einigen Lehrern der Odenwaldschule, das sagt der 72-Jährige heute noch, verdanke er viel. Von einem Missbrauch von Schülern durch ihre Lehrer, für den die Schule später eine traurige Bekanntheit erlangen sollte, habe er seinerzeit nichts bemerkt. Er habe dort seine Pubertät erlebt und erste Erfahrungen mit Mädchen gemacht, erzählt der Grüne heute.

Um so perfider ist es, dass CDU-Politiker im Jahr 2016 nahelegten, Cohn-Bendit, dem sie eine »pädophile Vergangenheit« unterstellten, sei beim Besuch der Odenwaldschule »negativ sozialisiert« worden.

Dass die Mutter und Daniel 1958 nach Frankfurt kamen, hatte einen schrecklichen Grund: Der Vater war unheilbar an Lungenkrebs erkrankt. Er hatte nie auf seine Gesundheit geachtet, hatte exzessiv geraucht und getrunken. Er hatte zugleich einen hedonistischen Zug besessen, gutes Essen geliebt und stets die besten Restaurants besucht. Und sein Sohn Daniel hatte ihn dabei begleitet, erlebte, wie der Vater Austern bestellte. Vater und Sohn liebten es auch, wenn sie mit der Bahn unterwegs waren, gemeinsam im Speisewagen zu sitzen und zu essen. Die Liebe zum guten Essen, zu einem guten Kaffee auch am Nachmittag, ist dem Sohn bis heute geblieben. Er fasst das gerne in dem Satz zusammen: »Ich bin ein Sponti und Genussmensch.« Hedonist: Das ist für Daniel Cohn-Bendit kein Schimpfwort.

Der Vater starb schon 1959, mit gerade einmal 57 Jahren. Da ist der Sohn vierzehn Jahre alt. Zeit für eine lange gewachsene Beziehung zum Vater blieb nicht. Doch es kam noch schlimmer. 1963 starb auch die Mutter. Mit nur achtzehn Jahren war Daniel Vollwaise, auf sich alleine gestellt, mit nur wenig Geld. »Ich bekam als Vollwaise ein Drittel der Pension meiner Mutter«, erinnert er sich. So war die deutsche Gesetzgebung seinerzeit. Doch er bekam 700 Mark im Monat ausgezahlt, das war damals nicht wenig Geld.

Der Sohn kehrte in die Stadt zurück, mit der ihn immer noch die besten Erfahrungen aus seiner frühen Jugendzeit verbanden, nach Paris. 1965 schrieb er sich dort für ein Studium der Mathematik ein. Doch das dauerte gerade mal eine Woche, dann korrigierte er den Irrtum. An der Universität von Nanterre begann er, Soziologie zu studieren.

Tatsächlich war das kein Studium im eigentlichen Sinn. Nanterre entwickelte sich bald zu einem der Zentren der französischen Studentenbewegung, die gegen die erstarrten Formen des Unterrichts und gegen überkommene Inhalte protestierte. Der junge Mann aus Deutschland, der Französisch als seine Muttersprache empfand, wurde Mitglied einer anarchistischen Gruppe. Mit Hohn und Spott begegneten sie allen Autoritäten der bürgerlichen Gesellschaft, nicht zuletzt den Professoren an der Universität.

Die Musik spielte eine ganz große Rolle. Cohn-Bendit kommt ins Schwärmen, wenn er heute davon spricht. »Wir hörten natürlich Bob Dylan und Joan Baez.« Dylan entwickelte sich damals gerade weltweit zu einer Symbolfigur für die jugendliche Revolte gegen die herrschenden gesellschaftlichen Verhältnisse, obwohl der Sänger das selbst gar nicht wollte und stets ablehnte. Bei den Studenten an der Universität von Nanterre, aber auch bei der Jugend in anderen Ländern, stand stets die berühmte Frage im Raum: Beatles oder Stones? Für welche der beiden Rockgruppen schwärmte man?

Cohn-Bendit braucht heute noch nur wenige Sekunden für die Antwort. »Ich war Stones!« Die Beatles waren für den jungen Mann »viel zu soft«. Die Rolling Stones dagegen bedeuteten Revolte, Widerstand auch auf der Straße, »die Stones waren Street Fighting Man!«. So zogen die jungen Anarchisten mit Cohn-Bendit in den Kampf an der Universität Nanterre. Bereits 1967 organisierten die Studenten dort einen ausgedehnten Streik gegen die geplante Hochschulreform, in dessen Verlauf Cohn-Bendit als eine der Führungsfiguren langsam bekannter wurde. 1968 brachte dann für ihn den Durchbruch zu einem national beachteten Symbol des Aufstands. Bei einer Konfrontation am 8. Januar 1968 an der Universität mit dem französischen Jugendminister François Missoffe kam er ins Fernsehen. Er attackierte den Gaullisten öffentlich, weil er in seinem Weißbuch über die Jugend sexuelle Probleme völlig ausgespart habe.

Bei dieser Gelegenheit wurde freilich auch die französische Regierung mit Charles de Gaulle an der Spitze zum ersten Mal auf den jungen Mann aufmerksam. Auf den deutschen Juden, wie es bald in Paris verächtlich hieß. Schon Anfang 1968 wurde bei den Gaullisten die Frage diskutiert, ob man den Wortführer der Studenten nicht einfach ausweisen und sich so eines Problems entledigen könne.

Als im Mai 1968 der Protest der Studenten seinen Höhepunkt erreichte und dabei auch die gewerkschaftlich organisierte Arbeiterschaft erfasste, stand Cohn-Bendit im Zentrum. Der berühmte Philosoph Jean-Paul Sartre interviewte den gerade einmal 23-Jährigen, das war so etwas wie der gesellschaftliche Ritterschlag. Das Interview erschien am 20. Mai 1968 im *Nouvel Observateur*. Cohn-Bendit verkündete darin unverblümt: »Jetzt heißt unser Ziel: Sturz des Regimes.« Er rief dabei die Kommunistische Partei, die Gewerkschaft CGT und die Arbeiter in den großen Industriebetrieben zur Unterstützung auf. Am 19. Mai beteiligten sich an einem landesweiten Generalstreik mit dem Ziel, die bürgerliche Regierung zum Rücktritt zu bringen, mehr als sieben Millionen Menschen.

Tatsächlich schien in diesen Tagen ein erfolgreiches Bündnis zwischen Studentenbewegung und Arbeiterschaft möglich. Die Gaullisten überlegten fieberhaft, wie die Situation zu retten war. De Gaulle erwog sogar, ins Exil zu gehen. Da kam ihm eine Aktion Cohn-Bendits gleichsam zu Hilfe. Der besuchte am 21. Mai 1968 auf Einladung des deutschen Studentenführers Rudi Dutschke Berlin und rief dort dazu auf, die französische Nationalfahne, die Trikolore, durch das rote Banner der Revolution zu ersetzen. Damit hatte er eine politische Grenze überschritten. Die Gaullisten mobilisierten die Bevölkerung jetzt mit offen antisemitischen und antideutschen Parolen. In Paris folgten ihrem Aufruf zur Demonstration gegen die Revolte 300 000 Menschen. Der Aufstand begann zu bröckeln.

Für Cohn-Bendit hatte das unmittelbare, einschneidende Konsequenzen. Als er am 22. Mai an der deutsch-französischen Grenze wieder nach Frankreich einreisen wollte, verweigerten ihm die Grenzbeamten den Übertritt. Präsident de Gaulle hatte seine Ausweisung verfügt. Für Cohn-Bendit war das ein Schock. »Ich bin dann noch einmal Ende Mai illegal über die Grenze gegangen«, erzählt er. Er erreichte Paris, doch der Aufenthalt dort wurde jetzt doppelt gefährlich. Sobald er sich öffentlich zeigte, versuchte die Polizei, ihn zu verhaften. Zugleich drohten rechte Schlägertrupps mit offener Gewalt gegen den ungeliebten Deutschen.

»Ich musste mich damit abfinden, dass ich nicht in Frankreich bleiben konnte«, sagt er heute. Er brauchte eine neue, eine zweite Heimat. Binnen weniger Stunden entschied er sich für Frankfurt am Main. »Es kam für mich nur Frankfurt infrage«, sagt er. Das war immerhin die Stadt, die seinen Vater und seine Mutter nach dem Zweiten Weltkrieg beherbergt hatte. Deutschland war und blieb natürlich das Land der Täter, das Land, das mit dem Holocaust die systematische Ermordung der Juden organisiert hatte. Andererseits war Frankfurt am Main die Stadt, die ab 1963 mit den Auschwitz-Prozessen ein Zeichen gesetzt hatte: ein Zeichen, dass man zumindest versuchte, den Massenmord juristisch aufzuarbeiten und zu ahnden.

Im Juli kam Daniel Cohn-Bendit in Frankfurt an, in der Stadt, in der das Jahr der Revolte in vollem Gange war. Doch bei den Wortführern des Aufstands dort war der Held des Mai 1968 in Paris keineswegs willkommen. Der 72-Jährige erzählt davon heute noch in einer Mischung aus Amüsement und Ernst. »Mein Status als Star der Revolte war für die Platzhirsche in Frankfurt ein Problem«, urteilt er. Und: »Es ging um unerwünschte Konkurrenz.«

KD Wolff mag dies allerdings so nicht bestätigen. Der damalige Bundesvorsitzende des Sozialistischen Deutschen Studentenbundes (SDS) betont, er sei damals »nicht eifersüchtig« auf den Star der Bewegung aus Frankreich gewesen. Allerdings macht Wolff, heute Verleger des Stroemfeld-Verlages, kein Hehl daraus, dass sich Cohn-Bendits und seine politische Praxis erheblich unterschieden. »Ich habe seine Art, Politik zu machen, immer wichtig und interessant gefunden.« Wolff hat damals die Klassiker der Gesellschaftstheorie und Philosophie gelesen von Marx/Engels bis Hegel, er interessierte sich brennend für den Soziologen Theodor W. Adorno und dessen Schriften wie etwa die *Dialektik der Aufklärung* und besuchte dessen Vorlesungen, um sich dort auch mit Adorno auseinanderzusetzen.

Cohn-Bendit interessierte sich dagegen nicht die Bohne für Gesellschaftstheorie. Sein Feld war die Praxis, die politische Aktion. »Ich hab mich zwar eingeschrieben in Soziologie in Frankfurt, aber ich hatte nicht das Ziel, zu studieren«, lacht er noch heute. Er besuchte keine Vorlesungen und Seminare und las auch nur wenige der Bücher, die bei den Studenten damals Kultstatus besaßen. »Ich besaß überhaupt keine Faszination für Adorno«, sagt er offen. Ein ziemlich gespanntes Verhältnis entwickelte er zu Hans-Jürgen Krahl, dem Studentenführer, der bis heute als intellektueller Kopf der Frankfurter Revolte gilt. Krahl lieferte sich ausgedehnte Wortgefechte in den Vorlesungen etwa mit Adorno. »Er sprach gestochen scharf im Duktus der Kritischen Theorie«, erinnert sich Cohn-Bendit, um gleich hinzuzufügen: »Das war nicht mein Politikstil.« Für ihn war Krahl, wie er spöttisch sagt, »der König der Abstraktion«.

Nein, Cohn-Bendit liebte stattdessen die großen, mitreißenden Auftritte, die fetzigen Reden vor größerem Publikum bei den Teach-ins, bei denen es immer um das große Ganze zu gehen schien. »Daniel Cohn-Bendit war eine

Erscheinung, die einen eigenen Theaterrang besaß, er ist komödiantisch aufgetreten«, sagt in der Erinnerung der Schriftsteller Peter Härtling. »Unter dem Tarnkäppchen« des Spaßvogels habe der Revolutionär freilich stets die ernsthafte Absicht verfolgt, die Gesellschaft zu verändern.

Cohn-Bendit hatte schon in seiner Zeit an der Universität von Nanterre Kontakt zu den Frankfurter Genossen geknüpft. Im Februar 1968 besuchte KD Wolff ihn an der französischen Universität und die beiden freundeten sich an. Und doch: Aus der Sicht Cohn-Bendits war der SDS in Frankfurt viel zu theorielastig und schwerblütig. »Ich habe den SDS immer mehr als ein Soziologie- und Politologie-Seminar empfunden«, so Cohn-Bendit. Er wusste, dass er umgekehrt von den SDS-Aktivisten dafür »als Aktionist belächelt« wurde. Doch das nahm er in Kauf. »Die Bewegung in Frankfurt war sehr kopflastig«: Bei diesem Urteil bleibt er.

Denn für ihn gab es auch im Jahr der Revolte mehr als nur die politische Theorie und den Anspruch, die Gesellschaft zu verändern. »Es sollte auch Spaß machen«, sagt er schlicht. Die täglichen Demonstrationen durch die Stadt, die Auseinandersetzungen mit der Polizei, die Sprechchöre, die Aufrufe mit dem Megafon, auf dem Höhepunkt dann die Besetzung der Universität: Bei alledem war ihm auch der Spaßfaktor wichtig. Er wollte leben und gut leben und keine Zeit vergeuden. »Meine Doktorarbeit habe ich auf der Straße gemacht.« Er zog in eine kleine Wohngemeinschaft mit seinem Schulfreund Jürgen Wickert. Und dann geschah etwas, was ihm den Aufenthalt in Frankfurt erheblich erleichterte: »Ich hab mich ziemlich schnell verliebt.« Cohn-Bendit grinst bei diesen Worten, »das war halt auch wichtig«.

Tatsächlich hegte er im Jahr 1968 noch lange die Hoffnung,

wieder nach Frankreich zurückkehren zu können. Doch die bürgerliche Regierung dachte gar nicht daran, den erklärten Systemfeind wieder ins Land zu lassen. De Gaulle hatte Wahlen organisiert und dabei einen großen Sieg davongetragen. In Frankreich war eine politische Gegenbewegung im Gange, ein Rollback. Es sollte noch etliche Jahre dauern, bis Frankreich das Einreiseverbot für Cohn-Bendit wieder aufheben würde. Erst im Dezember 1978, also ein Jahrzehnt später, fällt der Bann.

Also blieb ihm gar nichts anderes übrig, als in Deutschland und in Frankfurt auszuharren. Die Lebensumstände für den politischen Star der Bewegung waren freilich recht komfortabel. Allein durch Buch-Honorare erzielte er im Jahr 1968 mehr als 100 000 Mark an Einkommen. Für die durchschnittlichen Studenten in Frankfurt waren das traumhafte Summen. Doch die erfuhren nichts vom Reichtum ihres Idols. Und der Wortführer spendete das Geld keineswegs der Bewegung. Sondern gab es für sich selbst aus, für das gute Leben. Etwa Reisen mit seinem Bruder nach Italien.

Bei den Studentinnen und Studenten in Frankfurt entwickelte sich Cohn-Bendit rasch zum Liebling. »Als Dany nach Frankfurt kam, war das für uns toll, er war ein lustvoller und differenzierter Mensch«, erinnert sich Cornelia-Katrin von Plottnitz, damals Studentin der Germanistik und Anglistik. Er sei einer gewesen, dem man glaubte. »Er war nicht verbiestert«, sagt die heutige Grüne.

Der Journalist Arno Widmann, der 1968 an der Goethe-Universität Philosophie, Soziologie und Sinologie studierte, stellt die Figur Cohn-Bendit in einen größeren Zusammenhang. »Er war für beide Länder, Deutschland wie Frankreich, ein unfassbarer Glücksfall.« In den Augen Widmanns hat der deutsche Franzose, der französische Deutsche »einer ganzen Generation dazu verholfen, aus den nationalistischen Schützengräben auszusteigen«. Tatsächlich sei für die Studenten in Frankfurt die Herkunft ihrer Integrationsfigur am Ende nicht wichtig gewesen.

Widmann sieht in dem Studentenführer aber auch einen wichtigen »Gegenentwurf« zu einer anderen Führungsfigur des Jahres 1968: zu Rudi Dutschke. Cohn-Bendit habe das genaue Gegenteil des »autoritär-verknöcherten« Dutschke verkörpert.

Der Bildhauer Thomas Bayrle traf Cohn-Bendit oft bei Demonstrationen, hörte ihn reden. »Dass Cohn-Bendit damals nach Frankfurt kam, war fantastisch für uns«, sagt er heute. Er habe »alle mitgerissen«, sei »eine Kulminationsfigur« gewesen.

Tatsächlich entwickelte sich der Anführer im Laufe des Jahres 1968 in Frankfurt auch zu einer Medienfigur. Er verstand es, sich in Szene zu setzen. Er konnte mit den Kameras der Fernsehteams und Fotografen gleichsam spielen, er wusste, dass Bilder erwartet wurden, dass sie immer wichtiger wurden im beginnenden Medienzeitalter. Und er lieferte die Bilder. Und verhalf damit gleichzeitig dem Protest zu einer enormen Dynamik.

Die Debatte, die Cohn-Bendit an dieser Stelle entfachte, durchzog das gesamte Jahr 1968 in Frankfurt. Es ging um die Frage der Gewalt. Welche Mittel waren zulässig zur Veränderung des erstarrten gesellschaftlichen Systems? Die einen hielten Gewalt gegen Sachen noch für erlaubt, wenn also Pflastersteine in Fensterscheiben flogen. Einige machten auch vor Gewalt gegen Menschen nicht Halt, wenn es etwa gegen Polizeibeamte ging. Die Polizei ging 1968 in Frankfurt nicht nur mit Wasserwerfern, auch mit Schlagstöcken gegen die Demonstranten vor. Berittene Polizisten lenkten ihre Pferde in die Menge. Es gab Verletzte. Auf beiden Seiten. Dennoch sagt der Studentenführer heute im Rückblick: »Die Polizei war in Frankfurt im Vergleich zu Paris viel milder.« In Frankreich bekamen es die Studenten mit der paramilitärischen Sondereinheit CRS zu tun, die für ihre Brutalität berüchtigt war.

In Frankfurt sorgte nicht nur die Äußerung Cohn-Bendits für Auseinandersetzungen. »Es gab immer eine Debatte: Was ist noch Selbstverteidigung?« Seine Solidarität mit den Kaufhaus-Brandstiftern hält der Politiker der GRÜNEN heute für falsch. Er habe den Anschlag damals als eine symbolische Tat begriffen. Und nicht verstanden, dass sie am Anfang einer Spirale der Eskalation stand.

Cohn-Bendit bleibt dabei, dass er damals selbst keine Pflastersteine geworfen habe. Das sei nicht sein Stil der Auseinandersetzung gewesen, sagt er. Und grenzt sich an dieser Stelle auch gegen einen anderen jungen Mann ab, der 1968 nach Frankfurt gekommen war: den schwäbischen Metzgerssohn und späteren Bundesaußenminister Joschka Fischer.

Zum Zeitpunkt der Proteste vor der Paulskirche anlässlich der Verleihung des Friedenspreises war der 23-jährige Cohn-Bendit schon längst ein Medienstar seiner Zeit. Die Journalisten und Fotografen wussten: Er lieferte gute Stories und gute Bilder. Das führte dazu, dass einzelne Medienvertreter den Studentenführer kaum noch aus den Augen ließen. Am 22. September 1968 vor der Paulskirche gehörte Kurt Weiner, Fotograf der *Frankfurter Rundschau*, zu denen, die Cohn-Bendit beobachteten. Kurz vor seinem Tod Anfang 2017 mit 95 Jahren hat sich Weiner noch an diesen Tag erinnert. »Ich

Vor der Paulskirche: Daniel Cohn-Bendit durchbricht die Barrikaden ahnte, dass Cohn-Bendit etwas plante, und bin ihm deshalb immer gefolgt.« Der Fotograf stand innerhalb der Polizeikordons, der Studentenführer auf der anderen Seite. Beide umkreisten sie langsam die Paulskirche, während drinnen die Laudatio auf Senghor gehalten wurde. Plötzlich stürmte Cohn-Bendit aus dem Stand auf die Polizeikette los. Die Beamten waren so verblüfft, dass er fast durchgebrochen wäre. Cohn-Bendit lief im Zickzack, und Fotograf Weiner drückte immer wieder auf den Auslöser seiner Kamera. »Es gab nur ein Bild, das wirklich gut war«, sagte er in unserem Gespräch. Dieses Foto aber wurde eine Ikone nicht nur für das Jahr 1968, sondern auch darüber hinaus. Es zeigt Cohn-Bendit mit weit aufgerissenen Augen, den Mund zum Brüllen von Parolen geöffnet, wie er durch die Polizeikette bricht, direkt auf den Fotografen zu.

Peter Härtling erlebte die Aktion aus nächster Nähe: »Dany durchbrach die Polizeikette, wurde aber eingefangen.« Es klickten die Handschellen und der Rebell wurde abgeführt, in Untersuchungshaft. Die Nachricht, dass ihr Idol verhaftet worden war, machte bei den Protestierenden in Frankfurt schnell die Runde.

Überall wurde prompt zur »Befreiung« des Verhafteten »aus dem Knast« aufgerufen. Im *Club Voltaire* wurden Befreiungspläne geschmiedet, wie Club-Gründer Heiner Halberstadt noch weiß. »Bei mir im Büro traf sich eine Runde von Vertretern verschiedener Verlage, zu der auch Fritz J. Raddatz gehörte«, erinnert sich Peter Härtling. »Wir haben entschieden, Kontakt mit der Stadt aufzunehmen und die Freilassung Cohn-Bendits zu fordern.«

Doch all diese Aktivitäten konnten nicht verhindern, dass es wenige Tage später zu einem Prozess kam. Die Liste der

Daniel Cohn-Bendit in Handschellen beim Senghor Prozess

verhandelten Vorwürfe: Aufruhr, Landfriedensbruch, Nötigung von Beamten und schwerer Hausfriedensbruch. Das Urteil: Acht Monate Haft.

Doch da der Angeklagte in Deutschland nicht vorbestraft war, wurde die Haft zur Bewährung ausgesetzt und Cohn-Bendit kam rasch wieder auf freien Fuß. Es zeigte sich an diesem Vorgang, dass zumindest Teile des Staatsapparates zu diesem Zeitpunkt noch keineswegs darauf aus waren, Rache an den Rebellierenden zu nehmen.

Cohn-Bendit fand zu dieser Zeit auch eine feste Arbeitsstelle, an der er zumindest mehrere Tage in der Woche präsent war: die Kindertagesstätte der Goethe-Universität. Und er hat auch in mehreren der freien und selbstverwalteten Kinderläden gearbeitet, die in dieser Zeit in Frankfurt und anderen Großstädten entstanden, als Gegenmodell zu den klassischen Kindergärten. Diese wurden von den rebellierenden Studenten als repressiv empfunden, als Orte der frühen gesellschaftlichen Abrichtung kleiner Menschen, als Stätten ihrer frühen Einpassung in das bürgerliche System.

Dass nun ausgerechnet der Rebell Cohn-Bendit im Alter von 23 Jahren sich auch der Kindererziehung zuwandte, ist bis heute bei politischen Gegnern die Wurzel dafür, ihn moralisch und menschlich zu diskreditieren. Es ging in den freien Kinderläden um eine neue, nicht mehr repressive Form von Erziehung. Eine Erziehung ohne Angst, ohne Drohungen. Man billigte auch den Kindern zu, bereits eigenständige Subjekte zu sein. Kleine Menschen, mit einer eigenen Sexualität.

Daraus leiteten einige damals fatalerweise auch die Freiheit für sexuelle Kontakte von Erwachsenen mit Kindern ab. Also die Freiheit für Pädophilie. Daniel Cohn-Bendit hat, nach allem, was wir heute wissen, nie zu diesen Menschen gehört. Es gibt keinen einzigen Beweis, kein einziges Zeugnis dafür, dass er sich jemals 1968 oder später sexueller Übergriffe gegenüber Kindern schuldig gemacht hat. Niemand hat jemals eine entsprechende Beschwerde oder gar Klage gegen ihn erhoben, auch nicht aus dem Kreis der Kinder, die er damals betreut hat.

Wohl aber ist Cohn-Bendit schuldig des unsäglichen und fatalen Schreibens und Redens. Wer dies alles verstehen möchte, dem sei die Lektüre des Buches *Der große Basar* empfohlen, erschienen im Jahr 1975. Es ist das Protokoll von Gesprächen, die seinerzeit Michel Levy und Jean-Marc Salmon mit Cohn-Bendit geführt hatten. Dieses Buch dekouvriert wie kein anderes den 68er auch als großsprecherischen

Macho. Es zeigt, wohin es führt, wenn die Provokation nur um der Provokation willen gesucht wird.

Der Großsprecher hat seither immer wieder versucht, zu erklären, was damals in ihm vorging. Dass damals das Ziel nur gewesen sei, die bürgerliche Gesellschaft so weit wie möglich zu provozieren. Und wie konnte das angeblich gelingen? Durch die Behauptung sexueller Kontakte mit Kindern. So berichtet also der Rebell Cohn-Bendit den Autoren des Buches: »Mein ständiger Flirt mit Kindern nahm bald erotische Züge an. Ich konnte richtig fühlen, wie die kleinen Mädchen von fünf Jahren schon gelernt hatten, mich anzumachen.« Und später, an anderer Stelle, heißt es dann: »Es ist mir mehrmals passiert, dass einige Kinder meinen Hosenlatz geöffnet und angefangen haben, mich zu streicheln.«

Diese Äußerungen aus dem *Großen Basar* sind kein Einzelfall. Es gibt auch Fernsehinterviews mit Cohn-Bendit aus den 70er-Jahren, in denen er davon schwärmt, wie erotisch es gewesen sei, von einer Sechsjährigen ausgezogen zu werden. Diese Aussagen verfolgen den 68er nun schon ein Leben lang und holen ihn immer wieder ein.

Um zu verstehen, was den Rebell bei seinen provozierenden Aussagen damals antrieb, ist ein weiteres Zitat aus dem *Großen Basar* erhellend. Da sagt der damals 30-jährige Cohn-Bendit über sich selbst: »Ich verabscheue jede Art von Macker, habe aber doch ein diebisches Vergnügen daran, selber ein Macker zu sein.« Dieser widersprüchliche Wesenszug schimmert auch bei dem 72-Jährigen heute immer noch durch: in seinem öffentlichen Auftreten, im Bestreben, ständig im Mittelpunkt zu stehen, das große Wort zu führen.

Da er aber zugleich ein kluger Kopf ist, Menschen mitreißen kann und noch immer einen lausbübischen Charme entfaltet, wird ihm stets aufs Neue verziehen. 1968 in Frankfurt ist er eine der prägenden Figuren, wenn nicht sogar die, die größte Wirkung entfaltet, mit seinen Reden, seinen Aktionen. Und doch, eines gelingt auch ihm 1968 nicht: die Kluft zu überbrücken zwischen den rebellierenden Studenten und der sie umgebenden bürgerlichen Gesellschaft. Der Funke der Revolte springt damals nicht über. »Es ist uns damals nicht gelungen, die Stadtgesellschaft in Frankfurt zu erreichen«, sagt Cohn-Bendit selbstkritisch. Es sei damals eine Spaltung geblieben.

Erst langsam, aber dafür unaufhaltsam, entfaltet das Gen der Veränderung, das die 68er in ihrem Jahr in der deutschen Gesellschaft eingepflanzt haben, seine große Kraft. Die Revolte greift Ende der 60er-Jahre auf die Schulen über und bricht auch dort die erstarrten Verhältnisse auf. Die alten Lehrer mit ihren blauen Wachstuchheften, die schon in der Nazizeit unterrichtet haben, werden konfrontiert mit den ersten Pädagogen, die im Jahr 1968 studiert haben. Ganz neue, offene Formen des Unterrichts entstehen. Aber das ist eine andere Geschichte.

Der Rebell Daniel Cohn-Bendit versucht noch Ende 1968 in Frankfurt vor Fabriktoren den Kontakt herzustellen zu Lehrlingen, etwa in den großen Fabriken im Gallus oder in Höchst. Der Erfolg bleibt aus. »Es gab kaum Verbindung zur Arbeiterklasse«, sagt Cohn-Bendit heute. Die Arbeitnehmer ziehen mit großer Mehrheit die materielle Sicherheit ihrer Beschäftigungsverhältnisse vor, auch wenn es im Herbst 1969 in der Bundesrepublik zu Streikkämpfen kommt.

Die Wortführer der 68er können nicht verhindern, dass ihre Bewegung langsam auseinanderfällt, zersplittert in viele kleine Gruppierungen, von denen etliche das Wort Kommunismus im Titel tragen. »Man hat das Auseinanderfallen der Bewegung gespürt«, so der 72-Jährige heute. Immer mehr greift die etablierte Politik die Impulse der 68er scheinbar auf, schleift sie aber zugleich geschickt ab und nimmt ihnen die revolutionäre Spitze.

Für die 68er-Revolte ist es der Abgesang.

»Nichts kann zurückgedreht werden«
Interview mit Daniel Cohn-Bendit über 1968 und die Folgen

Herr Cohn-Bendit, wir sitzen hier im Garten des Café Laumer im Frankfurter Westend, in dem 1968 Theodor W. Adorno stets zu frühstücken pflegte, Eier im Glas, bevor er zur Universität ging. Welche Szenen sind Ihnen im Gedächtnis geblieben aus dem Jahr 1968 in Frankfurt?
Ich liebte tatsächlich Eier im Glas auch, die hab ich aber damals noch eher in Paris gegessen. Ein erstes Ereignis in Frankfurt, das mir präsent ist, war die Verleihung des Friedenspreises des Deutschen Buchhandels an Leopold Senghor im September 1968, gegen die wir damals protestiert haben.

Verblassen die Erinnerungen nach 50 Jahren?
Erinnerungen verblassen natürlich. Aber meinen Sprung über die Polizeibarriere vor der Paulskirche bei der Friedenspreisverleihung sehe ich noch vor mir. Ich kam aus Frankreich und wurde von den Habermasianern und Adorniten der Frankfurter Schule sehr misstrauisch beäugt. Vom SDS also. Ich war eher ein Aktionist. Die sprachen zwar immer von der Aktion, aber die spielte sich nur in ihren Köpfen ab. Nachts, in der Kneipe. Als dann die Friedenspreisverlei-

hung an Senghor anstand, gab der SDS die Parole aus: Wir versuchen, in die Paulskirche reinzukommen. Und so gingen sie mutig, wie sie alle waren, auf die Spanischen Reiter zu. Und ich bin rübergesprungen und habe mich umgedreht, da stand ich alleine da. Da wusste ich: So ist das hier in Deutschland: Man schreit Ho Ho Ho Chi Minh und bleibt dann vor der ersten Hürde stehen. Die Bahnsteigkarte zur Paulskirche war offenbar noch nicht gelöst. Dann wollte ich zurückspringen, aber ich wurde festgenommen und in Handschellen abgeführt.

Sie haben sich für die Theorie der Frankfurter Schule weniger interessiert, eher für die Aktion.
Ich hatte eine andere Theorie, die libertäre französische Linkstheorie. Nur in Frankfurt galt nur die Frankfurter Schule. Die kannten nur zwei oder drei Bücher, die Klassiker der Kritischen Theorie …

… die »Dialektik der Aufklärung« von Adorno …
… und *Der eindimensionale Mensch* von Herbert Marcuse. Dieses Buch wurde vor 1968 in Frankreich in gerade mal 800 Exemplaren verkauft, nach 1968 waren es dann 80 000 bis 90 000. Wenn ich in Deutschland von dem Philosophen Claude Lefort gesprochen habe, wussten sie gar nicht, wer das war. Oder der Philosoph Edgar Morin. Einer, der später in Deutschland ein wenig bekannt wurde, war André Gorz. Ich hatte eine andere Schule durchlaufen. Die Zeitschrift, die mich geprägt hatte, hieß *Socialisme ou Barbarie* von der gleichnamigen revolutionären Organisation. Das war das, was mich interessiert hat damals: die Kritik am Marxismus von links und die libertären Autoren.

Sie haben am Vietnamkongress in Berlin Anfang 1968 teilgenommen.
Ich war dort, habe zugehört, war fassungslos über diesen platten Antiimperialismus. Ich fand die Demonstrationen, die Aktionsformen ganz witzig. Die Rede von Rudi Dutschke beim Vietnamkongress rief dazu auf, die Auseinandersetzung in die westlichen Länder zurückzuverlagern, nach Deutschland und in die USA. Die RAF hat dann später in Deutschland etwas ganz anderes daraus gemacht.

Hans-Jürgen Krahl, der intellektuelle Kopf der 68er in Frankfurt, war nicht viel anders.
Krahl war nicht anders, das stimmt. Ich selbst hatte immer ein zwiespältiges Verhältnis zum Vietcong. Denn der stand in der stalinistischen Tradition des Kommunismus. Ich wollte zwar die Befreiungsbewegung gegen die USA unterstützen, aber diese stalinistische Attitüde war mir zu viel.

Hatten Sie nicht Probleme mit Dutschke? Das war doch ein autoritärer Typ.
Nee, mit Rudi hatte ich keine Schwierigkeiten. Unser Verhältnis war immer sehr nett. Wir haben auch über Sport diskutiert. Rudi war ein anderer Typ als ich, das stimmt. Ich habe eher Schwierigkeiten gehabt mit Krahl. Ich stand auf Rolling Stones und Bob Dylan und Krahl auf Heintje. Da war ein kultureller Bruch zwischen uns.

Krahl war Ihnen zu verkopft.
Was heißt verkopft! Er war eine ideologische Persönlichkeit. Aber er hat nichts Antiautoritäres vermittelt. Er ging immer vom Kopf aus. Wir Spontis wollten nicht auf den Sozialismus

Am Megafon: KD Wolff und Daniel Cohn-Bendit

warten. Wir haben gefordert: Das Leben muss jetzt beginnen!

Sie haben gerade Bob Dylan angesprochen. Anlässlich einer Preisverleihung hat er sich einmal darüber beklagt: Ich werde bis in alle Ewigkeit stets als das Gewissen des jungen, aufbegehrenden Amerika gesehen. Grauenhaft! Ich wollte das gar nicht sein. Ich wollte keine Ikone sein. Herr Cohn-Bendit, und Sie? Wie lebt es sich denn für Sie, 50 Jahre lang als Ikone der Studentenbewegung wahrgenommen zu werden. Haben Sie es nicht manchmal satt?
Es ist ja nicht unangenehm (lacht). Es ist so. Und es ist schon faszinierend, wie sich das Bild vom Mai 1968 festgesetzt hat;

sei es jetzt hier oder zum Beispiel in der Türkei. Das hat etwas mit dem berühmten Foto von mir 1968 an der Paulskirche zu tun, wo ich durch die Polizeiabsperrung stürme.

Das hat für Sie den Stellenwert, den der Song »Like a Rolling Stone« für Bob Dylan besaß.
Ja. Bob Dylan oder der Till Eulenspiegel: Dieses Image haftet an mir. Wenn ich dann realpolitisch argumentiere, heißt es stets: Wie kannst du nur. Denk doch an dein Image.

Was ist geblieben von 1968? Was kann nicht zurückgedreht werden?
Alles bleibt! Nichts kann zurückgedreht werden! Wir verklären heute, wie die Gesellschaft Anfang oder Mitte der 60er-Jahre war. Diese Revolte besaß einen politischen Überbau, der in seiner ideologischen Ausprägung heute bizarr erscheint. Aber diese Revolte veränderte die Lebensverhältnisse in unserer Gesellschaft total. Das, was wir heute unter offener Gesellschaft verstehen, ist Ende der 60er-Jahre als Folge der Revolte entstanden. Die offene Gesellschaft ist die konkrete Antwort auf die geschlossene Gesellschaft Anfang der 60er-Jahre. Denken Sie an die Abschaffung des Paragrafen 175 gegen Homosexuelle. Oder die Rechte der Frauen: Noch Mitte der 60er-Jahre konnte in Frankreich eine verheiratete Frau nur mit schriftlicher Erlaubnis ihres Ehemannes ein Bankkonto eröffnen …

… in Deutschland genauso …
… die Gymnasien waren getrennt in Jungen und Mädchen. Es war eine prüde Gesellschaft. Sie erkannte von der bürgerlichen Norm abweichende Lebensentwürfe nicht an.

Es wird gesagt, das Jahr 1968 war der Beginn der Frauenbewegung. Viele Frauen beklagen, dass die Revolutionäre von damals große Machos gewesen seien.
Ja. Das stimmt auch. Sicher. Es gab Unterschiede. Aber ein Teil der Frauenbewegung entstand in der Auseinandersetzung mit den Männern im SDS. Das ist richtig. Es war ja nicht so, dass damals die perfekten Menschen den gesellschaftlichen Aufbruch begannen. Aber sie konnten sich auf ihre eigenen Bedürfnisse beziehen. Auch die Frauen in ihren Bedürfnissen gegenüber den Männern.

Also war es richtig, dass Frauen 1968 in Frankfurt mit Tomaten auf den Studentenführer Krahl warfen? Oder hatte es gerade mit Krahl den Falschen getroffen?
Es ist nicht meine Sache, zu sagen, ob es richtig oder falsch war. Sondern es war. Also hat es eine Funktion gehabt. Es hat die sogenannten Autoritäten in der Studentenbewegung getroffen. Es hat den Krahl getroffen. Ob das richtig oder falsch war, weiß ich nicht. Symbolisch war das in jedem Fall wichtig. Es heißt nicht, dass man, wenn man links ist, kein Chauvi ist. Später stellte sich heraus: Man konnte auch links sein und ein Antisemit. Oder Rassist. Die Aktion der Frauen war völlig legitim.

68er-Frauen sagen, die Kehrseite der neuen sexuellen Freiheit sei gewesen, dass man sich gar nicht zu einer festen Beziehung, zu einer Liebe, bekennen konnte.
Das ist übertrieben. Man darf die Geschichte nicht verdrehen. Der gesellschaftliche Aufbruch war ja kein Zwang. Männer und Frauen wollten damals etwas Neues ausprobieren, neue Formen des Zusammenlebens. Man hat auch Quatsch

ausprobiert. Aber es wurde kein Zwang durch Männer ausgeübt. Aber in der Schwulen- und Lesbenbewegung hat man dann gesehen, dass Promiskuität ganz anders gesellschaftsfähig war als in heterosexuellen Beziehungen. Man hat sich selbst unter Druck gesetzt: Frauen wie Männer.

Warum ist der Funke der Revolte in Deutschland damals nicht übergesprungen auf die Arbeiter? Anders als in Frankreich, wo es ja sogar zum Generalstreik kam?
Weil in Deutschland die Arbeiterbewegung durch den Faschismus so niedergeschlagen worden war, dass dann beim Aufbau der Bundesrepublik eine vielleicht effektivere, aber reformorientierte Arbeiterbewegung entstand. Die Gewerkschaften trugen in Deutschland zur Stabilisierung der Gesellschaft bei. In Frankreich gab es eine ganz andere, libertäre, kommunistische Tradition der Arbeiterbewegung. Und eine andere Tradition des Widerstands, der sich auf der Straße formiert. Der Funke der Revolte ist nicht nur in Deutschland nicht übergesprungen. Sondern auch in den USA nicht. Die einzigen Länder, wo das anders war, waren Frankreich und Italien.

Hatten Sie die Hoffnung, dass in Deutschland die gemeinsame Aktion mit der Arbeiterschaft gelingt?
Nein. In Deutschland wurde die Situation auch noch dadurch kompliziert, dass es ja mit der DDR einen zweiten deutschen Staat gab. Eine der großen Auseinandersetzungen damals war der Kampf gegen die Notstandsgesetze. Es wurde behauptet: Wenn die Notstandsgesetze kommen, ist dies das Ende der Demokratie. Das ist totaler Quatsch. Wo stören uns die Notstandsgesetze heute? Wann haben sie uns gestört?

Selbst während des Deutschen Herbsts 1977, in der Auseinandersetzung mit der RAF, spielten die Notstandsgesetze keine Rolle. Da hat der Staat andere, tatsächlich schlimmere Gesetzesänderungen durchgesetzt. Aber der Streit um die Notstandsgesetze war eine Scheindebatte.

Er war aber eine Chiffre, ein Symbol.
Ja, es war eine Chiffre. Es hieß: Der Kapitalismus ist undemokratisch, wir müssen den Kapitalismus abschaffen. Aber wenn man sich heute, im Abstand von 50 Jahren, die Texte durchliest, die damals gegen die Notstandsgesetze formuliert wurden, denkt man: Mein Gott.

Aber war es keine Niederlage der Protestbewegung, als 1968 der Staat die Notstandsgesetze durchsetzte?
Aber wozu haben diese Gesetze dem Staat genutzt? Was haben sie ihm gebracht? Nichts! 1968 war ein Gefühl: Wir wollen etwas anderes. Es gab eine absurde Dimension. Wir wollten eine demokratische Gesellschaft. Aber dann bin ich zugleich für die Kulturrevolution in der Volksrepublik China. Oder ich bin für Kuba oder Albanien. Das war gaga.

In Wahrheit wusste die Studentenbewegung nichts über China oder Nordkorea.
Ach was. Das ist so wie die Deutschen, die sagten: Ich wusste aber nichts von den Konzentrationslagern. Natürlich wusste man. Man konnte wissen, was in der Sowjetunion oder in der DDR los war. Ich wurde 1968 aus Frankreich ausgewiesen. Dann hat mich Rowohlt gebeten: Schreib doch mal ein Buch. Da habe ich mich mit meinem Bruder Gaby im Allgäu eingemietet und wir haben das Buch *Linksradikalismus. Gewalt-*

kur gegen die Alterskrankheit des Kommunismus geschrieben. Ich sage nicht, dass das ein gutes Buch war. Aber es war unsere Antwort auf das kommunistische System und seine Erstarrung. Da hat uns der Christian Semler, der später die KPD/AO gegründet hat, besucht. Und wir haben den ganzen Abend und die ganze Nacht diskutiert. Und der politische Streit war, dass ich nach zwei Glas Wein gesagt habe: Der bessere der beiden deutschen Staaten ist die BRD. Da ist der Semler ausgeflippt. Er hat behauptet: Die DDR hat eine gesunde sozialistische Basis. Die Kritik am Totalitarismus war in der Studentenbewegung sehr unterentwickelt. Die Hannah Arendt galt da als eine Rechte. Die war Kronzeugin für die Rechte in dieser Zeit. Ich habe nach 1969 eine starke antikommunistische Position eingenommen.

Aber es gab doch die Hoffnung der 68er, das kapitalistische System zu überwinden.
Die gab es, ja. Es gab unterschiedliche Vorstellungen. Es gab Hoffnungen auf Arbeiterräte und Selbstverwaltung. Wir wollten die Logik des Kapitals dadurch überwinden.

Aber stand Ihnen nicht da die Frankfurter Schule wieder näher?
Die Frankfurter Schule hatte ein Problem: Sie besaß überhaupt keine Vorstellung von sozialer Bewegung, die Realität verändert. Aber ich fand Jürgen Habermas beeindruckend, weil er sich als Vertreter der Frankfurter Schule öffentlich hingestellt hat und vor einem »Linksfaschismus« der Studentenbewegung gewarnt hat. Da hat er eine demokratische Sensibilität gehabt, die bewundernswert war.

Es war mutig, das auszusprechen.
Ja. Und hellseherisch.

Hatte er recht mit seinem Vorwurf?
Natürlich hatte er recht. Der Zerfall der Studentenbewegung in zum Teil totalitäre Gruppierungen hat das ja gezeigt später. Fünfzehn Jahre später hatte Habermas einen Diskussionskreis und hatte mich eingeladen, und da habe ich ihm gesagt, dass ich seine Äußerung damals bewundernswert fand. Da ist er schier ausgeflippt. Er behauptete, er habe den Rechten mit seiner Aussage Munition verschafft, das hätte er nie gedurft. Da habe ich gesagt: Die Wahrheit kann nicht falsch sein.

Viele Linke haben sich ja auch nicht gegen die DDR geäußert, weil sie sich nicht dem Vorwurf des Revanchismus aussetzen wollten.
Ja, so war es. Dreißig Jahre später gab es ein Zeitungsgespräch zwischen Habermas und dem polnischen Publizisten Adam Michnik. Und Michnik fragt Habermas: Warum haben Sie nie etwas gegen den Stalinismus geschrieben? Und Habermas antwortet: Ich habe es nie für notwendig gehalten. Das fand ich bemerkenswert.

Zur Zeit gibt es die absurd scheinende Debatte darüber, ob die Linke am Erstarken des Rechtspopulismus schuld ist. Begann 1976 – es war ein Jahr der Zäsur der 68er-Bewegung: Joschka Fischer hielt auf dem Römerberg seine berühmte Rede zur Pazifisierung nach der gewaltsamen Demonstration anlässlich des Todes von Ulrike Meinhof, die sogenannte Alternativprojekte gründeten sich, die autonome Frauenbewegung etablierte sich auch stärker institutionell, erste grüne Listen

kandidierten bei Kommunalwahlen –, begann durch die Institutionalisierung der Linken zugleich auch eine Erstarrung, die sie an Attraktivität verlieren ließ? Heute scheint plötzlich der Rechtspopulismus die antiautoritäre soziale Bewegung zu sein, die sich gegen das etablierte System wendet. So wie es früher die Studentenbewegung war.
Ich sehe bei den Rechtspopulisten in Deutschland keinen antiautoritären Impetus. Wenn ich mir eine Führungsfigur wie Alexander Gauland anschaue, sehe ich da nichts Antiautoritäres.

Aber ist nicht die Bewegung in den USA, die Donald Trump zum Präsidenten gemacht hat, auch eine soziale Bewegung von unten?
Es ist unheimlich einfach, gefährlich und falsch, zu sagen: Revolte ist gleich Revolte. Wir unterschätzen, dass es in den Menschen einen bösen Kern gibt. Dieser böse Kern wird entweder von der Zivilisation in Schach gehalten oder nicht. Der böse Kern kann zur RAF führen oder zum Aufkommen rassistischer Bewegungen von unten. Das hat die Linke leider erst ganz spät verstanden. Lange hat die Linke gezögert, die Taten der RAF zu verurteilen. Heute gibt es eine bösartige, rassistische Revolte von unten.

Noch einmal: Ist nicht das, was in den USA zu Trump geführt hat, auch eine soziale Bewegung? All die sozial abgehängten Arbeiter, die durch die Zerschlagung der Industriestrukturen ihren Arbeitsplatz verloren haben?
Die in den US-Südstaaten lebenden Rassisten sind nicht die sozial Abgehängten. Die gibt es auch in den USA, ja. Eine soziale Bewegung kann auch im Kern böse sein. Man hat in

Europa übersehen, dass die politische Mehrheit von Präsident Obama immer nur knapp war, 52 zu 48 Prozent. Jetzt hat sich diese Mehrheit umgekehrt.

Zurück zu 1968 in Frankfurt. Sie sind vor 50 Jahren wegen Beamten-Nötigung, Aufruhr und schwerem Landfriedensbruchs zu acht Monaten Gefängnis verurteilt worden. Die Strafe wurde zur Bewährung ausgesetzt. Mit der Auflage, so der Richter: Der Rebell habe zukünftig ein ordnungsgemäßes Leben zu führen. Haben Sie in den zurückliegenden 50 Jahren die Bewährungsauflage erfüllt oder müssten Sie die Strafe eigentlich antreten?
(Lacht) Ich habe diese Auflage nicht erfüllt, weil das Urteil nie rechtskräftig wurde. Diese Entscheidung wurde vom Oberlandesgericht Frankfurt aufgehoben. Es war eine Entscheidung, die mit ihrer Begründung Rechtsgeschichte schrieb und eine Abkehr vom obrigkeitsstaatlichen Denken der 50er und 60er-Jahre auch in Teilen der Justiz. Ich bin nicht verurteilt worden. Mein Anwalt in der Revision war Rupert von Plottnitz, der spätere hessische Justizminister. Ich musste mir also die Frage nie stellen.

Interview: Bernd Messinger und Claus-Jürgen Göpfert

KD Wolff
»Die nächste Revolte wird kommen«

Er ist in jeder Hinsicht der Gegenentwurf zu Daniel Cohn-Bendit, der Ikone der 68er-Bewegung. Karl Dietrich, genannt KD Wolff, in den entscheidenden Jahren der Revolte Bundesvorsitzender des *Sozialistischen Deutschen Studentenbundes*, gemeinsam mit seinem Bruder Frank. War Cohn-Bendit der Hedonist und Spaßvogel der Bewegung, der sich kaum für gesellschaftliche Theorie und die Philosophen der Frankfurter Schule interessierte, so las Wolff geradezu leidenschaftlich die Texte der Urväter Karl Marx und Friedrich Engels, begeisterte sich für die Werke von Theodor W. Adorno, besuchte seine Vorlesungen, diskutierte mit ihm.

Heute ist Wolff als Chef des Stroemfeld Verlages in Frankfurt eine der prägenden Verleger-Persönlichkeiten in Deutschland, hat sich durch wunderschöne Ausgaben literarischer Klassiker von Hölderlin über Kafka bis Kleist einen Namen gemacht, ist Träger des Bundesverdienstkreuzes. Er ist der ernsthafte Typ geblieben, der er schon 1968 war. Kein Mann der Show, des großen Auftritts, der großen Worte. Bis heute, im Alter von 74 Jahren, ein zurückhaltender, fast scheuer Mensch, der nie lange spricht, sondern kurz angebunden ist, seine Worte aber sorgfältig wählt. Was er sagt, wirkt geradezu druckfähig. Durch seine manchmal hingeknurrten Urteile darf sich der Gesprächspartner nicht irritieren lassen, sie sind nicht böse gemeint, meistens jedenfalls nicht. Wolff besitzt allerdings ein Faible für beißende Ironie.

In Wallau an der Lahn geboren, einem Dorf in der Nähe von Marburg, wuchs Wolff als Sohn eines Amtsrichters auf. Er schildert den Vater als strengen, aber nicht reaktionären

Mann, der ihm auch Freiheiten zugestanden habe, anders als in bürgerlichen Familien dieser Zeit. Doch als Karl Dietrich gerade siebzehn Jahre alt war, wurde ihm der Vater auf denkbar brutale Art und Weise genommen. »Er ist von einem Betrunkenen totgefahren worden.« Nur sechs Jahre später, 1966, starb auch die Mutter. Karl Dietrich und sein Bruder Frank waren früh Vollwaisen. Wolff spricht von der »vaterlosen Generation« nach dem Zweiten Weltkrieg. Viele der Kinder hatten ihre Väter noch in den letzten Kriegsjahren verloren, als der Kampf des Naziregimes ums Überleben noch einmal brutaler wurde als in der Zeit zuvor. Wolff verweist darauf, dass prägende Figuren der 68er-Revolte vaterlos gewesen seien. Etwa Hans-Jürgen Krahl, neben Cohn-Bendit und Wolff die dritte wichtige Figur des Jahres 1968 in Frankfurt. Und Rudi Dutschke, der den Aufstand von Berlin aus anführte, habe ohne Eltern auskommen müssen, weil sie in der unerreichbaren DDR gelebt hätten.

KD Wolff hatte die Auseinandersetzung mit der Staatsgewalt schon Anfang der 60er-Jahre in den USA kennengelernt. Er war mit wenig mehr als 20 Jahren dorthin gereist, um an Aktionen der Bürgerrechtsbewegung teilzunehmen, die für eine Gleichberechtigung der schwarzen Menschen kämpfte. Obwohl die Aktivisten mit ihrer Führungsfigur Martin Luther King weitgehend gewaltlos auftraten, provozierten sie massive Gewalt der Polizei und weißer Banden bis hin zum berüchtigten Ku-Klux-Klan. Die Bürgerrechtler setzen sich zum Beispiel in Bussen und auf Bahnhöfen auf die Sitze, die für Schwarze reserviert waren. Sie wurden brutal weggeprügelt, es gab viele Verletzte. Für KD Wolff war deshalb später Polizeigewalt nicht so neu und überraschend, wie sie für viele Teilnehmer der 68er-Bewegung in Deutschland sein sollte.

Aus den USA nach Deutschland zurückgekehrt, schrieb sich Wolff an der Universität in Freiburg für ein Jurastudium ein. Rasch wurde der junge Mann, der sich mit dem Marxismus-Leninismus auskannte und der gut reden konnte, an der Universität bekannt. Er wurde in den AStA gewählt und stieg bald zum Vorsitzenden des *Sozialistischen Deutschen Studentenbundes* (SDS) in Freiburg auf. Schon 1966/1967 organisierte er dort verschiedene Protestaktionen. Es war der Krieg der USA in Vietnam, der die Studenten damals vor allem auf die Straße gehen ließ. Ein Krieg, den sie schon damals als völkerrechtswidrige Aggression und als mörderische Aktion einer weit überlegenen Militärmacht gegen ein kleines, bäuerlich geprägtes Land scharf kritisierten.

Im Herbst 1966 kam KD Wolff zum ersten Mal nach Frankfurt und nahm am ersten Vietnamkongress teil, den der SDS dort organisiert hatte. Der berühmte Soziologe Herbert Marcuse sprach zu den Protestierenden und nahm eine scharf ablehnende Haltung zum Vietnamkrieg ein. Marcuse wurde zur Kultfigur bei den jungen Leuten. Der von Wolff besonders verehrte Theodor W. Adorno stellte sich dagegen nicht gegen den Vietnamkrieg, wie sich der damalige Studentenführer noch gut erinnert. »Er wollte auch nicht zulassen, dass wir in seinen Vorlesungen über den Vietnamkrieg diskutierten.« Auch Max Horkheimer verteidigte den Krieg der USA in Vietnam. In einer berüchtigt gewordenen Rede im Frankfurter Amerikahaus stufte Horkheimer die blutige Intervention der USA im Fernen Osten sogar als Akt der Befreiung gegen den Kommunismus ein. Hier zeichneten sich Konflikte mit den Studenten ab, die im Jahre 1968 eskalieren sollten.

Am 20. und 21. September 1967 kam in Frankfurt die Bundesdelegiertenkonferenz des SDS zusammen. Es galt, eine neue Führung zu wählen, in einer Zeit, in der sich die Konflikte mit den Autoritäten an vielen Universitäten bereits zuspitzten. Nach einigem Hin und Her und nachdem andere Kandidaten nicht zur Verfügung standen, wurden KD und sein Bruder Frank zu gleichberechtigten Bundesvorsitzenden des SDS gekürt. Es begann eine wilde, atemlose Zeit. Die beiden Wolffs bezogen das SDS-Büro am Rande des Universitätsgeländes, im Gebäude Wilhelm-Hauff-Straße 5, doch diese Räumlichkeiten sahen die Brüder in den nächsten anderthalb Jahren höchst selten.

Von Frankfurt aus trugen die beiden mit anderen SDS-Aktivisten die Fackel der Revolte in zahlreiche Städte und Gemeinden in Deutschland. »Unser Alltag sah so aus, dass wir frühmorgens erst mal die Berge von Post im Büro durchgesehen haben, dann mit dem Auto in Frankfurt aufbrachen, irgendwohin fuhren, uns am Nachmittag dort mit Genossen trafen, abends öffentlich auftraten bei einer Versammlung und dann noch in der Nacht wieder zurückfuhren nach Frankfurt.« Geschlafen wurde sehr wenig. »Gerade die ganz kleinen Orte waren uns wichtig.« Noch heute fragt sich Wolff, wie er das körperlich überhaupt durchgehalten hat. »Wir waren jung«, sagt er schulterzuckend. Der Verleger hat noch den Wagen vor Augen, mit dem er damals unterwegs war: »Ein alter grüner Mercedes, ein sehr schönes Auto.«

Den engsten Kontakt knüpften sie mit Rudi Dutschke in Berlin, fuhren immer wieder zu Aktionen und großen Versammlungen dorthin, wie etwa zum Vietnamkongress im Februar 1968. Wolff fand einen Draht zu Dutschke, der sehr bestimmend und autoritär sein konnte. »Wir galten bald als Dutschkes Statthalter in Frankfurt, obwohl wir uns nicht so sahen.«

Die Tötung von Benno Ohnesorg durch den Polizeibeamten Heinz Kurras bei den Anti-Schah-Protesten am 2. Juni 1967 geriet zum Katalysator für die Studentenbewegung. Der SDS bekam in Frankfurt, aber auch in anderen Städten rasend schnell immer mehr Zulauf. Wolff erinnert sich: »In Freiburg kamen zu den ersten SDS-Aktionen 1966 gerade mal 30 Leute, nach der Ermordung von Ohnesorg waren es 300, bald 1000 ... dann über 1000.«

Von Frankfurt aus knüpfte Wolff für die Studentenbewegung weltweite Kontakte. Schon im Herbst 1967 fuhr er wieder in die USA, um für den SDS an den Vietnam-Protesten teilzunehmen und dort zu sprechen. »Am 21. Oktober 1967 war ich bei den Demonstrationen dabei, als das Pentagon von Vietnamkriegsgegnern eingeschlossen wurde.« Bald darauf vertrat er die deutsche Bewegung bei internationalen Treffen in Stockholm und Tokio. Die Protestformen, die zuerst in den USA an den Universitäten angewandt wurden, die Teach-ins und Sit-ins, lernte Wolff früh dort kennen. Auch die Lieder des Widerstands brachte er von dort mit nach Frankfurt. »Ich weiß noch, als wir zum ersten Mal auf der Straße sitzen blieben, nicht wegrannten und stattdessen *We shall overcome* sangen, war die Polizei sehr überrascht.«

Er begeisterte sich für die Analyse der bürgerlichen Gesellschaft, die sich unter bestimmten Umständen sehr leicht zum faschistischen Terrorregime wandeln konnte. Adorno und Horkheimer schrieben: »Für die Herrschenden aber werden die Menschen zum Material wie die gesamte Natur für die Gesellschaft. Nach dem kurzen Zwischenspiel des Liberalismus, in dem die Bürger sich gegenseitig in Schach hielten, offenbart sich die Herrschaft als archaischer Schrecken in faschistisch rationalisierter Gestalt.«

Durch seine neue Funktion als Bundesvorsitzender des SDS kam der Studentenführer bald Adorno auch persönlich nahe. Denn der Soziologe legte anfangs durchaus Wert auf Kontakte zur Studentenschaft: Er wollte verstehen, was die Rebellierenden antrieb. Adorno pflegte morgens vor dem Gang in die Universität im Café Laumer im Westend an der Bockenheimer Landstraße zu frühstücken. »Zwei- oder dreimal habe ich dort mit Adorno zusammen gefrühstückt«, erinnert sich Wolff.

Der Philosoph folgte auch Einladungen des SDS zu Teach-ins und diskutierte mit den protestierenden Studenten, ohne dass es zu einer Annäherung der Standpunkte kam. Wolff versuchte damals aber auch, nicht nur zu den Professoren, sondern auch zu anderen gesellschaftlichen Kräften Kontakt zu halten. Insbesondere der Kampf gegen die Notstandsgesetze half ihm und dem SDS, mit den Gewerkschaften und dem linken Flügel der Sozialdemokratie eine Gesprächs- und Aktionsbasis zu finden. Die große Koalition von CDU/CSU und SPD im Bundestag arbeitete damals an scharfen Einschränkungen der Grundrechte, die im Grundgesetz der Bundesrepublik Deutschland festgelegt waren. So sollten das Brief- und das Fernmeldegeheimnis eingeschränkt werden. Die Bundeswehr sollte künftig nicht nur zur Abwehr eines äußeren Feindes, sondern auch im Inneren des Landes eingesetzt werden dürfen, wenn die freiheitlich demokratische Grundordnung gefährdet war. Für die Studentenbewegung war klar, was das hieß: Die Bundeswehr wäre im Zweifelsfall gegen alle Versuche mobilisiert worden, die kapitalistische Gesellschaftsordnung zu stürzen.

Wolff hoffte damals tatsächlich, den Beschluss der Notstandsgesetze im Bundestag noch mithilfe des linken Flügels der SPD verhindern zu können. »Wir dachten, es kommt nicht zur Abstimmung im Bundestag.« Einer der Frankfurter SPD-Bundestagsabgeordneten war der Linke und Gewerkschafter Hans Matthöfer. Der spätere Bundesforschungs- und Bundesfinanzminister war selbst Mitglied des SDS an der Frankfurter Universität gewesen, leitete die Abteilung Bildungswesen beim Bundesvorstand der IG Metall in Frankfurt und gehörte seit 1961 auch dem Bundestag an. Matthöfer hatte sich für eine Humanisierung der Arbeitswelt und bessere Arbeitsbedingungen gerade in den großen metallverarbeitenden Betrieben eingesetzt. Er plädierte freilich zugleich gegen Streiks oder gar Sabotage als Mittel der Veränderung, setzte ganz auf die von den Gewerkschaften ausgehandelten Modelle der Mitbestimmung.

Wolff und der SDS wollten den Frankfurter SPD-Bundestagsabgeordneten dazu bewegen, im Deutschen Bundestag gegen die Notstandsgesetze aufzutreten und abzustimmen. An dieser Stelle kam Oskar Negt ins Spiel. Der heute 82-jährige Sozialphilosoph hatte bei Adorno studiert und war danach Assistent des Soziologen Jürgen Habermas an der Frankfurter Universität geworden. Negt war 1968 einer der wenigen Repräsentanten im Lehrkörper der Uni, die mit den protestierenden Studenten sympathisierten. KD Wolff hatte engen Kontakt zu Negt: »Ich war mit ihm befreundet.« So kam es, dass Negt eine engagierte Rede gegen die Notstandsgesetze verfasste, die der Sozialdemokrat Hans Matthöfer dann im Deutschen Bundestag halten sollte. Es war der Versuch der protestierenden Studenten, direkt auf das Machtzentrum in Bonn Einfluss zu nehmen.

In der konkreten Zusammenarbeit mit den Gewerkschaften in Frankfurt, aber insbesondere mit der Gewerkschaftsjugend, war der SDS-Vorsitzende Wolff erfolgreicher. »Es gab viele gemeinsame Aktionen mit der Gewerkschaftsjugend.« Protestierende Studenten und junge Gewerkschafter standen Seite an Seite vor den Werkstoren der Hoechst AG im Westen der Stadt, vor den Adlerwerken im Gallus und den Toren der großen Fabriken an der Hanauer Landstraße im Osten der Stadt. »Wir haben Tausende von Flugblättern verteilt.«

KD Wolff profilierte sich im Jahr der Revolte als einer ihrer Köpfe bundesweit. Am 11. Mai kam sein größter Auftritt. Der SDS rief bundesweit zum »Sternmarsch auf Bonn«, um den Protest gegen die Notstandsgesetze in die Bundeshauptstadt zu tragen. Auch aus Frankfurt machten sich viele Studenten und Schüler auf den Weg in die rheinische Kleinstadt. Das hessische Kultusministerium hatte die Teilnahme an Protestaktionen strikt verboten und mit Konsequenzen gedroht. Dennoch waren auch Lehrerinnen und Lehrer aus Frankfurt unter den Protestierenden. Im Laufe des Tages strömten etwa 300 000 Menschen auf der Hofgartenwiese in Bonn zusammen. Wolff sprach abschließend zu ihnen, es war die größte Menschenmenge, vor der er jemals aufgetreten ist.

An diesem Tag schien eine historische Verbindung der Studentenbewegung und der Gewerkschaften möglich. Ähnlich wie sie sich zur gleichen Zeit bereits in Frankreich entwickelte, wo es am 19. Mai zum Generalstreik kommen sollte. Denn in Bonn waren nicht nur Studenten versammelt, sondern auch etliche Tausend gewerkschaftlich organisierte Arbeitnehmer. In seiner Rede unter dem Motto »Unser Widerstand beginnt erst« benutzte Wolff denn auch bewusst die Anrede »Kollegen, Genossen«, um den erhofften Zusammenschluss deutlich zu machen. Wer den Auftritt hört, der komplett auf Tonband dokumentiert ist, der hört zwar auch die Aufregung des gerade einmal 25-Jährigen, ist aber zugleich gefangen von seiner klaren Diktion. »Die radikal demokratische Opposition sieht sich heute dem zynischen Versuch gegenüber, brutale Gewalt der herrschenden Klasse fortan in der Verfassung zu verankern.« So beschrieb er die Lage im Frühsommer 1968.

Wer nicht pariere, solle von Werkschutz, Bundesgrenzschutz und Bundeswehr »eingeschüchtert oder schließlich zusammengeschossen« werden. Wolff analysierte, dass »der sozialdemokratische Parteiapparat« nicht auf der Seite des Widerstands stehe, sondern »auf die Seite der Konterrevolution übergegangen« sei. Dennoch stünden die Studenten in Bonn mit Tausenden von Sozialdemokraten und Gewerkschaftskollegen zusammen, »die ihre Verantwortung für ein demokratisches und sozialistisches Deutschland über Partei- und Verbandsloyalität stellen«. Der Widerstand in Betrieb, Schule und Universität beginne erst. Wolff kündigte für den 15. Mai, den Tag der zweiten Lesung der Notstandsgesetze im Bundestag, Streiks an den Universitäten und Schulen an. Er hoffte, dass der Funke auf die Betriebe überspringt: »So wenig die Schüler auf Erlaubnis ihrer Lehrer warten, so wenig werden die Kollegen die Unternehmer fragen.«

Tatsächlich wurde dann in Frankfurt wahr gemacht, was der Studentenführer an diesem Tag ausmalte. Vom 15. Mai an rief der SDS den Streik an der Frankfurter Universität aus, am 24. Mai schlossen Rektor Walter Rüegg und der Senat die Hochschule. Am 27. Mai wurden Teile der Universität besetzt, per Transparent wurde sie in Karl-Marx-Universität umbenannt. Am 30. Mai gelang es der Polizei, die Besetzung zu beenden und das Gelände zu räumen.

Am gleichen Tag diskutierte der Bundestag abschließend

über die Notstandsgesetze und beschloss sie mit den Stimmen von CDU/CSU und SPD. Der Frankfurter SPD-Bundestagsabgeordnete Hans Matthöfer hielt die Rede nicht, die Oskar Negt für ihn geschrieben hatte. Matthöfer votierte mit der SPD-Fraktion für die heftig umstrittene Novelle. Beim SDS in Frankfurt herrschte tiefe Ernüchterung. »Wir konnten es nicht fassen«, sagt Wolff. Der 74-Jährige ist heute noch verbittert über das Verhalten des Sozialdemokraten. »Das war die Grundlage dafür, dass der Matthöfer später mal Minister werden konnte, es begann erst einmal mit einem Stück Verrat.« Matthöfer selbst kann dazu nicht mehr befragt werden, er ist 2009 im Alter von 84 Jahren gestorben.

Aus der Sicht von Wolff war der Beschluss der Notstandsgesetze im Bundestag für die Protestbewegung ein Rückschlag, der nicht mehr überwunden werden konnte. »Es herrschte schon große Enttäuschung.« Doch Wolff gab nicht auf. Der SDS organisierte in Frankfurt und von Frankfurt aus neue Demonstrationen und Proteste. »Die Massenmobilisierung ging weiter.« Bis heute ist nicht ganz klar, wie viele Mitglieder der SDS auf dem Höhepunkt der Revolte besaß. »1967 waren wir als Organisation noch recht klein gewesen, hatten höchstens 2000 Mitglieder in ganz Deutschland.« Im Jahr 1968 traten zwar immer mehr junge Menschen bei, doch bald lief die Sache aus dem Ruder. »Es wurden einfach keine Mitgliedsbeiträge mehr bezahlt.« Immer drängender wurde die Frage, wie sich die Organisation überhaupt finanzieren sollte. »Wir sind dann schon zu der Praxis übergegangen, uns Interviews mit der Presse, mit Rundfunk und Fernsehen bezahlen zu lassen, das waren wichtige Einnahmen.«

Wolff ordnet seine damalige Rolle im Rückblick eindeutig hinter Daniel Cohn-Bendit und Hans-Jürgen Krahl ein.

»Dany war ein Star, er war weltberühmt.« Der tatsächliche »intellektuelle Kopf« der Bewegung aber sei eindeutig Hans-Jürgen Krahl gewesen: »Niemand konnte ihm das Wasser reichen.« Gebildet und belesen, zugleich aber auf merkwürdige Weise entrückt, so beschreibt Wolff den nahezu Gleichaltrigen, dessen Leben nur so kurz währte. Am 13. Februar 1970 starb er bei einem Autounfall auf vereister Fahrbahn auf einer Bundesstraße bei Wrexen im Kreis Waldeck.

Als das Jahr der Revolte zu Ende ging, begann der Staat gegen den SDS und seinen Hauptverantwortlichen Wolff zurückzuschlagen. Immer mehr Anklagen gegen ihn gab es, immer mehr Prozesse drohten ihm. Insgesamt 38 Verfahren gab es.

Am 21. März 1970 löste sich der SDS bei einer letzten Versammlung im Studentenhaus der Frankfurter Universität endgültig auf. Er hatte immerhin seit 1946 bestanden. »Die Organisation war hinüber, alles war futsch«, erinnert sich Wolff. Dem Bundesvorsitzenden, der jetzt plötzlich keine Organisation mehr hatte, blieb nur noch, die Vorstandsakten aus den wilden Jahren in Sicherheit zu bringen.

Der Rebell engagierte sich weiter. Er fuhr in die USA, um dort die revolutionäre Bewegung der Black Panther zu unterstützen. Er gründete in Deutschland ein Solidaritätskomitee für die Gruppierung. Das brachte ihm später ein Einreiseverbot ein, das die US-Behörden gegen ihn verhängten. Wolff machte aber auch in Frankfurt weiter gegen die Politik der US-Regierung mobil. Im Frühjahr 1970 dehnten die US-Truppen ihre kriegerischen Aktionen von Vietnam auf Kambodscha aus. In Frankfurt mobilisierte Wolff noch einmal mehr als 10 000 Menschen zum Protest gegen den militärischen Einmarsch. Vom Dach eines PX-Einkaufszentrums auf einem US-Militärgelände sprach er zur Menge.

Doch zugleich wandte sich der politisch engagierte Mann seiner zweiten großen Leidenschaft zu: der Literatur. Kurz nach der Gründung des Frankfurter *März Verlages* durch Jörg Schröder im Jahr 1969 wurde er dort Lektor und blieb dies bis 1970. März publizierte Bücher, die auf eine Kritik und Veränderung der bürgerlichen Gesellschaft zielten. Bestseller waren etwa *Die Lehren des Don Juan* von Carlos Castaneda, *Sexfront* von Günter Amendt, *Headcomix* von Robert Crumb, *Einer flog über das Kuckucksnest* von Ken Kesey, aber auch das *Manifest der Gesellschaft zur Vernichtung der Männer* von Valerie Solanas.

Schon bald darauf, noch im Jahr 1970, rief er das erste Verlagsunternehmen ins Leben, das nur ihm gehörte, *Roter Stern*, natürlich ein Verweis auf das Jahr der Revolte. 1979 folgte dann der *Stroemfeld Verlag*. Wer Wolff heute besucht in der kleinen alten Villa im Frankfurter Nordend, die sich in ein grün überwuchertes Grundstück duckt, der meint, dass die Zeit stehen geblieben ist. Hier lebt und arbeitet der Verleger schon seit den frühen 70er-Jahren. Und das Domizil gemahnt noch immer an eine Wohngemeinschaft von früher. In der kleinen Küche der schlichte Holztisch, eine Bank, zwei einfache Stühle. An der Wand das klassische Foto des Revolutionärs Che Guevara mit Zigarre, das seinerzeit fast jede WG zierte. Und überall kleben kleine rote Sterne.

Was ist geblieben von 1968? Das Gespräch darüber beginnt düster. Wolffs erste Bilanz fällt negativ aus. »Es bleibt nie etwas, weil die Zeit rast« – das ringt er sich ab. Und noch den hingeknurrten Satz: »Das ist schmerzhaft.« Die Geschichte, davon ist er überzeugt, erlebe keinen Fortschritt: »Es geht nicht vorwärts.« Im Gegenteil zeige sich in Deutschland ein gesellschaftliches »Rollback« im Zeichen des Rechtspopulismus, der viele Errungenschaften der 68er-Zeit wieder infrage stelle.

Später konzediert KD dann doch Veränderungen, die von den 68ern erreicht worden seien. Sie beträfen aber mehr die gesellschaftlichen Verkehrsformen, den Umgang in der Gesellschaft miteinander. »Das sind eher private Sachen.« Wolff lehnte es in den 70er-Jahren kategorisch ab, sich einer der politischen Gruppierungen anzuschließen, die aus der 68er-Bewegung hervorgingen. »Die waren autoritär und dumm«: Das ist bis heute sein Urteil. Ganz schlecht zu sprechen ist der alte Rebell auf die GRÜNEN. Er gibt zwar zu, dass sie »in gewisser Weise die Erben« der 68er geworden seien. Doch dieses politische Erbe hält er für unverdient: »Der eine erbt was, der andere ist enterbt«, sagt der 74-Jährige und lächelt dünn. Nein, Wolff hat es stets abgelehnt, sich der Partei der GRÜNEN zur Verfügung zu stellen. Er hält sie für eine bürgerliche Entartung der alten revolutionären Ideale. Vor der Europawahl 1979, als es zum ersten Mal eine Liste der GRÜNEN auch für Hessen und Frankfurt geben sollte, ist er gefragt worden, ob er nicht kandidieren wolle. Das aber hat er brüsk abgelehnt. »Habt ihr einen Knall?«, das sei seine Antwort gewesen. Wolff legt Wert auf die Feststellung: »Ich habe auch nie die GRÜNEN gewählt.«

Der Erfolg der Rechtspopulisten heute bringt den Verleger nicht dazu, sich publizistisch gegen rechts zu engagieren. »Ich fange nicht wieder an, Kampfbroschüren zu machen«, sagt er fast verächtlich. Nein, er ist überzeugt: »Die Leute haben mehr davon, dass wir gute Bücher machen.« Schließlich publiziere der Stroemfeld Verlag »die schönste Hölderlin-Ausgabe der Welt«. Punktum.

Wolff richtet seine Hoffnung allerdings sehr wohl darauf,

dass es eine neue Bewegung zum Umsturz der herrschenden kapitalistischen Verhältnisse geben könnte. Alle paar Jahrzehnte sei es so weit. »Die nächste Revolte wird kommen.« Als vor einigen Jahren Occupy in den USA, aber auch in der Bankenhauptstadt Frankfurt am Main zum Protest gegen die Herrschaft des Finanzkapitals aufrief, schöpfte der frühere Studentenführer kurzzeitig wieder Hoffnung. Er ging sogar zum Zeltdorf von Occupy auf dem Willy-Brandt-Platz in Frankfurt, im Schatten des damaligen Hochhauses der Europäischen Zentralbank, und diskutierte mit den Aktivisten. Doch heute scheint die Geschichte über diese Protestbewegung hinweggegangen zu sein.

IV 1976: Die Zäsur nach acht Jahren 68 – die Protestgeneration im Gründungsfieber, ein neuer kultureller Aufbruch

Das Jahr 1976 war die Zeitenwende der Frankfurter 68er. Es war das Jahr, in dem sich mehr denn je zeigte, dass die antiautoritäre Bewegung in erster Linie ein kultureller Aufbruch war. Ein kulturelles Aufbegehren, das sich nirgendwo so wie in Frankfurt auch in der Biografie vieler Protagonisten zeigte, der Biografie von Kulturschaffenden, von Persönlichkeiten, die kulturell sozialisiert wurden und deren Lebensentwürfe in diesem Jahr der Zäsur – 1976 – auch direkt in die kulturellen Institutionen der 68er mündeten.

1976 waren die Frankfurter 68er im Gründungsfieber. *Karl Napp's Chaos Theater* mit dem unvergessenen Matthias Beltz betrat die Theaterbühne, die Spontis bekamen mit dem *Sogenannten linksradikalen Blasorchester* ihre eigene Big Band, mit besonderer Betonung auf »sogenannt«. Die *Kapp* öffnete ihre Türen und alles, was im Rock einen Namen hatte, spielte auf. Frank Wolff bekannte sich in Frankfurt endgültig wieder zum Cello, dem Instrument der Bürgerlichkeit, und jagte im Stil von Jimmy Hendrix die Nationalhymne über die Saiten. Es folgten später das *Strandcafé*, das erste Café in Frankfurt mit Cappuccino (»latte continua«) und Stühlen auf dem Bürgersteig – und das selbstverständlich ohne »ordnungsamtliche Sondernutzungsgenehmigung im Straßenraum«. Und mit dem *Pflasterstrand*, das social media der Frankfurter Spontis, in dem die Interaktion zwischen Redakteuren, Setzern und Druckern offen im gedruckten Blatt ablesbar war, mischte ein Stadtmagazin die mediale Landschaft auf.

Und die Institutionalisierung – eine späte Bestätigung für Rudi Dutschke und seinen einst postulierten »Marsch durch die Institutionen« – ging auf allen Ebenen voran im Jahr 76. Die Sponti-Frauen setzen in diesem Jahr an der Goethe-Universität den ersten reinen Frauen-AStA durch. Der dann auch eine erste Vollversammlung im legendären Hörsaal VI zu dem damals noch vollkommen unbekannten Thema »Ökologie« durchführte. »Ökologie« sei gleichwertig in der politischen Bedeutung mit der Ökonomie, hieß es in einem Flugblatt, zum Entsetzen vieler marxistisch geschulter (mittwochs 16 Uhr Hörsaal VI: Prof. Joachim Hirsch, »Das Kapital, Einführung in die politische Ökonomie) männlicher Kommilitonen, die der Zeit noch hinterher waren. Es gründeten sich die ersten Landkommunen im Vogelsberg mit biologischem Landbau (mit den frühen kümmerlichen Ergebnissen: verhutzelte Möhren im Bioladen *die Distel*). Doch die Anti-Atombewegung bekam Schwung, und die Diskussion um ein Tabu begann, die Gründung einer Partei, die den parlamentarischen Weg gehen wollte – 1976 traten die ersten Grünen Listen in der BRD zu Landtagswahlen an.

Dass fast alle prominenten Köpfe der Frankfurter Studentenbewegung »irgendwie« in der Kultur landeten, war mehr als Zufall – es lag im Geist des Frankfurter Aufbegehrens angelegt: KD im Verlagswesen, Frank am Cello, Joschka als Buchhändler in der *Karl Marx Buchhandlung*, Dany im *Pflasterstrand*, Beltz im Kabarett, Johnny im Tigerpalast, Eva als Dichterin – und der Krahl wäre heute – bei allem Respekt, lieber Axel Honneth, sicher Direktor des Instituts für Sozialforschung und Inhaber des Adorno-Lehrstuhls.

Musikalisch sozialisiert wurde die Generation, die gegen die amerikanische Militärpolitik in Vietnam auf die Straße ging, ausgerechnet durch einen amerikanischen Militärsender. Der AFN, der zu Beginn der 60er-Jahre aus dem Höchster Schloss, später von der Bertramswiese neben dem HR sendete, richtete sich eigentlich an US-Soldaten. Nach der Auffassung der AFN-Verantwortlichen gab es offiziell keine deutschen Hörer. Doch die amerikanischen Militär-Discjockeys wussten natürlich um die Hunderttausende von Hörern, die »Shadow Audience« – und richteten das Programm quasi für ein auf den ersten Blick vollkommen divergierendes Publikum aus – amerikanische GIs und deutsche Teens.

Unvergessen in der Sendung Werner Lamp vom »segend Rhein-Main wessering air detachment«, ein radebrechender Deutscher, der mit seinem Wetterbericht Kult wurde: »Tumorro wi will have sam fogg over se auntens an it will bi verry stormy in se benelux-kantries.«

Erst Mitte der 60er-Jahre zog der Hessische Rundfunk nach, in der legendären Schlagerbörse mit Hanns Verres vollzog sich die Zäsur so um 1964 – während zum Beispiel unter den Publikumslieblingen am 8. Oktober 1964 noch Schlittschuhstar Hans-Jürgen Bäumler mit *Aber mein Herz ist allein* auf Platz eins lag und eine Woche später seine Eisprinzessin Marika Kilius mit *Kavalier, Kavalier* unter den Top 10 landete, fanden sich Ende Oktober 64 plötzlich auf eins die Beatles mit *Should have known better* und auf zwei die Beach Boys mit *I get around*.

Der AFN trieb der deutschen Jugend die Blasmusik aus, und die deutschen Sender mussten folgen. Und doch gab es plötzlich gut zehn Jahre später wieder ein Blasorchester. Und was für eines.

Mai 1976. Im Jahr der Zäsur. Am Muttertag fanden zwei Justizbeamte in Stammheim Ulrike Meinhof in ihrer Zelle erhängt auf. Ulrike Meinhof, der im Gegensatz zu Andreas Baader oder auch Gudrun Ensslin – trotz aller Kritik am »bewaffneten Kampf« – auch in der Frankfurter 68er-Bewegung Sympathien galten. In den Reihen des RK um Fischer und Cohn-Bendit ging man – trotz mancher geäußerter Zweifel seitens der Anwälte um Otto Schily – von Freitod aus. Doch auf einem »Sponti-Plenum« am Abend gingen die Wogen hoch. Demonstrationserfahrene Häuserkämpfer und RKler versuchten den Spagat zwischen militanter Reaktion und dem Verhindern der schlimmsten Auswüchse von Gewalt. Doch der Wut des Abends folgte auf der Demonstration des folgenden Tages ein Ausbruch »wahnsinnigen Hasses in der Menge«, so Tom Koenigs. Molotow-Cocktails flogen, einer genau in ein Polizeiauto, ein Polizist, Jürgen Weber, stürzt brennend und schreiend aus dem Wagen. Er überlebt schwer verletzt, mehrere Demonstranten wurden festgenommen, auch Joschka Fischer, der aber nach zwei Tagen wieder freigelassen wurde.

Die Frankfurter Linke steht vor entscheidenden Wochen. Hungerstreiks am HR auf der Bertramswiese für die Freilassung der Festgenommenen wechselten sich mit empathischen / hilflosen Diskussionen in der Uni. Es war offensichtlich, dass etwas passieren musste, eine weitere Eskalierung hätte unweigerlich den Weg in Krankenhaus oder Knast bedeutet, möglicherweise das Aufreiben (»Parmesan und Partisan«, Matthias Beltz) der Frankfurter 68er-Bewegung. An Pfingsten dann der entscheidende Wendepunkt. Während einer Kundgebung im Rahmen des *Sozialistischen Büros* – einer Gruppe eher akademisch orientierter Marxisten, sprach Joschka Fischer für die »Frankfurter Spontis«. Es war die

Rede einer Zeitenwende. Es war die Abkehr von der Militanz der Frankfurter Linken, die Abkehr von der wenn auch kritischen, aber doch klammheimlichen Solidarität mit dem bewaffneten Kampf. Und von der martialischen Gewalt auf den Straßen. »Packt die Mollies weg!« Es war ein Aufruf zu einer Pazifizierung der gesellschaftlichen Auseinandersetzung. Letztlich war Fischers Rede auf dem Römerberg für die Frankfurter Linke der letzte Impuls für den von Dutschke Jahre vorher formulierten »Marsch durch die Institutionen«. In einer anderen Rede auf dem Römerberg hieß es gar: «Uns treibt der Hunger nach Zärtlichkeit« – eine Formulierung, die nach 68 bis dahin kaum denkbar gewesen wäre.

Und das folgende dramatische Jahr 77, der Deutsche Herbst in seiner bizarren Ausprägung, wurde von den Frankfurter Spontis schon innerlich entfernt, distanziert beobachtet. Erschreckt fasziniert, ungläubig beunruhigt – aber man war nicht mehr persönlich betroffener Teil davon – seit jenen Maitagen des Jahres 76.

Warum ein Blasorchester »sogenannt« wurde

Während dieser legendären Versammlung auf dem Römerberg trat der damalige AStA-Vorsitzende Wolfgang Bock ans Mikrofon und kündigte an, dass nun das neue Frankfurter *Linksradikale Blasorchester* auftreten werde. Und die weit über 10 000 Demonstranten erlebten Außergewöhnliches. Heiner Goebbels wies einige Zeit später im Begleitheft zur ersten LP darauf hin, dass in der »Frankfurter linken Scene leider kaum gesungen wird«. Selbst die klassischen Arbeiterlieder »tauchen nur noch im Voll-Suff mal auf«, wie das vom

Neue Frankfurter Schule trifft Linksradikalismus – FK Waechter und das Sogenannte

»Gröl-Schicksal« getroffene *Rote Sonne im roten Herz*. Und jetzt stehen da plötzlich Flöten, Klarinetten, Trompeten, Saxophone und Tuben auf der Römerbergbühne – »zwar ohne Rhythmusinstrument, damit erst gar kein Marschmusikfeeling aufkommt«, so Flötist Thomas Jahn. Und doch hörte man plötzlich einen Marsch von Hanns Eisler und das Volkslied *Die Gedanken sind frei* – in einer Version von Walter Mossmann, dem Barden der Protestbewegung, und mehr nach Free Jazz klingend als nach den bekannten Stampf-Rhythmen und gegröltem Pathos. Keinerlei Geist aus Vor-Allgäu oder Tirol – und doch, die Frankfurter 68er hatten plötzlich eine eigene Big Band.

Doch vorher musste die Namensfrage geklärt werden. Vorgestellt wurde die Band ja als *Linksradikales Blasorchester* – doch ob man eigentlich linksradikal war und was dieser Begriff im Jahr 1976 noch bedeute, darüber war man sich nicht so richtig einig. Aber man ist nun mal »so genannt« worden – also übernahm man dieses Etikett. Und besser als die in angeheiterter Stimmung aufkommenden Alternativvorschläge wie *Bockenheimer Rotkehlchen* war er allemal!

Und die Anfragen und Auftritte häuften sich. Medienkritik auf dem Antirepressionskongress 76 mit der Tagesschau-Fanfare und einer Frank Zappa-Adaption »Ich bin halt die Kotze aus deiner Glotze«. Im Februar 77 im Hörsaal VI vor über 1000 Menschen eine Solidaritätsveranstaltung für den in Haft sitzenden Dichter Peter-Paul Zahl. Erich Fried las Gedichte Zahls aus dem Knast, Sebastian Cobler sprach von Gesinnungsjustiz und das Blasorchester vertonte die Zahl-Moritat vom »Anwalt des Schreckens« – einer satirische Montage aus Zeitungszitaten über das angebliche Verhältnis der »politischen Gefangenen« zu ihren Verteidigern.

»Unser Spiel, das Was und Wie unseres Spieles, heißt für mich auch, Position zu beziehen zu gesellschaftlichen Ereignissen, und wie wir das machen, beschränkt sich nicht auf die rein sprachliche Explizierung einer Meinung«, schrieb Flötist Thomas Jahn, heute Leiter des Instituts für sozial-ökologische Forschung, damals im Begleitheft zur LP und später, ganz im Geist der Kritischen Theorie – und in Ablehnung der einstigen Instrumentalisierung der Musik in der Arbeiterbewegung, auf die Frage, welche gesellschaftlichen Probleme man denn mit dem Orchester »lösen« wolle: »Es gibt keine Lösung. Für Lösungen sind wir sozusagen nicht zuständig, sondern für Auseinandersetzung, Streit und Widerspruch. Ausdrucksmittel von politischer Musik ist Differenzierung und nicht Versöhnung.«

Ein heikler Auftritt folgte vor über 50 000 Zuhören auf dem Rebstock-Gelände während des ersten Festivals *Rock gegen Rechts*. Man wollte sich nicht auf die tradierte »Schlagt die Faschisten, wo ihr sie trefft«-Rhetorik einlassen und wählte stattdessen als Vorlage einen Text des Neonazis Michael Kühnen als Vorlage für eine Komposition. Man wollte anhand der Sprache nachspüren, wie die Attraktivität rechtsradikalen Rebellentums auf Jugendliche und faschistische Jugendgruppen ausstrahlt und Aufbegehren plötzlich nicht mehr automatisch »links landet« – eine Frage, die heute, 40 Jahre später, kaum weniger relevant ist. Das Orchester kontrapunktierte den Text des Sprechers und variierte dann wieder plötzlich Motive des Horst-Wessel-Liedes – bewusst mitreißend, »geradezu zum Drauf-Abfahren« und zum Mitklatschen der Menge provozierend. Zurück blieb Irritation und Nachdenken darüber, wie Musik in welchem politischen Kontext wirkt, wann sie illustriert, wann sie aufbricht.

Dazwischen gemeinsame Reisen mit *Karl Napp's Chaos Theater* – künstlerisches Sprungbrett von inzwischen verstorbenen Kabarettlegenden wie Matthias Beltz oder Dieter Thomas – in die Provence oder Toscana. Ein unvergessener, spontaner und natürlich nicht angemeldeter Auftritt auf der großen Piazza in Florenz, wo Verhaftung und Prügel drohten und nur die Zuschauermenge davor schützte.

Insbesondere Matthias Beltz, größter Nonkonformist und Freigeist und gleichzeitig künstlerischer Arbeiter mit der größten Disziplin (selbst während der Jahre des Revolutionären Kampfes zu Beginn der 70er bei Opel hielt er es am längsten aus und stand auch noch am Fließband, als bei den anderen Genossen längst die Schwielen an den Händen abgeheilt waren), war die Persönlichkeit, die den Geist, die analytische Schärfe und die Subversivität des künstlerischen Aufbruchs am meisten prägte. Und sich inspirieren ließ, u. a. durch die Erfolge vom *Blasorchester*, Frank Wolff mit seinem *Kurorchester*, der gesamten *Karl Napp's* Truppe und später auch dem *Tigerpalast* von Johnny Klinke.

Entstanden war die Idee zur Gründung eines Blasorchesters – wie so vieles in der Zeit – an einem Wohngemeinschaftsabend bei Heiner Goebbels, Thomas Jahn und einer der wenigen Frauen im Orchester Barbara Müller-Rendtorff im Westend. Die Zusammensetzung ergab sich eher zufällig, Bekannte aus der Szene, Jazzmusiker, Musiklehrer mit politischem Anspruch, Rolf Riehm als Professor der Musikhochschule – oder Jörn Stückrath, Tuba, der als Wissenschaftlicher Mitarbeiter an der Goethe-Universität einen Schlüssel zum Philosophicum hatte, wo man Sonntag für Sonntag im Treppenhaus proben konnte.

Das Blasorchester vor dem Institut für Sozialforschung

Das eigene Selbstverständnis stellte die Band vor manche Herausforderung: den Takt halten auf einer Demonstration, ohne im Gleichschritt zu marschieren, und das ohne Dirigenten, dessen Rolle sich per se verbat. Es gab kein gemeinsames politisches Verständnis im Sinne von Parteipolitik, aber es gab »ein gemeinsames politische Verständnis, wie man Musik machen wollte«. Das betraf auch die gemeinsame Auswahl und den Umgang mit dem musikalischen Material – trotz der erheblichen Qualitätsunterschiede zwischen den »Laienmusikern« und den Profis um Heiner Goebbels, Alfred Harth und Rolf Riehm. Der Umgang mit der Musik selbst allerdings war nicht antiautoritär, so Posaunist Peter Lieser, »Professionalität und feste Strukturen waren akzeptiert«. Und es gab durchaus auch »handfeste Kritik an der Linken, die einen miserablen Musikgeschmack hatte, aber sich kritisch – oft noch mit Bezug auf Adorno – zum etablierten Musikbetrieb äußerte«.

Man suchte »das Politische innerhalb des ästhetischen Ausdrucks«, so Thomas Jahn, und wandte sich gegen die »bürgerliche Repräsentationskultur, aber erst recht gegen jeglichen linken Repräsentationsgeschmack«. Man verstand sich nicht als die Band der linkspädagogischen Begleitmusik, nicht als gewerkschaftliches Instrument oder gar als Klangkörper der Unterdrückten. Als in einem Harheimer Zelt das noch eher unbekannte Blasorchester es ablehnte, gemeinsam mit dem schon sehr berühmten Wolf Biermann das *Lied vom Sack* aufzuführen – weil der didaktisch-pädagogische Zeigefinger des Textes nicht akzeptiert wurde, schmollte der Meister recht ordentlich.

Und bei der Eröffnung der Alten Oper lehnte man die Anfrage der Stadt, im Rahmen der Premierenkonzerte aufzutreten, ab – dieser Stadtregierung wollte man nicht als Feigenblatt dienen. Es spielte dann Udo Lindenberg, der von den lokalen Konflikten nicht wusste, und sich auf offener Bühne zu einer Rechtfertigung seines Auftritts und scharfen Kritik am Frankfurter Establishment veranlasst sah.

Das hieß freilich nicht, dass man nicht auch in Konzerthäusern wie beim Jazz-Festival in der Berliner Philharmonie oder in einer HR-Koproduktion in der *Batschkapp* auftrat – »die beiden einzigen Auftritte in der Geschichte des Blasorchesters, für die es einigermaßen Kohle gab«.

Allerdings war mit dem Zenit in der Berliner Philharmonie auch eine Grenze erreicht. »Mit dem Erfolg und der Etablierung kippte es, das Rebellische und Irritierende bröckelte.

Als dann auch noch anerkennende Rezensionen vom frischfrechen Auftritt sprachen, hatte es sich erledigt.«

Der Abschied deutete sich an. Der Diskussionsteil in den Proben wurde länger, die Biografien der Profis wiesen auf eine neue Entwicklung hin, die beruflichen Wege der Beteiligten gingen weiter auseinander. Heiner Goebbels, Alfred Harth und Rolf Riehm standen am Beginn von internationalen Karrieren. 1981 endete in der Batschkapp die Geschichte der »Sogenannten« mit einem Doppelkonzert mit der *Deutsch Amerikanischen Freundschaft*: Mit Elektropunk und Techno begann musikalisch eine neue Zeit – auch in der *Kapp*.

Die Kapp oder nach Karl Marx: »Der Rock ist ein Gebrauchswert«

Auch die *Batschkapp* selbst war 1976 fast zeitgleich mit dem Blasorchester in Gründung. Zum 40jährigen Jubiläum schauen die Gründungsmitglieder auf diese Zeit zurück: Die Revolte von 1968 ist zwar vorbei, aber klar, der Kampf geht weiter. Hausbesetzungen, Demonstrationen und Aktionen gegen den Putsch in Chile, die von Franco verhängten Todesurteile in Spanien, militante Proteste gegen Fahrpreiserhöhungen – Anlässe gibt es viele.

Das alltägliche Leben der Frankfurter Spontis hatte derweil seine ganz eigenen Strukturen und Rituale entwickelt. Wohngemeinschaften, Diskussionen im Hörsaal VI, Demos und Aktionen am Wochenende (und, soweit es die Männer betraf: die Samstag-Sportschau). Am Abend ging man zur Party in eines der besetzten Häuser – zum Beispiel in die

Bockenheimer Landstraße 93, genauer: in den »93er-Keller«. Die Betriebsarbeit der Gruppe Revolutionärer Kampf (RK) also die politische Agitation in Industriebetrieben, vor allem Opel Rüsselsheim, war inzwischen mangels Interesse der Arbeiterschaft eingestellt worden.

Dann kam der Mai 76 mit dem Tod von Ulrike Meinhof, der Römerberg, die Zäsur. Die Batschkapp-Gründer weiter: Da man jedoch trotz der Zeitenwende nicht ganz bereit war, die Massenmobilisierung zwecks Herbeiführung des revolutionären Umsturzes aufzugeben, galt es neue Mittel und Wege zu finden jenseits des bewaffneten Kampfes und der Militanz auf der Straße.

Es war die eigentliche Geburtsstunde der sogenannten Alternativbewegung: Körnerläden, Druckereien, Buchläden, Stadtmagazine, Cafés, Kneipen, Kulturzentren, Kinos, Autowerkstätten – sogar eine veritable Tageszeitung, die *taz* – schossen wie Pilze aus dem nachrevolutionären Boden. Man wollte den Kapitalismus und die daraus resultierende Entfremdung des Menschen (Marcuse) von seiner Arbeit durch den Aufbau von alternativen Lebens- und Arbeitsstrukturen überwinden. Man ahnte noch nicht in Ansätzen, was das im Alltag bedeuten konnte.

Doch die großen Ideale galten auch für die *Kapp*. Das Batschkapp-Team erinnert sich an die ersten Tage: Der Elfer. Eine milieutypisch abgeranzte Spelunke, die von der *Stadtteilgruppe Heddernheim* betrieben wurde. Der Ofen wurde noch mit Holz befeuert, in der Küche – dort, wo die Karriere eines gewissen Klaus Trebes begann, später Chef des Edelrestaurants *Gargantua* – liefen die Mäuse herum, aber der Tresen war lang und das Bier billig. Und man war als Spontis unter sich, allerdings nur vermeintlich. Denn es gab noch die alteingesessenen Stammgäste aus den Niedwiesen und der Nordweststadt, die seinerzeit einen ähnlichen Ruf genossen wie später bestimmte Leute aus Griesheim oder von den sogenannten Golanhöhen, dem Ben-Gurion-Ring in Bonames.

Die jedenfalls fanden die neuen linksradikalen Stammhirsche gar nicht gut. Es kam zu diversen Reibereien, die ein paarmal in regelrechte Saalschlachten ausarteten, bevor die Verhältnisse geklärt waren. Im Gründungsjahr der *Kapp* funktionierten die ›Telefonketten‹ (für die jüngere Generation: Facebook per Telefon mit Wahlscheibe) aus der Zeit der Hausbesetzungen im Westend noch, und so standen plötzlich die kampferprobten Mitglieder des alten RK-Betriebskollektivs den ›üblen Schlagetots‹ aus den Vorstadtsbezirken gegenüber – aus jener proletarischen Schicht, die man zu Opel-Zeiten noch ›befreien‹ wollte. Die körperlich durchsetzungsfähigen Genossen haben dann das Lumpenproletariat einfach durchs Fenster rausgehauen, zur Verblüffung der geschlagen abziehenden Rockerszene, erinnert sich Batschkapp-Chef Ralf Scheffler in einer Mischung aus Wehmut und Erleichterung, dass diese Zeiten nach 40 Jahren Musiktempel längst vorbei sind. Eines Tages bot der Besitzer des Gesamtgeländes, ein etwas glückloser italienischer Spekulant, der eigentlich ein Hochhaus bauen wollte, in italienischer Verkennung des deutschen Baurechts, das dort nur vier Stockwerke zuließ, dem Elfer-Kollektiv den großen Rest des gesamten Geländes rund um die Kneipe an – mit halb in Trümmer liegendem Bruchbuden-Ballsaal: Die *Batschkapp* war geboren und der Weg frei für Eric Burdon, *BAP*, Heiner Goebbels und das *Linksradikale Blasorchester*, *Deutsch Amerikanische Freundschaft*, *Karl Napp*, *Tone Steine Scherben*, Alan Guthrie, *Fehlfarben*, *Ideal*, *Die Ärzte*, *Die drei Tornados*, *Die Rodgau*

68 noch am Rande, im Häuserkampf mittendrin: Joschka Fischer

Monotones (»erbarme!«), Sven Väth, *Nirvana*, Robbie Williams, *Die Toten Hosen* und all die vielen Hundert anderen der letzten 40 Jahre.

Der langjährige Stammgast Joschka Fischer über die politische Einheit von Revolution und Bier: »Am Anfang stand der Glaube einiger Frankfurter Spontis an die proletarische Revolution, an die revolutionäre Arbeiterklasse in Heddernheim bei der VDM und an die segensreiche Wirkung des Bieres nach Feierabend. Also kam man nicht nur mit dem revolutionären Heddernheimer Proletariat in Kontakt, sondern lernte auch eine liebevolle Kneipe namens *Elfmeter* kennen, in der damals ein Fausthieb noch als ein filigranes intellektuelles Argument galt. Darüber erhob sich alsbald die *Batschkapp*, der erste alternative, polizeifreie und völlig gewaltlose Musentempel Frankfurts in freier und gleicher Selbstverwaltung. Aber denkste! Polizeilos ging es in der *Batschkapp* zwar damals zu – aber keineswegs gewaltfrei. Dreimal machte sich das Faustrecht breit, und dreimal musste die *Batschkapp* im wahrsten Sinne des Wortes rausgehauen und freigeprügelt werden. Um wie viel einfacher ist da doch ein funktionierender Rechtsstaat! Aber das haben Kundschaft und Geschäftsführung des alternativen Kulturzentrums erst sehr viel später begriffen«, so der einstige Außenminister.

Eine Erfahrung, die viele Gründer der alternativen Projekt- und Lebensformen im Laufe der Jahre – teils schmunzelnd, teils schmerzlich – machen mussten. Nicht alle haben seit 76 überdauert – doch die *Kapp*, sie lebt.

Doch kulturell über allen thront: Der Beltz.

Literatur und Revolte: Von Kursbüchern und Matthias Beltz

Im Herbst 1969 sind sie sich zum ersten Mal begegnet. Auf dem Campus der Frankfurter Universität. »Ich kam an die Uni und es herrschte Streik, es war ein großes Durcheinander«, erinnert sich Harry Oberländer. Der 18-Jährige wollte Soziologie studieren. Wie viele andere seiner Generation hatte er sich eingeschrieben, weil ein großer Name ihn anzog: der des Philosophen Theodor W. Adorno. Der Nordhesse Oberländer traf in Frankfurt einen 25-Jährigen, der aus einem Dorf am Vogelsberg kam: Matthias Beltz. Die beiden waren sich rasch sympathisch.

Beide damals fanatische Leser, beide aber auch schon leidenschaftliche Schreiber. Oberländer sollte später über Jahr-

Der Beeltzebub und seine Napps

zehnte am *Hessischen Literaturforum* in Frankfurt um das geschriebene Wort kämpfen, junge Talente fördern, Autoren aus fernen Winkeln der Welt entdecken, Lesungen organisieren. Matthias Beltz sollte mit seinen Texten zum großen ironischen Kommentator der 68er-Revolte aufsteigen, mit seinen Auftritten zu einem der bekanntesten deutschen Kabarettisten. Als er am 27. März 2002 in seiner Wohnung im Frankfurter Stadtteil Sachsenhausen starb, hatte er sich gerade auf sein Solo im Varieté seines alten Freundes Johnny Klinke vorbereitet, im *Tigerpalast*. Beltz, dessen überschäumende Wortkaskaden so spontan daherkamen, so spielerisch wirkten, war in Wahrheit ein akribischer Arbeiter, der alles sehr genau nahm. Der Worte und ihre Wirkung sorgsam kalkulierte. Und sich präzise vorbereitete. Man konnte ihn treffen, wenn er in Frankfurter Antiquariaten nach Quellen, nach Anregungen für seine Texte suchte. Über seine Arbeit sprach er allerdings dabei kaum. Tatsächlich war dieser Mann, der auf der Bühne so auftrumpfen konnte, vom Naturell her eher scheu.

Fünfzehn Jahre nach seinem Tod ist Matthias Beltz fast vergessen. Keine Biografie erinnert an ihn, nach langem Hin und Her hat sich seine Heimatstadt Frankfurt am Main dazu durchgerungen, einen kleinen Platz nach ihm zu benennen. Das ist beschämend. Denn man kann nicht über 1968 in Frankfurt und überhaupt sprechen und schreiben, ohne an Beltz zu denken.

Immer wieder hat der Kabarettist in seiner Arbeit die Auswirkungen der Kulturrevolution von 1968 kritisch unter die Lupe genommen. Und dabei mit Spott über die Revolutionäre von einst nicht gespart. Die Grundlage dafür war eine immense literarische Bildung, sagt sein Freund Harry Oberländer.

Oberländer war im Städtchen Bad Karlshafen an der Weser geboren worden, das im nördlichsten Zipfel Hessens liegt. Schon am Gymnasium schrieb er in der Schulzeitung mit dem schönen Namen *In Dur und Moll*. Da ging es gegen den Krieg, den die USA in Vietnam führten, aber auch gegen die rechtsradikale NPD, die damals unter ihrem Bundesvorsitzenden Adolf von Thadden erstarkte und 1968 in den Bundestag einziehen wollte. Als die Truppen des Warschauer Pakts am 21. August 1968 in der Tschechoslowakei einmarschierten, um den Prager Frühling niederzuschlagen, verurteilte der junge Autor diese militärische Intervention. Mit 17 Jahren bereits fuhr er zum Deutschen Kirchentag in Hannover, der ein Jahr vor der 68er Revolte bereits eine Ahnung von politischem Aufbruch vermittelte. Oberländer beschäftigte sich aber auch intensiv mit dem völkischen Autor Hans Grimm, der in der Nähe von Bad Karlshafen, in Lippoldsberg an der Weser, gelebt hatte. Dessen berühmtes Buch *Volk ohne Raum* hatten die Nationalsozialisten als ideologischen Unterbau genutzt, um ihre Expansionspolitik in Europa zu rechtfertigen.

Als dann das Jahr 1968 anbrach, war der Gymnasiast Oberländer im Februar mit anderen zum Vietnamkongress nach Berlin getrampt. Zehntausende junger Menschen diskutierten dort über den Widerstand gegen den völkerrechtswidrigen Krieg der USA. Der heute 67-Jährige erinnert sich noch, dass sie bei der Rückfahrt von Westberlin durch die DDR nach Westdeutschland die Fahne des Vietcong aus dem Wagenfenster flattern ließen. Als sie sich der DDR-Grenze näherten, habe der Fahrer eigens darum gebeten, die Flagge der Befreiungsbewegung zu zeigen: »Das kam bei den DDR-Grenzern sehr gut an.« Tatsächlich wurde das Auto freundlich durchgewunken, die Insassen hatten sich peinliche Kontrollen erspart.

Als sich Oberländer und Beltz dann im Jahr 1969 an der Frankfurter Universität trafen, war es um den Ruf der Literatur nicht gut bestellt. Viele der Studenten »haben gar nichts mehr gelesen«, sagt Oberländer heute. Die *Rote Zelle Germanistik* habe den Tod der bürgerlichen Literatur propagiert und dazu aufgerufen, die Klassiker des literarischen Kanons zu ignorieren. Das aber widerstrebte Beltz wie Oberländer zutiefst. Der junge Mann aus Bad Karlshafen hatte sich auf dem Gymnasium zuletzt noch intensiv mit Bertolt Brecht, seinen Dramen und Gedichten, beschäftigt.

68 und die Suhrkamp-Kultur: hier Karlheinz Braun

Tatsächlich hatte der Frankfurter Suhrkamp Verlag im Sommer 1968 das *Kursbuch 15* veröffentlicht, das in der Protestbewegung eine große Wirkung entfaltete. Von einem Manifest war da die Rede, das zu dem Urteil komme: Die Literatur ist tot. Tatsächlich aber hält diese Betrachtung aus heutiger Sicht nicht stand. Im Kursbuch gab es Beiträge des jungen Lyrikers Hans Magnus Enzensberger sowie der beiden Suhrkamp-Lektoren Karl Markus Michel und Walter Boehlich. Der junge Poet Friedrich Christian Delius hatte vier Gedichte beigesteuert, es gab auch Werke von Ingeborg Bachmann zu lesen, der damals schon berühmten österreichischen Dichterin. Chinesische Autoren hatten Texte über Literatur und Revolution veröffentlicht. Andere Schriftsteller waren vertreten, die später einen großen Namen bekommen sollten, so der junge Lars Gustafsson, der US-Autor Donald Barthelme oder der chilenische Dichter Nicanor Parra.

Furore machte aber alleine der Text von Suhrkamp-Lektor Walter Boehlich. Er umfasste die berühmt gewordenen Sätze: »Die Kritik ist tot. Welche? Die bürgerliche, die herrschende. Sie ist gestorben an sich selbst, gestorben mit der bürgerlichen Welt, zu der sie gehört, gestorben mit der bürgerlichen Literatur, die sie schulterklopfend begleitet hat, gestorben mit der bürgerlichen Ästhetik, mit der sie ihre Regeln begründet hat, gestorben mit dem bürgerlichen Gott, der ihr seinen Segen gegeben hat.«

Hans Magnus Enzensberger, der seit 1965 beim Suhrkamp Verlag in Frankfurt das *Kursbuch* herausgab, kam freilich noch im gleichen Band zu einem völlig anderen Urteil. Er riet den Schriftstellern, das Schreiben gerade jetzt nicht einzustellen, sondern sich mit ihren Texten gesellschaftlich einzumischen und für die Veränderung der bürgerlichen Gesellschaft zu kämpfen. Und er appellierte ironisch an die Autoren, ihre eigene Bedeutung doch nicht zu überschätzen.

Enzensberger selbst, der 1960 für eine kurze Phase bei Suhrkamp als Lektor gearbeitet hatte, beeinflusste mit seinen Büchern die 68er-Revolte. Der damalige Student Oberländer kann sich noch an den Gedichtband *Landessprache* erinnern, der schon 1960 erschienen war. Darin lieferte der junge Autor eine kritische Analyse der Verhältnisse in der Bundesrepublik des sogenannten »Wirtschaftswunders«. Da heißt es etwa im Titelgedicht:

»Hier geht es aufwärts,
hier ist gut sein,
wo es rückwärts aufwärts geht,

hier schießt der leitende Herr den leitenden
Herrn mit dem Gesangbuch ab.«

Dieses Buch hatte großen Anteil daran, dass Enzensberger bereits 1963, im Alter von gerade einmal 33 Jahren, mit dem Büchner-Preis ausgezeichnet wurde, der höchstrangigen literarischen Auszeichnung in der Bundesrepublik. Das führte wiederum dazu, dass Suhrkamp-Verleger Siegfried Unseld Enzensberger mit der Aufgabe betraute, das literarisch-politische Kompendium *Kursbuch* herauszugeben. Die in Frankfurt erscheinenden *Kursbücher* lieferten einen wichtigen Begleittext für die Revolte des Jahres 1968. So zeichnet etwa das *Kursbuch 12* unter dem Titel »Der nicht erklärte Notstand« noch einmal nach, wie es am 2. Juni 1967 in Westberlin bei den Demonstrationen gegen das Schah-Regime zum Tod des Studenten Benno Ohnesorg gekommen war.

Das zuvor im Januar 1968 publizierte *Kursbuch 11* gab einen Überblick über revolutionäre Strömungen in lateinamerikanischen Ländern wie Kuba oder Venezuela. Ende Mai 1968, als der Protest in Frankfurt seinen Höhepunkt erreichte, erschien das *Kursbuch 13* unter dem Motto »Die Studenten und die Macht«. Es berichtete unter anderem von der Revolte in einem sehr fernen Land: in Japan. So dienten die *Kursbücher* auch der Information und der Vernetzung der verschiedenen Bewegungen untereinander. Viele, die sich an den Protesten in Frankfurt und anderswo in Deutschland beteiligten, lasen die *Kursbücher*. Oder hatten sie gar abonniert. Mindestens vier Nummern im Jahr erschienen, im Abonnement kosteten sie nur fünf Mark.

Suhrkamp-Lektor Boehlich, der Mann, der den Tod der »bürgerlichen Literatur« propagierte, sollte später im Herbst 1968 zu den Mitarbeitern des Verlages zählen, die den Aufstand gegen Verleger Siegfried Unseld probten. Nachdem der Versuch fehlgeschlagen sein würde, würde Boehlich kündigen und Suhrkamp verlassen.

In Frankfurt gab es 1968 aber auch einen ersten Überblick über die literarische Rebellion weltweit. Im Frankfurter Rathaus organisierte der Schriftsteller Horst Bingel 1968 eine »Messe« zum Thema. Hier konnten die Besucher Texte der deutschen Autoren Herbert Achternbusch und Rosa von Praunheim lesen, aber auch Wandzeitungen der Hippie-Bewegung aus San Francisco. Bingel hatte schon 1965 das *Frankfurter Forum für Literatur* gegründet, dessen erklärtes Ziel es war, auch Menschen jenseits der bürgerlichen Schichten den Zugang zu Belletristik zu ermöglichen. Im Römer waren auch die Bücher des Dichters Erich Fried zu sehen, die der Student Oberländer liebte.

Fried hatte mit seinem Gedichtband *und Vietnam und* bereits 1966 das Grauen des Krieges mit den Mitteln der Poesie angeprangert. Die Gedichte dieses schmalen Bandes gehören untrennbar zum Jahr 1968:

»Das Land liegt sieben Fußtritte
Und einen Schuss weit
Seine südliche Hälfte
Heißt Demokratie.
In ihrer Hauptstadt Sodom
Regiert ein Soldat, der Mein Kampf lernt
Fleisch wird zubereitet
Auf zweierlei Art
Entweder langsam mit Napalm
Oder schnell mit Benzin
Letzteres gilt als barbarisch
Ersteres nicht.«

Oberländer traf Erich Fried bei Lesungen, bekam dann engeren Kontakt zu ihm. Der Dichter bot Orientierung in einer Zeit, in der es nicht klar schien, wohin sich die Literatur entwickeln würde. Walter Boehlichs Urteil über den angeblichen Tod der bürgerlichen Literatur bestimmte längere Zeit die Debatte des Jahres 1968. Die *Rote Zelle Germanistik* forderte am Fachbereich der Frankfurter Universität ganz explizit: »Schafft die Germanistik ab!«

Tatsächlich schuf der Protest auch neue Textformen. Es entstanden nicht nur an der Universität immer mehr Wandzeitungen, Comics, Fotomontagen. Sie dienten natürlich der politischen Auseinandersetzung, besaßen aber zum Teil durchaus künstlerischen Wert. So wurde natürlich Theodor W. Adorno immer wieder zum Ziel der Karikatur, etwa als »Teddy, Mimose der gewaltlosen Revolution«. Doch was genau an die Stelle der bürgerlichen Literatur und der Germanistik treten sollte, blieb unklar. Nur ein Ziel wurde formuliert: Die *Rote Zelle Germanistik* propagierte die »Verbindung zur Arbeiterklasse« und suchte sie auch. Das sollte Folgen haben: Die ersten Studenten wechselten von der Universität in die Fabrik, in die großen Industrieunternehmen.

Bereits Ende 1969 entstand in Frankfurt die sogenannte »Betriebsprojektgruppe« (BPG). Matthias Beltz und Harry Oberländer, die inzwischen gemeinsam in einer Wohngemeinschaft am Schweizer Platz in Sachsenhausen lebten, traten der BPG bei. Es war der Versuch, wieder politische Orientierung zu gewinnen. Denn zu diesem Zeitpunkt brach die 68er-Bewegung endgültig auseinander und zersplitterte in zahlreiche kleine Gruppen. »Ich suchte Anschluss«, sagt Oberländer heute. In der BPG trafen er und Beltz bald einen Prominenten der Bewegung, Daniel Cohn-Bendit.

Im Jahr 1970 legte die BPG ihren sperrigen Namen ab und benannte sich in »Revolutionärer Kampf« (RK) um. Das ideologische Vorbild der Frankfurter Revolutionäre waren die Genossinnen und Genossen von der Bewegung *Lotta Continua (Ständiger Kampf)* in Italien. Sie hatten durchaus erfolgreich den Funken der Revolte auch in großen italienischen Industriebetrieben entzündet, es gab dort viele wilde Streiks und Fabrikbesetzungen. Genau das wollten die Frankfurter vom RK auch erreichen. 1971 gingen Matthias Beltz, Harry Oberländer und Joseph Fischer zu einem der größten Industriebetriebe im Rhein-Main-Gebiet: zum Autobauer Opel nach Rüsselsheim. Dort waren die Verhältnisse freilich damals weit vom revolutionären Aufbruch entfernt. Der Betriebsrat wurde von Mitgliedern der CDU und der SPD gestellt, Betriebsratsvorsitzender war lange Zeit Norbert Blüm gewesen, der spätere Bundesarbeitsminister.

Dennoch glaubten Beltz und Oberländer, die Arbeiter erreichen und agitieren zu können. »Mein Ziel war, ans Band zu kommen, wo die Arbeiterelite schaffte«, sagt Oberländer. Tatsächlich landete er aber bei den Werkzeugmachern in der Galvanik. Dort wurden die Karosserien in einem elektrolytischen Bad beschichtet. »Das hatte mit Blei und Dämpfen und Gift zu tun.« Andere Genossen vom RK hatten es aber noch schlechter getroffen: »Ein Freund von mir arbeitete auf dem Rangierbahnhof von Opel, das war gefährlich.« Jeden Abend, wenn die Opelaner vom RK von der Arbeit kamen, begann in der Wohngemeinschaft die politische Aufarbeitung des Tages. In Protokollen mussten sie festhalten, was sie über die Lebensverhältnisse der Arbeiter erfahren hatten und welcher Erfolg der politischen Agitation beschieden war.

Oberländer blieb ein Dreivierteljahr bei Opel und ging

1972 wieder. Matthias Beltz aber hielt es von allen RK-Mitgliedern am längsten in der Fabrik aus, mehr als drei Jahre. »Er ist sehr akzeptiert worden von den Arbeitern«, erinnert sich Oberländer, »er konnte gut reden.« Auch Beltz gehörte zur Abteilung der Werkzeugmacher, in den Pausen saßen die beiden Freunde oft zusammen. In diesen Jahren holte sich der spätere Kabarettist das Rüstzeug für seine künstlerische Arbeit. Hier lernte er die Sprache der Arbeiter, aber auch die der Gewerkschaftsfunktionäre, die er später so treffend verspottete. In seinem Text *Die gewerkschaftliche Rede* von 1989 heißt es: »Was wir im Kopf haben, müssen wir in die Beine tun. Das nennt man die Einheit von Theorie und Praxis. Die verkörpert am besten unser Kollege Oskar Lafontaine, diese Mischung aus Radio Luxemburg und Rosa Luxemburg ...: Große Pläne, nichts erreichen, aber immer gut drauf – also ein perfektes Unterhaltungsprogramm.« Und weiter: »Kolleginnen und Kollegen! Die deutschen Gewerkschaften sind die einzige Organisation auf deutschem Boden, die seit über 100 Jahren erfolglos ist und trotzdem weitermacht. Das gibt doch Kraft, das gibt doch Mut und das hilft doch auch nicht weiter.«

Das Absurde der Texte des 68ers Beltz wurzelte in den Jahren bei Opel. Innerhalb der Gruppe *Revolutionärer Kampf* machte er Anfang der 70er-Jahre Furore. Bei den Versammlungen des RK gehörte er bald neben Fischer und Cohn-Bendit zu den prägenden Rednern. Oberländer erinnert sich: »Er konnte schon damals aus dem Stegreif zehn Minuten sprechen.« Später auf der Bühne habe Beltz von diesen Erfahrungen profitiert, habe als Kabarettist seine Texte nur »satirisch zugespitzt«. Beide, Beltz wie Oberländer, schrieben permanent in der Zeit bei Opel: »Wir haben kleine Texte gemacht, Satiren und Gedichte.«

Oberländer kündigte bei dem Autobauer, als er in die Schmiede versetzt wurde. Beltz aber blieb. 1972 erschütterten die Terroranschläge der *Rote Armee Fraktion* (RAF). In der linken Bewegung brach die Diskussion neu aus, welche Formen der Widerstand gegen das kapitalistische System haben sollte, ob es gerechtfertigt war, sich sogar zu bewaffnen und in den Untergrund zu gehen. Beltz wie Oberländer entschieden sich klar gegen diesen Weg. »Der bewaffnete Kampf war nie meine Perspektive«, sagt der Schriftsteller heute. Allerdings nahm er 1972 an einem Hungerstreik teil, der sich gegen die Haftbedingungen in der Frankfurter Justizvollzugsanstalt Preungesheim richtete. Auch dem *Komitee gegen Folter* gehörte er kurz an. Doch den Lyriker stießen die repressiven Verhältnisse in diesen linken Organisationsformen rasch ab. Jeder schien dort jeden zu belauern und auf ideologische Fehler und auf verbotene Kontakte mit dem Klassenfeind zu warten. »Es war wie in einem Film über den Stalinismus«, sagt der Autor heute und fügt hinzu: »Um Gottes willen!«

Bis heute rätselt Oberländer, was zum Beispiel eine Frau wie Ulrike Meinhof zum bewaffneten Kampf in der RAF führte. Die Journalistin hatte sich durch ihre politischen Texte und gesellschaftlichen Analysen etwa in der Zeitschrift *konkret* unter den Rebellierenden von 1968 zunächst große Anerkennung erworben. »Ich habe Meinhof 1969 kennengelernt und mich länger mit ihr unterhalten, damals war sie mir sehr sympathisch.« Doch schon den ersten Schritt in den bewaffneten Kampf, den Meinhof 1972 tat, als sie in Berlin Andreas Baader aus der Haft freischoss, konnte Oberländer nicht mehr nachvollziehen: »Ich habe das nicht verstanden.« Heute sieht er die *Rote Armee Fraktion* und ihren Kampf auch als ein »existenzielles Drama«: »Das waren Leute, die nicht alt werden wollten.«

In der zweiten Hälfte der 70er-Jahre begannen die Freunde Beltz und Oberländer, sich ein Stück weit auseinanderzuentwickeln. Am 9. Mai 1976, morgens um 7.34 Uhr, wurde die RAF-Gefangene Ulrike Meinhof erhängt in ihrer Zelle in der Justizvollzugsanstalt Stuttgart-Stammheim gefunden. Die offizielle These vom Freitod bezweifelten viele in der linken Bewegung. Meinhofs Verteidiger war damals der Rechtsanwalt Otto Schily, der später für die Sozialdemokraten Bundesinnenminister werden sollte. Er bezeichnete Meinhofs Tod als »anonymen Mord«. In der Frankfurter Szene rief unter anderem der *Revolutionäre Kampf* zur Protestdemonstration auf. Aber Oberländer hielt sich fern: »Ich bin da nicht mehr hin.«

Für viele in der 68er-Bewegung war Meinhofs Tod ein Wendepunkt. Auch Matthias Beltz schlug noch im Sommer 1976 einen künstlerischen Weg ein. Gemeinsam mit Dieter Thomas gründete er das *Karl Napp's Chaos Theater*, aus dem bald darauf das *Vorläufige Frankfurter Fronttheater* hervorging. Neben Beltz und Thomas sollte Hendrike von Sydow zur prägenden Figur dieses Kabaretts werden. Die ersten Auftritte gab es im Berger Kino an der Berger Straße im Frankfurter Stadtteil Bornheim. Die drei versuchten, die Anliegen der 68er-Bewegung in satirischer Verkleidung weiterzuverfolgen, reagierten aber auch auf neue gesellschaftliche Bewegungen wie etwa die Kämpfe gegen Atomkraft und die Startbahn 18 West des Frankfurter Rhein-Main-Flughafens.

Für Beltz war das *Vorläufige Frankfurter Fronttheater* die Basis für eine Solokarriere, die ihn in den 90er-Jahren auch zu einem Fernsehstar werden ließ. Bereits 1989 zog der Satiriker in dem Gedicht *Nach dem Aufstand* eine melancholische Zwischenbilanz:

»Nach des Aufstands wildem Ende
Geht, wer revoluzzt hat, manchmal drauf.
Und wer nicht dabei gewesen,
hängt sich gerade deshalb auf.«

Seinen vielleicht besten Partner fand Beltz in den gemeinsamen Auftritten mit dem Kabarettisten und Schauspieler Heinrich Pachl in den Jahren 1984 bis 1989. Legendär wurden ihre Programme im *Theater am Turm* (TAT) in Frankfurt. Das Publikum feierte die beiden, wenn sie sich auf der Bühne sprachlich die Bälle zuwarfen. Pachl, der aus einer Arbeiterfamilie kam, hatte wie Beltz Mitte der 70er-Jahre mit politischem Kabarett begonnen. Sein heimatliches Terrain waren die Großstadt Köln und die Kohlenpottreviere des Ruhrgebietes. Pachl hatte aber auch 1970 zu den Gründern des *Werkkreises Literatur der Arbeitswelt* gehört. Hier schrieben unter anderem Fabrikarbeiter, die in eigenen Texten ihre Lebenswirklichkeit reflektierten. Arbeiter sollten Schriftsteller werden können: Das war das erklärte Ziel dieses Zusammenschlusses, dem damals unter anderem Günter Wallraff, Max von der Grün und Peter Schütt angehörten.

Auch diese Entwicklung war eine Folge der 68er-Bewegung. Die Texte des Werkkreises erschienen über Jahre beim Frankfurter S. Fischer Verlag. Im Jahr 1986 kündigte der Verlag dann allerdings den Vertrag mit dem *Werkkreis*, weil die verkauften Auflagen der Bücher immer mehr zurückgegangen waren.

Der große Auftritt, den Matthias Beltz suchte und fand, ist bis heute nicht die Sache von Harry Oberländer. Er wandte sich in der zweiten Hälfte der 70er-Jahre dem Journalismus zu und schrieb Reisereportagen, vor allem aber widmete er sich der Lyrik, die er bis heute liebt. Die Möglichkeit, in Poemen auf engstem Raum Sprache zu verdichten, Emotionen heraufzubeschwören, fasziniert ihn. Bereits 1973 gewann er für seine Gedichte den renommierten *Leonce-und-Lena-Preis*. Doch von Lyrik alleine kann ein Autor in Deutschland bis heute nicht leben. So trat Oberländer schon bei seiner Gründung 1985 dem *Hessischen Literaturforum* bei, das noch immer im Frankfurter Mousonturm sein Domizil hat. Kämpfte dort zunächst im Team, dann als verantwortlicher Geschäftsführer lange für Autorinnen und Autoren und ihre Werke. Sieht heute noch mit Sorge, wie Sprache im Zeitalter der SMS verkümmert.

Als Pensionär hat sich der 67-Jährige wieder in seine alte Heimstadt Bad Karlshafen an der Weser zurückgezogen. Er schreibt weiter, experimentiert mit Sprache. Ist aber ein politischer Mensch geblieben. Den gegenwärtigen Rechtspopulismus erlebt der Schriftsteller auch als den Versuch, Errungenschaften der 68er-Bewegung »zurückzudrehen«. Hofft aber, dass dieses Bestreben scheitert.

Was ist geblieben, was regt heute noch an und auf, was blieb auf der Strecke? Vieles aus dem 76er Aufbruch im Geist der 68er findet man auch in allen großen etablierten Kulturtempeln der Welt, in den Museen, selbst in Hollywood. Das *Ensemble Modern* feiert weltweit Erfolge, die Gründer des *Linksradikalen Blasorchesters* sind feste Größen im Musikleben, Heiner Goebbels Preisträger des renommierten *Ibsen-Theaterpreises* und Rolf Riehm als Opernkomponist hochschätzt vom Frankfurter Opernintendanten. Bernd Loebe sieht im Weg des Mitbegründers des *Linksradikalen Blas-*

orchesters hin zum gesuchten Komponisten an den internationalen Opernhäusern zwar eine ästhetische Weiterentwicklung, aber keinen eigentlichen Bruch in der musikalischen Biografie: »Rolf Riehm zeigte und zeigt sich immer noch als neugieriger, im Hier und Jetzt lebender Künstler, der voller Begeisterung für vergangene Jahrhunderte und deren Extrakte ist.

Keiner, der nur sich selbst sieht, sondern mit Liebe und ja, Verehrung, den Blick zurückwirft: das jeweils Moderne in seiner Zeit wird aufgespürt. – Und dann hört man seine Musik, diese Wanderung durch Felsenlandschaften, durch zerklüftetes, fast vermintes Gebiet, und dann bringt man seine Musik mit dem Menschen nur mühsam zusammen.

Seine Musik ist einzigartig, sie stellt einen vor Rätsel, sie ist oft wie die ›Ruhe vor dem Sturm‹. Nur: Die Ruhe ist tückisch, der Sturm entlädt befreiend Kräfte. Es liegt eine Unerbittlichkeit über dem künstlerischen Schaffen. Dieses kreist in sich und biedert sich nie an.« Diese Charakterisierung Rolf Riehms durch den Opernintendanten Loebe könnte gleichermaßen dem Komponisten des Blasorchesters als dem der Oper gelten.

Auch die Tanztheater-Revolution von William Forsythe war in dieser Konsequenz nur in Frankfurt denkbar. Die Bauernoper von Yaak Karsunke mit der wunderbaren Cornelia Niemann am TAT – gab mit der Schlussmoritat aus dem Bauernkrieg den Takt vor: »Geschlagen ziehen wir nach Haus – die Enkel fechten's besser aus.«

Ja, was bleibt? Was wurde »System«? Was steht infrage? Von Matthias Beltz stammt das wehmütig-parodistische Kurzgedicht par excellence, das die Revolte scheinbar pessimistisch auf den Punkt bringt.

»Parmesan und Partisan
Wo sind sie geblieben
Partisan und Parmesan
Alles wird zerrieben«

Apropos »wo sind sie geblieben?«.

Im Kalender des *Journal Frankfurt* findet man inzwischen eine ganz besonderen Veranstaltungshinweis:

Unter dem Pflaster liegt der Strand – Eine Führung zu den 68ern auf dem Frankfurter Hauptfriedhof

Von hier ging der »Revolutionäre Kampf« in die Betriebe, hier fanden die Häuserkämpfe im Westend statt, hier gab es den ersten Frauen-AStA, die internen Auseinandersetzungen mit der RAF und die ersten praktischen Versuche, parteipolitisch Einfluss zu nehmen. Wir besuchen Protagonisten dieser Entwicklung: Helmut Schauer, Bundesvorsitzender des SDS und Mitgründer des Verbands der Kriegsdienstverweigerer, Felicitas Schneck, Vorsitzende des ersten reinen Frauen-AStAs, Brigitte Heinrich, wegen terroristischer Verbindungen inhaftiert. Wir besuchen Matthias Beltz, Arbeiter bei Opel und Kabarettist, Anne Bärenz, Musikerin und Sängerin, Lutz Sikorski, Verkehrsdezernent der GRÜNEN, Dieter Bartetzko, Journalist und Architekturkritiker, und gehen selbstverständlich auch bei Theodor W. Adorno und Alfred Schmidt vorbei.

Dauer: 1,5 Stunden, Treffpunkt: 15 Minuten vor Führungsbeginn am Hauptfriedhof Frankfurt, Eckenheimer Landstraße 188–190, Altes Portal Nähe der U-Bahnhaltestelle Deutsche Nationalbibliothek. Keine Altersbegrenzung. Jetzt buchen! Do, 12.10.2017 17:30 Uhr – 19.00 Uhr. Führung Dieter Wesp

V Die Frauen

Lange genug haben Männer Geschichte geschrieben. War Geschichtsschreibung die von Männern über bedeutende Männer. Das hat sich heute geändert. Und doch sind immer noch die Historikerinnen, die ihren Blick auf die Welt werfen, in der Minderzahl. Und erst langsam holen die wichtigen Frauengestalten in der Geschichte auf gegen die seit langem prägenden Männer. Der Kampf zwischen Frauen und Männern um die Deutungshoheit im geschichtlichen Prozess ist in vollem Gange. Und von Gleichberechtigung der Geschlechter kann in vielen Bereichen der bürgerlichen Gesellschaft und der Arbeitswelt noch nicht die Rede sein. Ironischerweise gilt dies 50 Jahre nach dem Aufbruch der 68er durchaus auch für die Analyse und Darstellung dieser Bewegung selbst. Man stelle sich die Frage nach den gerne immer wieder zitierten sogenannten Ikonen der 68er. Wie viele Frauen werden da heute genannt?

Ist also der Blick auf das Jahr 1968 auch fünf Jahrzehnte später noch ein weitgehend männlicher?

Was damals geschah in Frankfurt und anderswo, hat die festgefügten bürgerlichen Verhältnisse aufgebrochen und zum Tanzen gebracht. Und vielen Frauen, die nicht nur an der Frankfurter Universität in der Minderheit waren, gelang es damals, sich aus der ihnen zugedachten Rolle zu befreien. 1968: Das war auch eine Wegmarke für die Frauenbewegung. Als Irmelin Demisch, Jahrgang 1947, »Tochter aus gutem Hause«, Anfang 1967 ihr Studium der Germanisik in Frankfurt antrat, da tat sie dies »mit Faltenrock und Jackett«. Und traf dabei auf junge Männer »in weißen Hemden und Club-Sakkos«. Es herrschte anfangs eine recht unpolitische Atmosphäre in den Seminaren. Heute sagt sie freimütig: »Ich hatte damals von Politik keine Ahnung.«

Cornelia-Katrin von Plottnitz kam aus durchaus großbürgerlichem Ambiente. Als sie 1962 ihr Studium der Germanistik und Anglistik begann, traf sie »auf fast nur Mädchen, die zur Uni gegangen waren, um dort jemand kennenzulernen, den sie heiraten konnten«. Die spätere Grüne erinnert sich: »Ich war so enttäuscht.«

Für die Frauen in Deutschland hatten die 50er- und frühen 60er-Jahre viele Rückschläge gebracht. Während des Zweiten Weltkrieges hatten sie unter den unerbittlichen Gesetzmäßigkeiten der Kriegswirtschaft große Freiheiten gewonnen. Viele Frauen hatten namentlich in der Rüstungsproduktion die Rolle der Männer eingenommen, die an der Front kämpften. Die Frauen arbeiteten nicht nur, sie organisierten in Abwesenheit der Männer den Alltag der Familie. Aus »Versorgern« waren »Versorgerinnen« geworden, die handelten und bestimmten. Das Modell der bürgerlichen Ehe mit all ihren Zwängen war unter dem Druck des Krieges ein Stück weit zusammengebrochen. Dieser Ausnahmezustand bedeutete für die Frauen tatsächlich mehr Selbstständigkeit, bis hin zur Wahl ihrer Partner. »Während des Krieges waren die Frauen autonom«, sagt von Plottnitz heute.

Als das nationalsozialistische Terrorregime in einer totalen militärischen Niederlage zusammenbrach und Deutschland von den alliierten Truppen befreit wurde, kehrten nach und nach auch die überlebenden Männer zurück. »Sie waren geschwächt und verbittert«, urteilt die Politikerin. Und versuchten doch, ihre angestammte Führungsrolle von früher wieder einzunehmen. Wieder der Bestimmende in der Ehe oder Partnerschaft zu werden. Die Frauen, die unter den perversen Umständen des Krieges ein Stück Freiheit genossen hatten, sollten wieder in ihre alten Rollen zurückgedrängt werden, buchstäblich zurück an den Herd und in die Küche. »Es gab noch in den frühen 60er-Jahren eine stark restaurative Entwicklung, die Frauen sollten wieder auf ihre traditionelle Rolle reduziert werden«, so von Plottnitz.

Die junge Frau, die das damals genau verfolgte, war entschlossen, sich nicht so reduzieren zu lassen. Auch deshalb entschied sie sich für ein Studium. Doch junge Frauen, die nicht auf eine Ehe zusteuerten und auf ihrer Selbstständigkeit beharrten, hatten es nicht leicht damals. »Alleinstehende oder unverheiratete Frauen hatten es schwer, am gesellschaftlichen Leben teilzunehmen«, erinnert sich die Grüne. Schon alleine auszugehen war damals schwierig. Von Plottnitz liebte die Musik, die seinerzeit aus den USA nach Deutschland kam und sich immer mehr ausbreitete, den Rock 'n' Roll, aber mehr noch den Jazz. Da übte im Rhein-Main-Gebiet damals vor allem Frankfurt eine magische Anziehungskraft aus, namentlich mit dem *Jazzkeller* im Haus Kleine Bockenheimer Straße 18 a, im Jahre 1952 gegründet vom Jazz-Trompeter Carlo Bohländer. Auch diese »Subkultur«, wie von Plottnitz sie heute lächelnd nennt, bedeutete für eine junge Frau ein Stück Freiheit. Doch um 22 Uhr ging vom Hauptbahnhof aus der letzte Zug zurück nach Hofheim, wo sie damals wohnte. Und es wurde erwartet, dass die Tochter aus guter Familie die Nacht zu Hause verbrachte.

Doch das Studium erweiterte für die jungen Frauen auch in dieser Hinsicht ihren Freiraum. »Ich hab mir bald ein Zimmer in Frankfurt genommen«, so von Plottnitz. Auch Irmelin Demisch weiß noch: »Wir zogen zusammen, wir haben in abenteuerlichen Dachbutzen gewohnt.« Nur erschwinglich sollten sie sein, denn die jungen Leute hatten kaum Geld. Demisch hatte zunächst noch bei ihrem Vater gewohnt, bevor sie auszog und ihren eigenen Weg einschlug. Die Eltern lebten damals schon getrennt, der Vater mißbilligte die Selbstständigkeit der Tochter, »doch meine Mutter stand hinter mir, sie hat es verstanden«.

Nicht nur der Alltag der jungen Frauen änderte sich an der Universität. Sie begehrten auch auf gegen die Inhalte, mit denen sie im Studium konfrontiert wurden. In den ersten Seminaren ging es zum Beispiel um Mittelhochdeutsch und um das Nibelungenlied. »Es war wirklich verkrustet«, so Demisch. Dagegen stellten die jungen Studenten ihre eigenen Inhalte, lasen und lernten das, was sie tatsächlich interessierte. Im November 1967 gründeten die angehenden Germanistinnen und Germanisten an ihrem Fachbereich eine »Studien-Reformgruppe«. Sie wollte einen anderen, alternativen Lehrplan erarbeiten. Zum Idol am Fachbereich wurde der Schriftsteller und Philosoph Walter Benjamin, dessen tragisch unvollendetes Leben die Studenten faszinierte. Auf der Flucht vor dem nationalsozialistischen Terrorregime und in der Angst, nach Deutschland ausgeliefert zu werden, hatte sich der gebürtige Berliner 1940 an der Grenze zwischen Frankreich und Spanien das Leben genommen. Bald tauften die kritischen Germanisten ihr Institut auf den Namen Walter Benjamins. Irmelin Demisch erinnert sich noch, dass überall Konterfeis des Verehrten an die Fenster geklebt wurden.

Am gleichen Fachbereich registrierte auch Cornelia-Katrin

von Plottnitz die Veränderungen. »Es fing an zu brodeln an der Uni.« Der *Sozialistische Deutsche Studentenbund* (SDS) gewann immer mehr Einfluss und Mitglieder. Aber der SDS war Männersache. Regelmäßig trafen sich die Aktivisten im legendären Walter-Kolb-Studentenheim am Beethovenplatz in Bockenheim nahe der Uni. »Doch wenn der SDS tagte, trafen sich da hauptsächlich männliche Wesen«, sagt von Plottnitz. »Es ging unheimlich akademisch zu.« Die charakteristische Szenerie sah nach ihrer Beschreibung so aus: »Um einen Tisch saßen die Männer und berieten und dahinter standen die Mädels und hörten zu.« Der ironische Titel für die jungen Frauen war »Dunstkreis-Genossinnen«. Erst später, wenn es zum Tanzen in den Keller ging, habe sich diese festgefügte Ordnung aufgelöst: »Da war dann Raum für Bier und Anmache.«

Auch der Journalist und Autor Arno Widmann, damals Student der Soziologie bei Adorno, erinnert sich an ähnliche Szenen aus dem Kolb-Keller. »Da gab es extrem wenig Frauen, und es redeten nur die Häuptlinge.« Eine Freundin habe sich einmal viel Ärger eingehandelt, als sie im Kolb-Keller laut gerufen habe: »Widerlich, hier reden nur die Männer!«

Auch Irmelin Demisch erlebte »relativ viele Machos« in der Bewegung. Und sie berichtet von »Verklemmtheit« bei den Rebellen. Als charakteristisch empfand sie zum Beispiel, dass niemand offen aussprach, dass der intellektuelle Kopf der Frankfurter Rebellion, Hans-Jürgen Krahl, schwul war. »Über Schwulsein wurde überhaupt nie gesprochen, es gab keine einzige offene schwule Beziehung im SDS.« Nur hinter vorgehaltener Hand war die sexuelle Orientierung Thema.

Mit der Selbstkritik tun sich die gealterten männlichen

Erst 1976: Der 1. Frauen-AStA weltweit – links die Vorsitzende Feli Schneck

Rebellen bis heute nicht leicht. »Es ist etwas dran an dem Urteil, dass wir Machos waren«, sagt immerhin Daniel Cohn-Bendit und fügt hinzu: »Die Frauen haben das richtig gesehen.« KD Wolff dagegen, damals Vorsitzender des *Sozialistischen Deutschen Studentenbundes*, widerspricht bündig: »Dass wir alle Machos waren, ist nicht wahr.« Der Übersetzer Bernd Schwibs will das Prädikat des Macho für sich nicht akzeptieren, urteilt aber: »Die oberen Chargen des SDS haben sich machohaft benommen.«

»Viele der jungen Männer waren Machos«, erinnert sich Heiner Boehncke, nimmt aber Cohn-Bendit ausdrücklich aus: »Der hat sich nicht so benommen.« KD Wolff bekam allerdings im Laufe des Jahres 1968 sehr wohl mit, dass sich bei den Frauen erheblicher Unmut zusammenbraute. »Es musste etwas passieren.« Und es passierte auch etwas. Am 13. September 1968 kam in Frankfurt der Bundeskongress des SDS zusammen, mit Delegierten aus ganz Deutschland. Als einzige der Frauen sprach Helke Sander aus Berlin. Sie beklagte offen die Zurücksetzung der Genossinnen in der Protestbewegung, forderte, dass sich etwas ändern müsse. Die Frauen wollten ausbrechen aus der Rolle, die ihnen bei der Revolte offenbar zugedacht war, nämlich lediglich die »Bräute der Revolution« zu sein, wie es spöttisch die linke Zeitschrift *konkret* geschrieben hatte. Sander schloss mit dem vernichtenden Urteil: »Genossen, eure Veranstaltungen sind unerträglich!«

Doch auf die beißende Kritik der späteren Filmemacherin Sander ging keiner der »Häuptlinge« ein. Das hatte unmittelbare Folgen. Als Hans-Jürgen Krahl wie gewohnt über die Revolution und den Weg dorthin dozierte, traf ihn plötzlich eine Tomate voll ins Gesicht. Geworfen hatte sie die Berliner SDS-Delegierte Sigrid Rüger, Studentin der Romanistik. Sie hatte hochschwanger den weiten Weg von Berlin aus nach Frankfurt angetreten, hatte eigentlich gar nicht sprechen wollen. Doch die Ignoranz Krahls, so hat sie es später immer wieder erzählt, erboste sie. So feuerte sie gleich drei Tomaten in Richtung des SDS-Vorstandstischs und rief dazu: »Genosse Krahl, du bist objektiv ein Konterrevolutionär und ein Agent des Klassenfeindes dazu!« Das war die größtmögliche Provokation, die ihr einfiel. Und sie verfehlte ihre Wirkung nicht. Empörung bei vielen der Männer, ein großes Tohuwabohu.

Cornelia-Katrin von Plottnitz war beim Tomatenwurf dabei und fand die Aktion richtig. »Es war so, dass die Rechte von uns Frauen von den Männern einfach als sogenannter Nebenwiderspruch empfunden wurden. Erst kam in ihren Augen die Revolution, dann erst die Emanzipation.« Das sollte sich jetzt ändern. Von Frankfurt ging mit dem Tomatenwurf ein Signal aus für die Frauen der Bewegung überall in Deutschland. Empörte Genossinnen gründeten in Frankfurt einen *Weiberrat*, viele andere Städte folgten diesem Beispiel. Heiner Halberstadt weiß noch, dass die Frauen sich zur Gründung »bei uns im ersten Stock« getroffen hatten.

Hier wirkte Frankfurt vorbildhaft in der 68er-Bewegung. Die *Weiberräte* waren tatsächlich die ersten Frauengruppen, an deren Sitzungen Männer schlicht nicht teilnehmen durften, ausgeschlossen waren. Das war neu, das war eine neue Qualität.

Der Frankfurter *Weiberrat* gab in einem Flugblatt die Parole aus: »Befreit die sozialistischen Eminenzen von ihren bürgerlichen Schwänzen!« Da waren dann auf der Zeichnung Schwänze wie Jagdtrophäen an der Wand hängend zu sehen, jeder wurde einem prominenten Mann der Bewegung zugeschrieben, auch das Geschlechtsteil von Krahl hing da. Darunter lag auf einem Sofa eine triumphierende nackte Revolutionärin mit einem Hackebeil in der Hand …

Im Flugblatt hieß es dann: »Wir machen das Maul nicht auf! Wenn wir es doch aufmachen, kommt nichts raus! Wenn wir es auflassen, wird es uns gestopft: mit kleinbürgerlichen Schwänzen, sozialistischem Bumszwang, sozialistischen Kindern, Liebe, sozialistischer Geworfenheit, Schwulst … Kotzen wir es öffentlich aus, sind wir penisneidisch, frustriert, hysterisch, verklemmt, asexuell, lesbisch, frigid, zu kurz gekommen, irrational, penisneidisch, penisneidisch, penisneidisch.« Die Frankfurter Frauen vom *Weiberrat* verteilten die Flugschrift am 16. November 1968 bei einer SDS-Versammlung in Hannover.

Was da 1968 an der Frankfurter Universität geschah, kam natürlich nicht aus dem Nichts. Die jungen Frauen der Protestbewegung in Deutschland hatten sehr wohl mitbekommen, dass es seit Mitte der 60er-Jahre schon das *Women Liberation Movement* in den USA gab und dass sich in den Niederlanden die *Dollen Minnas* organisiert hatten. Ein Bestseller der US-Frauenbewegung wie *The feminine Mystique* von Betty Friedan aus dem Jahr 1963 lag in Deutschland schon 1966 übersetzt vor (*Weiblichkeitswahn*). In diesem Buch analysierte Friedan kritisch die Rollenklischees, in die Frauen in der bürgerlichen Gesellschaft gepresst wurden. Friedan setzte sich sogar kritisch mit Putzmitteln auseinander, weil sie die angeblichen Aufgaben der Frau im Haushalt verfestigten.

Aber tatsächlich spielten Sprachprobleme als Hindernis in der Frauenbewegung anfangs eine Rolle. Als sich US-Aktivistinnen etwa beim Berliner *Weiberrat* meldeten, gab es keine Antwort, weil niemand dort gut genug Englisch sprach. Und in Deutschland hatte der männliche Blick der Geschichtsschreibung ganze Arbeit geleistet. Es gab kaum Bücher, die an frühere Kämpfe der Frauen erinnerten. Etwa die Suffragetten, die Ende des 19. Jahrhunderts in England für das Wahlrecht der Frauen gekämpft hatten. Und zwar sehr militant, bis hin zu Bombenanschlägen auf die Häuser führender Politiker. Und die vom Staat sehr brutal bekämpft worden waren. Viele dieser Texte mussten jetzt 1968 von der neuen Frauenbewegung neu entdeckt und neu veröffentlicht werden. Das Gleiche galt für das Leben und die Arbeit der sozialistischen Frauen Anfang des 20. Jahrhunderts in Deutschland, also etwa Clara Zetkin und Rosa Luxemburg. Sie wurden neu publiziert und viel gelesen.

Eine der Frankfurter Aktivistinnen war die Studentin der Literaturwissenschaft, Soziologie und Philosophie und spätere Schriftstellerin Silvia Bovenschen. 1977 erschien ihre

Promotionsschrift unter dem Titel *Die imaginierte Weiblichkeit*. Darin beklagt sie im Rückblick den »Mangel an Belegen und Überlieferungen der Anwesenheit von Frauen im geschichtlichen Prozess«. Bovenschen spricht sogar von der »Geschichte der weiblichen Geschichtslosigkeit«. Sie fordert die Frauen aber dennoch zur Analyse ihrer Geschichte und ihrer Kämpfe auf: »Diese Analyse darf nicht ignorieren, dass es sich bei dem historischen Material, dessen wir habhaft werden können, um ein gefiltertes handelt: um Bilder, Zuschreibungen, Projektionen etc. Gleichwohl gilt es, dieses Material, das nahezu die gesamte Überlieferung ausmacht, in seine Teile zu zerlegen, auf seine Gehalte und seine diskursiven Einordnungen zu untersuchen und es in einen neuen Bezugsrahmen zu stellen, der sich selbst erst im Laufe dieser Analyse herausbilden muss.«

Bovenschen verteidigte im Jahr 2007 im Rückblick auch »dieses etwas brutale Flugblatt mit den abgehackten Schwänzen«, das der Weiberrat produziert hatte: »Dem ist natürlich vorausgegangen, dass sie versucht haben, uns lächerlich zu machen. Man muss das heute in den Kontext stellen, aber ich find's immer noch ganz witzig. Es war schon hart, aber wir waren ja auch wütend. Wir waren in einer Weise abgekanzelt und diffamiert worden, die uns böse gemacht hat.«

Am Aufbruch der Frankfurter Frauenbewegung im *Weiberrat* 1968 nahmen zwar viele Frauen teil. Doch etliche verabschiedeten sich auch bald wieder mit deutlicher Kritik. Irmelin Demisch zum Beispiel, die sich 1970 der neugegründeten KPD/AO anschließen sollte, erinnert sich: »Ich bin schnell wieder aus dem Weiberrat rausgegangen, weil der rein feministische Ansatz nie meiner war.« Für Demisch ging es zu wenig um die tatsächliche Abschaffung der kapitalistischen Gesellschaft und die Überwindung der alten Herrschaftsverhältnisse.

Auch Cornelia-Katrin von Plottnitz schloss sich zwar anfangs dem *Weiberrat* an. Sie hielt es zunächst für richtig, »dass es einen Raum gab, wo die Männer nicht dominieren«. Doch bald »bin ich nicht mehr hingegangen«. Der jungen Frau missfielen die rigiden Vorschriften der neuen Frauenbewegung. »Schminken und der Spaß an Mode wurden missbilligt.« Doch genau das wollte von Plottnitz. »Mir missfiel die rigide Abgrenzung von den Männern. Es ging mehr um eine Neubestimmung des Verhältnisses von Frauen und Männern.« So wandte sich die spätere Grüne vom *Weiberrat* ab, aus ganz anderen Gründen als die Marxistin Irmelin Demisch.

Else Halberstadt, die 1968 im *Club Voltaire* in der Frankfurter City arbeitete, konnte mit dem *Weiberrat* nichts anfangen. »Mit denen hatte ich nichts zu tun, die Frauen kamen alle aus bürgerlichen und großbürgerlichen Kreisen.«

Das Verhältnis der Geschlechter veränderte sich 1968 nicht nur durch den Aufbruch der Frauen. »Die behüteten Bürgertöchter und Bürgersöhne« der Bewegung, wie sie Demisch im Nachhinein nennt, erprobten neue Formen des Zusammenlebens. Schon 1966/67 waren in der Stadt die ersten Wohngemeinschaften entstanden. Geboren auch aus der Zwangslage, dass es an preiswertem Wohnraum für Studenten mangelte, tat man sich in größerer Zahl zusammen und mietete gemeinsam eine Unterkunft. Geteilt wurden Küche und Bad, aber auch die einzelnen Wohnräume. Es herrschte eine große Fluktuation, ein Kommen und Gehen. Jemand konnte für ein paar Tage einziehen, irgendwo auf einer Matratze übernachten und dann wieder verschwinden.

Die Organisation des Zusammenlebens wurde beständig diskutiert und war in der Praxis oft schwierig. Wer kümmerte sich um was, wer kochte, kaufte ein, spülte ab? In der Küche wurden die nicht selten enervierenden Auseinandersetzungen um diese Fragen gerne geführt. Der Student Hanjo Diekmann, der sich später in Frankfurt dem *Revolutionären Kampf* um Joschka Fischer und Daniel Cohn-Bendit anschloss, erinnerte sich: »Die Küche war der Ort, wo man endlos diskutierte, wo der Aschenbecher überquoll nach dem Frühstück, bis es einem schlecht wurde. Selbstverständlich war sie der Ort, wo vieles auch offen ausdiskutiert wurde. Aber was in den Zimmern diskutiert wurde, war auch nicht so leise, dass man es nicht hätte hören können.«

Die Frankfurter Fotografinnen Abisag Tüllmann und Erika Sulzer-Kleinemeier hielten das Leben in den WGs in Bildern fest. Dabei spielten Paarbeziehungen offiziell keine entscheidende Rolle mehr. Es galt vielmehr als bürgerlich und rückständig, zu zweit in einer festen Bindung zu leben. Zur neuen gesellschaftlichen Freiheit kam auch die sexuelle Freiheit hinzu. Jeder durfte offiziell mit jedem schlafen. Die Grenzen der Zweierbeziehung waren aufgehoben, so jedenfalls die Theorie.

Doch wie sah die Wirklichkeit 1968 aus? Und was an der sexuellen Freiheit ist Mythos? Arno Widmann urteilt heute: »Das mit der freien Liebe, das ›Jeder schläft mit jedem‹ hat oft überhaupt nicht stattgefunden.« Dieser Anspruch in der Bewegung habe tatsächlich »großen Druck für Männer« bedeutet. Widmann hat die freien Wohngemeinschaften als repressiv empfunden: »Es gab dann auch so Blockwart-Situationen, es gab viel gegenseitige Kontrolle, weil alle Türen immer offen zu sein hatten und alles bis in die verborgensten

Winkel durchleuchtet wurde.« Der Student Widmann selbst lebte damals nicht in Wohngemeinschaften, sondern in einem Haus seiner Familie außerhalb Frankfurts, in Langen.

Auch Heiner Boehncke erfuhr die freie Liebe keineswegs als nur befreiend: »Das war beklemmend zum großen Teil, man hatte Schuldgefühle.« Es habe in der Szene durchaus so belastende psychische Situationen gegeben, dass es zu Freitoden gekommen sei. Der Literaturwissenschaftler stellt die sexuelle Freiheit in einen historischen Kontext. »Freie Liebe hat es schon in der Romantik gegeben.«

Cornelia-Katrin von Plottnitz zieht für sich und die Frauen ihrer Generation eine keineswegs nur positive Bilanz. »Es war gut, dass wir Frauen neue Freiheiten und den öffentlichen Raum erobert haben.« Doch tatsächlich, sagt die Politikerin der GRÜNEN, bleibe die Revolte von 1968 »für die Frauen eine ambivalente Sache«. Und dann spricht die 74-Jährige »die große Melancholie meiner Generation« offen aus. 1963 hatte sie bei einer Fastnachtsfete ihren späteren Ehemann Rupert von Plottnitz kennengelernt und sich in ihn verliebt. 1969 legte sie ihr Examen als Lehrerin ab. »Doch weil ich nicht verheiratet war, drohte mir die Versetzung nach Hessisch-Sibirien, nach Nordhessen.« Also entschieden die beiden, zu heiraten. Doch das durfte wiederum niemand wissen, weil die bürgerliche Ehe in der Szene ja verrufen war. Die beiden gingen deshalb »konspirativ« in Frankfurt zum Standesamt, ohne Freunde und Familie zu informieren.

Eine der wichtigsten Publikationen für die Protestbewegung war das *Kursbuch*, die 1965 von Hans Magnus Enzensberger gegründete Zeitschrift. Anfang 1969 erschien die Nummer 17, die ausschließlich der Frauenbewegung gewidmet war. Darin formulierte die Philosophin Karin Schrader-

Klebert eine entschiedene Absage an die Ehe, die das damals gültige Urteil auf den Punkt brachte. »Die Institution der Ehe schließt aus: die Selbstbestimmung des Menschen; die Selbstverfügung der Frau über den eigenen Körper, die freie Weiterentwicklung zu anderen, angemessenen Formen der sozialen Beziehung. Sie schließt Liebe aus, weil sie Liebesfreiheit und Verlangensfreiheit ausschließt. Die Institution der Ehe stabilisiert: die Atomisierung des Menschen, insofern sie die Fixierung des Menschen auf nur einen anderen Menschen vorschreibt.«

Der *Weiberrat* in Frankfurt propagierte statt der Ehe die sexuelle Selbstbestimmung der Frauen. Sie sollten endlich selbst über sich und ihren Körper entscheiden, auch über die Beziehung zu Männern. In Flugblättern beklagten sich die Frauen auch darüber, dass sie von den Männern in der Bewegung zum Geschlechtsverkehr mehr oder weniger genötigt würden, dass von den Männern erwartet werde, dass Frauen stets »zum Bumsen bereit« seien. Es herrsche »sozialistischer Bumszwang«, so hieß die Klage.

In Frankfurt und anderswo organisierten sich die jungen Frauen. Natürlich stürzten sich die Medienvertreter mit besonderer Verve auf die neue Frauenbewegung und kommentierten zum Teil mit Häme den Aufstand der Frauen. War er doch ein willkommener Anlass, den Protest der Studenten überhaupt ins Lächerliche zu ziehen und die Bewegung als in sich zerstrittenen Haufen hinzustellen. Es war die Journalistin Ulrike Meinhof, die im Dezember 1968 genau vor diesem öffentlichen Eindruck warnte. Sie schrieb in *konkret* unter der Überschrift *Frauen im SDS oder: In eigener Sache*: »Nicht dem permanenten Ehekrach soll das Wort geredet werden, sondern der Öffentlichkeit des Krachs.«

Wenig später wurde Meinhof, die in ihrer journalistischen Arbeit unter anderem die bedrückende Lage in den Kinderheimen thematisiert hatte, der intellektuelle Kopf der Rote Armee Fraktion (RAF) und rief zum bewaffneten Kampf gegen den Staat auf.

Bei den Demonstrationen und Protestaktionen mobilisierten die Frauen immer stärker für die Abschaffung des Paragrafen 218 des Strafgesetzbuches. Er verbot die Abtreibung und stellte sie unter Strafe. Dieser Paragraf müsse endlich fallen, so die Forderung. Die Losung der neuen Frauenbewegung hieß dagegen: »Mein Bauch gehört mir.« Ein provozierendes Plakat zeigte einen nackten Mann mit gespreizten Beinen auf einem Stuhl einer gynäkologischen Praxis. In einer Situation also, die von vielen Frauen als entwürdigend empfunden wurde. Im Text hieß es: »Dieses Bild zeigt einen Arzt auf einem gynäkologischen Stuhl. Sie können sich auch einen Richter oder Pfarrer vorstellen.«

Mit Hohn und Spott kommentierte die Frauenbewegung dagegen, was sich auf bürgerlicher Seite in Sachen angeblicher sexueller Aufklärung und Enttabuisierung tat. 1968 machte der Journalist Oswalt Kolle in den deutschen Kinos durch sogenannte »Aufklärungsfilme« auf sich aufmerksam. Der Sohn des bekannten Psychiaters Kurt Kolle hatte in Frankfurt zunächst als Journalist gearbeitet. 1951 war er Lokalchef der gehobenen Frankfurter Boulevardzeitung *Abendpost/Nachtausgabe* geworden, dann wechselte er zur *Bild*-Zeitung nach Hamburg. In den 60er-Jahren begann er, in Illustrierten wie *Quick* und *Neue Revue* sogenannte »Aufklärungsserien« zu schreiben, die vor allem durch für die damalige Zeit freizügige Fotos für Furore sorgten. 1968 kam Kolles erster Film *Das Wunder der Liebe* in die Kinos, nach hartem Kampf mit den Zensoren der Freiwilligen Selbstkontrolle (FSK) des deutschen Films. Szenen, die Geschlechtsverkehr zeigten, mussten Bild für Bild freigegeben werden. Dabei machte eines der FSK-Mitglieder die berühmt gewordene Bemerkung: »Herr Kolle, sie wollen wohl die ganze Welt auf den Kopf stellen, jetzt soll sogar die Frau oben liegen!«

Der Frauenbewegung galten die Filme Kolles als bürgerlich-verklemmt. Sie reduzierten die gezeigten Frauen auf bloße Lustobjekte. Den wirtschaftlichen Erfolg der Streifen konnte der Protest nicht verhindern: Sie hatten 140 Millionen Zuschauer.

Es konnte nicht ausbleiben, dass die Frauenbewegung sich mit dem Philosophen Theodor W. Adorno auch den Kopf der Frankfurter Schule und den damals berühmtesten Wissenschaftler der Frankfurter Universität vorknöpfte. Adornos Verhältnis zu den Frauen war 1968 bei den Studenten in aller Munde, aber nur hinter vorgehaltener Hand. Der Philosoph war zwar verheiratet, pflegte aber zugleich feste Freundschaften zu anderen Frauen. Arno Widmann, damals Student der Soziologie, erinnert sich, dass der Professor nicht selten mit zwei Frauen öffentlich auftrat. »An einer Seite saß seine Ehefrau Gretel, an der anderen Seite seine feste Freundin.« Der Philosoph habe dann »die Hände beider getätschelt.« Adorno ließ sich auch gerne von Studentinnen begleiten, die ihn verehrten.

Als der Protest an der Universität schon seinen Höhepunkt überschritten hatte, im Sommersemester 1969, kam es zu einer Aktion, die in die Geschichte einging. Mehrere Studentinnen drangen bei einer Vorlesung Adornos in den Hörsaal ein. Zunächst verteilten sie Flugblätter, auf denen plakativ verkündet wurde: »Adorno als Institution ist tot.« Dann umtanzten drei junge Frauen den Professor, führten spöttische Pantomimen auf und zeigten schließlich ihre nackten Brüste. Der Grund dafür, dass dieser Vorfall als das sogenannte »Busen-Attentat« berühmt werden sollte.

VI Linksanwälte

Rupert von Plottnitz

Seine Telefonnummer hatte fast jeder mit Kugelschreiber auf den Arm geschrieben. Bei den Demonstrationen gegen den Vietnamkrieg. Während des Frankfurter Häuserkampfes. Später, an der Startbahn West. Rupert von Plottnitz war der Mitbegründer des ersten *Frankfurter sozialistischen Anwaltskollektivs* im Jahr 1968. Zu einer Zeit, als – so von Plottnitz – »in einer bestimmten Szene der Bedarf an Anwälten größer wurde«. Zu dieser Zeit wirkten die fünf Partner »Golzem/Hornischer/Plottnitz/Riedel/Koch«, als es immer mehr sogenannte Demonstrationsstrafsachen gegen junge Leute gab mit so »mittelalterlichen« Tatbeständen wie Aufruhr und Zusammenrottung, in der legendären Kanzlei in der Hochstraße. »Es gab immer mehr Verfahren und kaum Anwälte, die einschlägig waren«, so von Plottnitz, »und der Vorwurf des Landfriedensbruches wurde gegen Linke besonders extensiv ausgelegt.« Und so schloss »die Hochstraße« im Jahr 1968 als erste eine echte Marktlücke – und kaum acht Jahre später füllten die linken Anwaltskanzleien in der Adressenrubrik des Stadtmagazins *Pflasterstrand* schon eine ganze Spalte.

»Jura war in dieser Zeit nicht das identitätsstiftende Feld«, sagt von Plottnitz heute. Natürlich lasen auch vereinzelte Jurastudenten Mitte der 60er bisweilen schon die *konkret* in diesem »schrecklichen dicken Packpapier«. Man kannte die

Autoren der Gruppe 47 und hörte Jazz statt Rudolf Schock und Rock 'n' Roll statt Anneliese Rothenberger. Eigentlich wollte er ja Literaturwissenschaft studieren. Das Jurastudium lief dann auch eher nebenher. Echtes Interesse an der Juristerei kam erst im Referendariat und dann als Mitglied im SDS. Da lagen die Fälle quasi auf der Straße.

Auch Hans-Christian Ströbele erinnert sich in der *Kritischen Justiz* an wilde Debatten im Berliner *Republikanischen Club*, dem Pendant zum Frankfurter *Club Voltaire*. Darf ein Linker überhaupt noch Rechtsanwalt werden? Dient man dann nicht auch dem Repressionsapparat? Wird man nicht Teil des Systems?

Doch für von Plottnitz war früh klar, man wollte die Gesellschaft zwar radikal verändern, man wollte eine echte Revolution, wenn es aber um das Recht geht, »dann kannst du gar nicht anders, als – ganz reformerisch – sich um die beste Auslegung zu bemühen und Urteile zu erzielen, die den Interessen des Mandanten am besten gerecht werden. Mit dem Satz ›Lenin hat recht‹ kommst du nicht weit vor Gericht, aber du kannst die Gesetze möglichst grundrechtskonform auslegen, das war meine Grundhaltung, die man auch versuchte, dem eigenen politischen Umfeld zu vermitteln. Wenn du Leute vertrittst, denen Rechtsverstöße vorgeworfen werden, musst du aber letztlich rechtsimmanent argumentieren.« Das Rechtssystem per Fundamentalopposition im Gerichtssaal revolutionieren zu wollen, hätte kaum Gewinner, ganz sicher aber mindestens einen Verlierer hervorgebracht: nämlich den Mandanten, der seinen Prozess verloren hätte. Das sind im Anwaltsalltag heute – auch bei kritischen Juristen – Fragestellungen wie aus einer anderen Zeit, doch in den Jahren des rebellischen Aufbruchs (später verschärft umstritten am Ver-

hältnis Anwalt – Mandant während der RAF-Prozesse) eine intensiv diskutierte Haltung. Am ehesten wussten die Alt-Linken aus den 50er-Jahren, die stark antifaschistisch geprägt waren, wie der Rechtswissenschaftler, Politologe und ehemalige Widerstandskämpfer gegen das NS-Regime, Wolfgang Abendroth, um die Bedeutung einer politisch bewussten, aber fachlich kompetenten anwaltlichen Vertretung in Prozessen, die auf obrigkeitsstaatlichem Denken basierten. »Abendroth machte uns Mut. Bei einer Besprechung bei uns in der Hochstraße sagte er voller Überzeugung, er sei zutiefst dankbar, dass es nun endlich eine relevante Anzahl von Juristen in Deutschland gebe, die nicht nur im Geist von Burschenschaftern wirkten und der allzu lange erlebten Jurisprudenz von rechts entsprächen.«

Doch die Mehrheit der Freunde aus Rupert von Plottnitz' Generation studierte Soziologie bei Adorno und Horkheimer und rümpfte bei Jura die Nase. Es war das Fach des rechtskonservativen Obrigkeitsdenkens der Nachkriegszeit. Und liberale Vorbilder gab es wenige.

Heinrich Hannover (Jahrgang 1925) war einer von ihnen. Angefangen ganz traditionell als Hausanwalt des Haus- und Grundbesitzervereins in den früher 50ern, kam er als Pflichtverteidiger eines Kommunisten früh mit den Rechtsprinzipien dieser Jahre in Konflikt, »man verfuhr nach der aus der US-amerikanischen McCarthy-Ära bekannten Methode der Kontaktschuld, für die eine persönliche Zusammenarbeit mit Kommunisten genügte, um eine Strafbarkeit zu begründen« (Kritische Justiz). Ende der 50er-Jahre war Hannover dann im Prozess gegen dic Persönlichkeiten des westdeutschen Friedenskomitees – eines sozialistisch und pazifistisch geprägten Vereins – anwaltlich aktiv. Persönlichkeiten wie der spätere Bundespräsident Gustav Heinemann und Martin Niemöller wurden als Zeugen vom Gericht als »nützliche Idioten der DDR« abgetan. »Heute bin ich der letzte aus der Verteidigerriege dieses historisch bedeutsamen Verfahrens, der noch aus eigenem Miterleben von den unglaublichen Rechtsbrüchen in der Hauptverhandlung und dem in den Richtern und Schöffen personifizierten Ungeist der Adenauer-Zeit berichten kann.«

Es waren diese Anwälte und diese Verfahren, die vom Juristennachwuchs der 60er-Jahre und späteren »APO-Anwälten« mit großer Aufmerksamkeit verfolgt wurden. Rupert von Plottnitz erinnert mit großem Respekt an den jüdischen Anwalt Henry Ormond, der seine Kanzlei hinter der Frankfurter Börse hatte und eine große Rolle in den Wiedergutmachungsprozessen spielte. »Es gab nur wenige Anwälte wie Ormond, die sich zu Beginn der 60er-Jahre schon dezidiert als antifaschistisch bezeichneten, diese Kanzlei hinter der Börse prägte viele Anwälte der späteren Kollektive.« Christian Raabe, der später Rudi Dutschke in Frankfurt vertrat und danach lange SPD-Stadtverordneter war, wirkte in dieser Kanzlei, Armin Golzem, Mitbegründer des ersten *Sozialistischen Anwaltskollektivs*, war dort als Assessor, Rupert von Plottnitz während seines Referendariats tätig.

Besonderer Wegweiser in Sachen neuer Rechtskultur waren für die neue Juristengeneration natürlich Fritz Bauer, Hessischer Generalstaatsanwalt, und dessen Wirken in den Frankfurter Ausschwitzprozessen und sein Engagement für die Wiederherstellung der Ehre der Verurteilten des 20.Juni. Als Staatsanwalt zwar Inbegriff und Verkörperung repressiver Staatsmacht, zugleich aber eben auch der lebende Beweis für die Möglichkeit, das Recht aus dem System weiterzuentwickeln.

»Wer wie ich als Jurastudent diese Prozesse im Haus Gallus erlebte, den prägte diese Erfahrung tief für sein späteres Berufsleben. Man erlebte diese Persönlichkeit von Fritz Bauer – aber man wusste auch, dass er ein Solitär in der deutschen Justiz war. Später hatte man in Darmstadt einen Ausbilder bei der Staatsanwaltschaft, der nicht müde wurde zu insistieren, »dass nicht alles falsch war in Hitlers Rechtswesen und die Todesstrafe als Mittel der Rechtsfindung sicher ihren Platz haben sollte«, erinnert sich von Plottnitz heute.

Prägend war für von Plottnitz – nachdem er Ende 67 im traditionsreichen Frankfurter Kolb-Keller »förmlich dem SDS beigetreten war« – eine Etappe des Referendariats, das er in Paris absolvierte. Er erlebte die Philosophen Althusser und

Rechtsanwälte

J. RIEMANN/I. HORNISCHER
Parkstraße 18, Tel. 59 80 78
von 13 - 15 Uhr Pause, Mittw.
Nachmittag und Samstag geschl.

GOLZEM/PLOTTNITZ/RIEDEL/
KOCH
Hochstr. 52, Tel. 28 01 41
Mo - Fr von 9 - 18 Uhr

U. KOCH/M. HOFFERBERT
Georg-Speyer-Str. 1,
Tel. 77 85 93, nur n. Vereinb.

BARBARA NENZEL-HENRICH
Musikantenweg 35/II,
Tel. 43 40 99, nur n. Vereinb.

OBERWINDER/TEMMING/
DÜX/KNÖSS
Zeißelstr. 8, Tel. 59 40 49
Mo - Fr von 9 - 18 Uhr

E. RONTE
Auf der Körnerwiese 10
Tel. 59 71 416, nur n. Vereinb.

B. SCHÖN/R. KERN/
U. ROEDER
Darmstadt, Rheinstr. 3
Tel. 95 / 26791, Mo - Fr von
15 - 18 Uhr

W. SCHULER/W. REDER
Leipzigerstr. 17, Tel. 70 80 56
Mo - Fr von 15 - 18 Uhr, Sa von
10 - 12 Uhr

K.-H. WEIDENHAMMER
Meisengasse 11, Tel. 28 77 59,
nur n. Vereinbarung

H.-J. WEIDER/P. ZIMMER-
MANN
Bergerstr. 146, Tel. 49 54 85
Mo - Do von 10 - 12.30 Uhr und
15 - 18.30 Uhr, Fr 10 - 14 Uhr

B. TROMMSDORFF
Teplitz-Schönauerstr. 13
Tel. 63 32 13, nur n. Vereinb.

ANNETTE STOCK
Kiesstr. 27, Tel.: 77 60 04
Sprechstunde: Mo, Di, Do,
Fr 10.00 bis 18.00 Uhr

PFLASTERSTRAND
für alle, die das Impressum
nicht finden. Kurfürstenstr. 16
(Hinterhaus), Tel. 70 30 87

Rubrik der Anwaltskollektive im legendären Adressenteil des frühen *Pflasterstrand*

insbesondere Sartre als die einflussreichsten theoretischen Köpfe der Pariser Unruhen.

Entscheidend Anstoß für das Selbstverständnis der Anwaltskollektive gab der 2. Juni 1967 in Berlin – der Tod Benno Ohnsorgs. Dieser Tag war auch für die Gründung des bekanntesten *Sozialistischen Anwaltskollektivs* in Berlin von zentraler Bedeutung.

Hans-Christian Ströbele erinnert sich: »An dem berühmten 2. Juni 1967 habe ich die Geschehnisse aus der Nähe betrachtet … Mir wurde erzählt, ein Polizist sei von einem Studenten mit einem Messer niedergestochen worden. Eine Falschmeldung. In Wahrheit war es ein Polizist, der einen Demonstranten erschossen hatte. Am nächsten Tag habe ich mich bei Rechtsanwalt Mahler gemeldet – der war damals APO-Anwalt, bekannt dafür, dass er die Studenten vor Gericht vertrat und verteidigt hat. Ich habe gefragt, ob ich bei ihm mitmachen kann als Referendar. Ich wolle ihn gerne unterstützen, ab heute sei ich dabei. Von da an war ich bei der APO. Ich war, wie bis heute, in einer Doppelrolle anwesend: als Rechtsvertreter der Demonstranten und als politisch Engagierter, also als Teil der Demonstrationen. Wir waren drei Referendare neu im Anwaltsbüro Mahler: Ulrich K. Preuß, Klaus Eschen und ich« (Hans-Christian Ströbele, *Kritische Justiz*, S. 563f).

Es war der Grundstein des berühmten *Sozialistischen Anwaltskollektivs*, das offiziell dann am 1. Mai in der Meierotto-Straße mit den inzwischen fertig ausgebildeten Volljuristen gegründet wurde – und schnell zum Lieblingsfeind der Springer-Presse als »Linksanwälte« und »Terroranwälte« wurde. Parallel dazu gab es dann das Büro Wolfgang Bendler/Harmut Wächter in München und in Hamburg das Büro Kurt Groenewold.

Ähnlich auch die Haltung des Anwaltskollektivs in der Hochstraße in Frankfurt. »Als linker Student hatte man selbstverständlich das Ziel in der Rolle des Anwaltes, das, was die APO wollte, mit dem eigenen Beruf zu verbinden.« (von Plottnitz)

Dazu gehörten wie selbstverständlich klare Kriterien bei der Annahme eines Mandats. »Die politische Nähe zur Mandantschaft war ein naturwüchsiger Zusammenhang.« Und auch die fachliche Orientierung war eindeutig: Strafrecht, Mietrecht, Arbeitsrecht. »Wobei wir natürlich in der Regel die Mieter und Arbeitnehmer vertraten.«

Schwerpunkt blieben aber über lange Jahre die Vertretungen in Demonstrationsstrafsachen: »In den Strafverfahren ging es schon aufgrund völlig differierender Rollenverständnisse konfrontativ zu. Auf der einen Seite noch ein Typus von Staatsanwalt und Richter, der grosso modo obrigkeitsstaatlich geprägt war und es für völlig unannehmbar hielt, dass ihm plötzlich Angeklagte gegenübersaßen, die mit großem Selbstbewusstsein versuchten, den Spieß umzudrehen. Man darf ja nicht vergessen: Das gesamte Demonstrationsstrafrecht war – so sieht es von Plottnitz auch heute noch – in wesentlichen Teilen vor-demokratisch. Erinnert sei an den unvergessenen Dialog zwischen einem Berliner Richter und dem Kommunarden Fritz Teufel: »Angeklagter, stehen Sie auf.« – »Wenn es der Wahrheitsfindung dient.«

Auch in Frankfurt wurde vor Gericht in der Regel von streng obrigkeitsstaatlich orientierten Richtern – Richterinnen gab es kaum – Recht gesprochen. Und doch war hier am ehesten ein zarter Wandel in der Rechtskultur spürbar, sicher auch bedingt von der Änderung in der politischen Kultur in Stadt und Universität überhaupt. Auch der Name Fritz Bauer hallte nach, am Oberlandesgericht wirkte der liberal denkende Präsident Staff, der während der NS-Zeit im Exil war, seine Frau Ilse Staff war eine der wenigen linksliberalen Rechtswissenschaftlerinnen, die erste Staatsrechtlerin überhaupt an einer deutschen Universität.

Das angesprochene OLG war dann auch das Gericht, das eine echte Vorreiterrolle mit einer neuen Auslegung des Artikels 8 des Grundgesetzes einnahm. Im Rahmen der Unruhen während der Verleihung des Friedenpreises des deutschen Buchhandels an den senegalesischen Dichter und Politiker Senghor im Rahmen der Buchmesse 68 in Frankfurt kam es zu Unruhen von Demonstranten, die den Politiker als afrikanischen Ideologen des Neokolonialismus kritisierten. Daniel

Cohn-Bendit wurde erstinstanzlich in einem Schnellverfahren aufgrund der alten Aufruhr- und Zusammenrottungsregelungen zu acht Monaten auf Bewährung verurteilt. In einem Revisionsverfahren 1969 vor dem genannten OLG wurde dieses Urteil als unvereinbar mit dem Grundrecht auf Versammlungsfreiheit erkannt. Für die damaligen Verteidiger von Plottnitz und Heinrich Hannover ein fast sensationell empfundener Meilenstein in der Rechtsprechung im Nachkriegsdeutschland und ohne den sich verändernden Geist durch die Studentenbewegung von 68 kaum denkbar. Dieses Urteil wurde dann auch ein Jahr später zu einer wichtigen Grundlage des Straffreiheitsgesetzes der sozialliberalen Koalition unter Willy Brandt, das viele Urteile gegen die APO aufhob oder obsolet machte. Ein Urteil, das nicht nur mehr Rechtssicherheit gab, sondern auch für die finanziell eher darbenden Anwaltskollektive einen angenehmen Nebeneffekt hatte – zum ersten Mal konnte man auf Kosten der Staatskasse abrechnen, von verurteilten Demonstranten war in der Regel nichts zu holen.

Denn nicht nur Auswahl und die Art der Vertretung der Mandanten vor Gericht waren neu, auch die innere Organisation des ersten Anwaltskollektivs in der Hochstraße war alles andere als für normale Anwaltskanzleien üblich. So war die »Binnenstruktur streng egalitär«. Wenn überhaupt Geld verdient wurde, ist es gleichmäßig verteilt worden.

Das Büro Ströbele in Berlin musste aufgrund eines »ehrengerichtlichen Verfahrens« durch die Anwaltskammer das Türschild *Sozialistisches Anwaltskollektiv* abschrauben. Es sei unerlaubte Werbung, dass es den Eindruck erwecke, man sei als Sozialisten billiger als andere. Mehr gegenseitiges Missverständnis zwischen alter und neuer Rechtskultur ging kaum. Die Geldfrage war die Frage, die am wenigstens im APO-Umfeld diskutiert wurde. Alterssicherung war ein Fremdwort. »Bis ich alt bin, hat die Revolution gesiegt und es gibt eine Revolutionsrente«, so Ströbele heute ironisch in der Nachbetrachtung.

Man ahnt, die Gräben zwischen der obrigkeitsstaatlich gestählten alten Juristengarde und den jungen Rebellen waren tief und auch das persönliche Lebensumfeld durchaus verschieden.

Margarethe Nimsch

Noch tiefer die Gräben und unterschiedlicher die politische Kultur, wenn statt eines sozialistisch eingestellten Kommilitonen in der Zivilrecht 1-Vorlesung plötzlich sozialistische und feministische Kommilitoninnen sitzen. Margarethe Nimsch, die später als Gesundheitsdezernentin den international bekannt gewordenen Frankfurter Weg in der Drogenpolitik etablierte, erinnert sich an Seminarerfahrungen der besonderen Art. Sie war Bauerntochter – im Gegensatz zu den aus »bürgerlichem Haus kommenden« Freundinnen, die Soziologie und Politik studierten –, hatte eine landwirtschaftliche Lehre gemacht und arbeitete danach als Sekretärin und Stewardess. Sie lebte ab 1963 in Frankfurt am Main, wo sie nach dem Tod ihres Mannes das Abitur auf dem dritten Bildungsweg nachholte und dann an der Goethe-Universität Rechtswissenschaft studierte. »Mein Berufswunsch stand fest, bevor ich in die 68er geriet. Ich habe – welch ein Irrtum – recht naiv dabei Recht und Gerechtigkeit miteinander gleichgesetzt. Und ich habe im Sommer 68 angefangen zu studieren, war somit zehn Jahre älter als die meisten Studenten.« Vorbild waren die damals bekannten weiblichen Anwältinnen in dem damals schon viel frauenfreundlicheren Frankreich. »In Frankfurt bin ich noch als alleinerziehende Mutter im *Frankfurter Hof* nicht bedient worden – man wolle doch mit der Speisekarte warten, bis der Herr Gemahl anwesend sei …«

Der Krieg in Vietnam, die kubanische Revolution und die anderen Freiheitsbewegungen in Lateinamerika bestimmten die Diskussionen unter den Genossinnen und Genossen. Die vor allem juristische Auseinandersetzung mit dem Holocaust machte für Nimsch das Fach Jura quasi zur natürlichen Wahl.

Und dann die ersten Eindrücke am Juristischen Seminar: Sie schockierten die junge Frau, die sich gerade vom traditionellen Rollenbild emanzipierte.

Der Juraprofessor erzählt unter dem schenkelklopfenden Gekicher der rund 80 Prozent männlichen Studenten den »Witz« von dem Mann, der eine Schwangere anfährt, die ihr Kind verliert. Und weist dann darauf hin, dass es ja aus zivilrechtlicher Sicht für einen Mann gar kein Problem sei, den Schaden wiedergutzumachen. Widerlich, aber nicht untypisch für den Geist der Zeit und den Humor von Juristen. »Unter den Talaren … nirgendwo war der Muff so spürbar …«

Die Universität wurde für weibliche Studenten – insbesondere in den Fakultäten Jura, BWL, VWL und Naturwissenschaften – mehr als Heiratsmarkt denn als Karrieresprungbrett angesehen. »Eine Bibliothekarin im Fachbereich Jura hat zum Beispiel regelmäßig den männlichen Kommilitonen Bücher reserviert und bereitgelegt, für die Studentinnen gab es diesen Service nicht«, so Nimsch.

Später organisierte sich dann eine »kleine radikale« Minderheit von Jurastudenten gegen diesen Geist, die Seminare im Juridicum wurden mit kreativen und spektakulären Aktionen gestört, im Uni-Jargon hieß es, der »Prof wurde gesprengt«.

Aber nicht nur die Auseinandersetzung mit der alten Bundesrepublik stand auf der Tagesordnung. Auch im privaten Bereich zeichneten sich sehr bald Rollenkonflikte ab. Wohngemeinschaften mit Johnny (Klinke), Dany (Cohn-Bendit) und Joschka (Fischer) waren nicht per se Hort der weiblichen Emanzipation. Auch was die berufliche Akzeptanz betrifft, die schon damals für Frauen eine größere Bedeutung hatte.

»Ich sitze an meinem Schreibtisch, *Schönfelder* und andere Gesetzbücher vor mir. Dany kommt zu Besuch vorbei und sagt: Das brauchst du alles nicht mehr zu lernen, das werden wir alles abschaffen; mein Kommentar: Dany, das glaubst du doch selber nicht. Dany schüttelt den Kopf und verlässt den Raum. Wie viele von uns, hatte ich zwar oft das Gefühl, dass es kein richtiges Leben im falschen gibt, bin aber »zweigleisig« gefahren, d. h. habe pragmatisch studiert, demonstriert und spätestens mit dem Tod von Ulrike Meinhof meinen Glauben an eine bessere Alternative aufgegeben. Einige Genossen und Genossinnen haben sogar heimlich in den 70er-Jahren geheiratet, ich habe sie später geschieden, sie erzählten mir, dass es deshalb ein Problem gewesen sei, die Hochzeitsgeschenke ihrer Verwandtschaft in der WG unterzubringen (Bügeleisen, Kochtöpfe, 6-teiliges Kaffeegeschirr).«

Es wurde bald klar, dass Emanzipation gerade auch gegenüber linken Männern durchgekämpft werden musste. Doch es dauerte lange, bis sich die Frauen in autonomen Strukturen organisierten – Emanzipationsfragen galten im Klassenkampf eher als »Nebenwiderspruch innerhalb des Systems«.

Margarethe Nimsch und das erste feministische Anwältinnenkollektiv

Mitte der 70er-Jahre begann dann eine neue Epoche der autonomen Frauenbewegung. Auf die Gründung des Frauen-AStAs folgte die feministische Rechtszeitschrift *Streit* und das erste linksfeministische Anwältinnenkollektiv.

»Es dauerte so lange, weil ich erst 77 die Zulassung zur Anwaltschaft erhalten habe und es wohl mehr oder weniger meine Idee war, das Büro zu gründen. Den Schritt in die Selbstständigkeit schafften damals einige Juristinnen, zumindest einige aus der Szene.«

»Wir waren ein reines Frauenbüro und haben nur Frauen vertreten. Unsere ersten Mandantinnen waren Frauen aus den Frauenhäusern, die wir zum Teil mitgegründet hatten. Viele Frauen aus der Szene kamen zu uns, später dann die Frauen ›wohlhabender‹ Männer, die sich oft auch als feministisch begriffen und später grün wählten. Viele ausländische Frauen kamen zu uns.« Man diskutierte mit feministischen Büros u. a. in Bremen, Hamburg, Berlin – und es war eine andere Diskussionskultur als mit den männlichen Kollegen. Aufrührende Fragen wie »darf man als Frau Vergewaltiger verteidigen« wurden bis tief in die Nacht debattiert.

Die Themen der Kanzlei waren sehr akut: Gewalt gegen Frauen, Vergewaltigungen, Tabu-Thema: Gewalt in der Ehe, »Armut« der Frauen, schlechtere Bezahlung für gleiche Arbeit, »Lohn für Hausarbeit«, Väter zahlen keinen Unterhalt, Kindesentführungen.

»Wir hatten das » Glück«, dass 1977 die Familienrechtsreform in Kraft trat, die Schuld-Scheidung wurde abgeschafft, der Unterhalt für Ehefrauen und Kinder besser geregelt, es gab aufgeschlossene linke Familienrichter und Richterinnen, mit denen wir Rechtsfortbildung zugunsten der Frauen durchsetzen konnten. Außerdem waren wir auch das erste Büro, das auf Umweltpapier schrieb, und unsere grauen Briefe in der Anwaltspost der Kollegen waren – wir uns oft berichtet wurde – gefürchtet.«

Frauen kamen gerne zur persönlichen Beratung in die

Frauenzentren. Bisweilen wurde allerdings der anschließende Dank mit dem Hinweis verbunden, man gehe jetzt auch noch mal »zu einem richtigen Anwalt«.

Man startete als Kollektiv (alle verdienten gleich, die Anwältinnen und Sekretärinnen), habe das auch ziemlich lange durchgehalten. Entscheidungen über Anschaffungen wurden gemeinsam getroffen, und es gab großzügige Gehaltsfortzahlung bei Schwangerschaft und Kinderzeit.

Das Kindschaftsrecht wurde reformiert, nichteheliche Kinder den ehelichen gleichgestellt, Partnerschaftsverträge zwischen gleichgeschlechtlichen Partnern wurden möglich. Die Gleichstellungsgesetze wurden erlassen und unser Kampf um die Abschaffung des § 218 endete mit der Fristenlösung.

Nimsch zieht eine durchaus positive Bilanz aus frauenpolitischer Perspektive: »Am Sichtbarsten ist für sie die Veränderung bei der Anzahl der Richterinnen und Staatsanwältinnen (ca. 42 %, gefühlt 55 %, weil die jüngeren immer deutlicher in Erscheinung treten.« Und bei der Anzahl der Anwältinnen. »Es war ein harter Kampf und langer Weg!«

Roland Kern

Unter den linken Anwaltskanzleien in der ersten Adressenrubrik des *Pflasterstrand* wurde auch eine Darmstädter Exklave geführt: Ulrich Roeder/Barbara Schoen/Roland Kern. Barbara Schoen war dann Mitgründerin des Frankfurter Anwältinnenbüros Nimsch/Henrich/Schoen und praktizierte dann wieder in Darmstadt mit Roland Kern.

Auch Darmstadt hatte seine Studentenszene mit den üblichen Verfahren gegen den jeweiligen AStA wegen angenommener unzulässiger allgemeinpolitischer Betätigung, wegen Aufrufs zum Boykott der Volkszählung, Startbahn-West-Verfahren usw.

Zwei Darmstädter Prozesse sollen besonders erwähnt werden: der gegen Wernfried Reimers und Robert Jarowoy vor dem Staatsschutzsenat wegen Mitgliedschaft in einer kriminellen Vereinigung und Raubüberfalls auf ein Darmstädter Reisebüro zwecks Auffrischung der Kasse der »Bewegung 2. Juni« sowie das von Franz Josef Strauß erzwungene Verfahren gegen Ulrich Pakleppa wegen einer in der Öffentlichkeit begangenen Beleidigung.

Zum ersten: Der Anklagevorwurf der Mitgliedschaft in einer kriminellen Vereinigung wurde fallen gelassen; allerdings erfolgte nach mehrjähriger Untersuchungshaft eine Verurteilung wegen schweren Raubes zu einer – angesichts der relativ geringen Beute – hohen Freiheitstrafe von 7 Jahren und 3 Monaten.

Roland Kern erinnert sich: Am Tag der Verkündung des Urteils besuchte ich meinen Mandanten Robert Jarowoy wie üblich vor Beginn der Verhandlung in der Wartezelle unmittelbar neben dem Schwurgerichtssaal. Der kleine Raum war auf einer Seite von einer gebogenen Wand begrenzt (dahinter befand sich das Treppenhaus), auf welcher einige Sprüche eingeritzt bzw. aufgeschrieben waren. Einer lautete: »If you were verurteilt, then you are the Gelackmeierte.«

Der Angeklagte nahm's mit Humor.

Zum zweiten: Am 3. November 1979, mitten im damaligen Bundestagswahlkampf, ging Ulrich Pakleppa im Herrngarten zu Darmstadt spazieren. Aber nicht nur das. An seinem

Pullover trug er dabei eine runde Ansteckplakette, deren Rand mit den Worten »Antifaschistische Aktion« beschriftet war. In der Mitte befanden sich die Worte »Stoppt Strauß«; in diesem Namen war das »ß« durch Zeichen ersetzt, die SS-Runen ähnlich waren. Dies bemerkte ein ebenfalls spazierengehender Polizeibeamter, der die Plakette konfiszierte und der Staatsanwaltschaft übergab. Diese leitete ein Verfahren wegen Verwendens von Kennzeichen verfassungswidriger Organisationen – § 86a StGB – ein. Des Weiteren erstattete der damalige Bayerische Ministerpräsident und Bundeskanzlerkandidat Dr. Franz Josef Strauß Strafanzeige wegen Beleidigung.

Das Verfahren durchlief alle Instanzen vom Amtsgericht bis zum Bundesgerichtshof. Jeder kann sich denken, wie die Sache ausgegangen ist, obwohl u. a. folgende von der Verteidigung unter Beweis gestellte Tatsachen vom Landgericht als wahr unterstellt worden waren – und das mit einer breiten Rezeption in der Öffentlichkeit und genüsslich begleitet und viel zitiert im Organ der »Lügenpresse«, dem von Strauss geschmähten und verfolgten *Spiegel*:

Und so konnte man dann medial nachverfolgen, wie im Prozess ans Licht kam, wie nahe Franz Josef Strauß als junger Mann dem NS-Regime tatsächlich gestanden und wie weit er sich mit ihm eingelassen hatte. Seine Mitgliedschaft als weltanschaulicher Referent und Rottenführer im *Nationalsozialistischen Kraftfahrercorps* wurde ebenso öffentlich diskutiert wie sein Eintritt in den *Nationalsozialistischen Deutschen Studentenbund*, der freiwillig war und sogar strengster Auswahl unterlag. In der Wehrmacht war er Führungsoffizier, für deren Ernennung NS-Reichsleiter Martin Bormann nur »bedingungslose, kämpferische, fanatische

Roland Kern – Sozialistische Anwaltskanzleien blühen auch im Umland auf

Nationalsozialisten« auswählte. Und auch sein Zitat aus der Zeitschrift des Veteranenverbandes der Waffen-ss kam zur Sprache: »Wie ich persönlich über die Leistungen der an der Front eingesetzten Verbände der Waffen-ss denke, wird Ihnen bekannt sein. Sie sind selbstverständlich in meine Hochachtung vor den deutschen Soldaten des letzten Weltkrieges einbezogen.«

Wie in vielen anderen Beispielen, in denen die »bürgerliche Klasse entlarvt« werden sollte, ging es bei der Prozessführung bisweilen weniger um das Urteil, als um die politische

Dynamik im Prozess selbst. Die Strafanzeige wurde zum medialen Eigentor.

Die Prozessgegner des einstigen Kanzlerkandidaten der CDU selbst, sie wurden dann doch noch irgendwie »staatstragend«. Ulrich Pakleppa war danach lange Jahre ehrenamtlicher Stadtrat der GRÜNEN in Darmstadt, nunmehr – auch Alt-Spontis werden älter – Sprecher des Arbeitskreises Grüne Alte. Robert Jarowoy ist heute Vorsitzender der Fraktion »Die Linke« in der Bezirksversammlung von Hamburg-Altona. Roland Kern ist Bürgermeister der Stadt

Rödermark im Kreis Offenbach. Anfang der 80er-Jahre war er Mitglied der ersten Fraktion der GRÜNEN im Hessischen Landtag und Vizepräsident; von 1991 bis 1998 Mitglied des Staatsgerichtshofs des Landes Hessen, »abgelöst« von Justizminister a.D. Rupert von Plottnitz, der diese Funktion bis heute innehat.

Ja, es gab einschneidende Veränderungen in der Zusammensetzung der Justiz – nicht nur unter paritätischen Aspekten.

Angefangen hat kaum einer der Juristen, die sich in einem Anwaltskollektiv engagierten, mit Blick auf eine klassische Karriere als Anwalt. Obwohl vor Gericht selbstverständlich rechtsimmanent argumentiert werden musste, wurde letztlich auch die Justiz als Instrument angesehen, um die Gesellschaft fundamental zu verändern.

Trotz aller Empathie im Blick auf den revolutionären Anspruch, dieser wurde nie eingelöst. Man blieb im System. »Aber innerhalb des Systems war der reformerische Erfolg durch 68 einschlägig – gerade im Rechtswesen.« (von Plottnitz)

Und die Anwaltskollektive schossen – insbesondere in den Universitätsstädten – wie Pilze aus dem Boden. »Es war ein munteres Verteidigen, sowohl für die betroffenen Angeklagten als auch für ihre Verteidiger.« (von Plottnitz)

Die Vertretung der Hausbesetzer Häuserkampf, der Demonstranten der AKW-Bewegung, später der Startbahn West, in den frühen Asylverfahren – die linken Kanzleien waren gut ausgelastet.

Häufigster Streitpunkt vor Gericht waren Verfahren gegen die Studentenvertretungen in Sachen »Politisches Mandat«. Dies untersagte eigentlich den Asten, sich zu allgemeinpolitischen Fragen politisch zu äußern. Begründung: Da die Asten über die Uni-Gebühren der Studenten finanziert werden, dürfen sie sich auch nur zu universitätsspezifischen Belangen (Bafög etc.) politisch äußern. Das sahen naturgemäß die Studenten anders, die ja gerade die universitäre Praxis als Teil der Revolution der Gesellschaft ansahen, sie äußerten sich zu Vietnam, Lateinamerika, Häuserkampf und Startbahn West und finanzierten entsprechende Projekte aus dem Etat des AStA – was zu einer Dauerpräsenz von AStA-Vorsitzenden vor Gericht führte. Bis ein Verteidiger, der auch firm in Finanzrecht war, die Asten auf die Idee brachte – quasi eine Art von Geldwäsche für den linken Zweck –, hohe Mitgliedsbeiträge an den Bundesdachverband der Asten zu überweisen und sich vom Dachverband (der als Bundesorganisation sich viel breiter politisch äußern durfte) wiederum beauftragen und von den Beiträgen finanzieren zu lassen, um sich zu den allgemeinpolitischen Themen auch in der eigenen Universität zu äußern. Was vor Gericht dann die Verfahren positiv beeinflusste.

Es gab aber auch verfahrensrechtliche Kleinode, als der AStA der Universität Frankfurt wegen Verstoßes gegen das Tierschutzgesetz angeklagt wurde – der AStA brachte ein lebendes Schwein aus einer Vogelsberger Landkommune mit in den Uni-Senat als Gegenkandidaten bei der Wahl eines neuen Uni-Präsidenten. Die Frankfurter Staatsanwaltschaft versuchte verzweifelt, mit dem Anwalt der Gegenseite eine Einstellung des Verfahrens zu verabreden, doch der AStA-Anwalt bestand mit einer paradoxen Intervention auf einem förmlichen Verfahren, »um die besondere Eignung des AStA-Kandidaten als Uni-Präsident – angesichts des Zustandes der deutschen Universitäten! – vor Gericht nachzuweisen.«

Das erste Bio-Schwein aus dem Vogelsberg als Waffe im politischen Kampf

Als der AStA-Anwalt allerdings der Vogelsberger Landkommune einen Besuch abstattete, um für die Beweisführung das Wohlbefinden des Schweines zu dokumentieren, bekam er mit betretener Miene nur eine Dose Presskopp serviert …

Auch das Selbstverständnis der Advokaten selbst hat sich mit einer zivileren Rechtskultur geändert. Es gibt auch selbstverständlich Anwälte, die sich als politisch rechts oder links verorten – aber es gibt kaum mehr Anwälte, die man in Bezug auf die Mandanten als »Linksanwälte« bezeichnen könnte, so von Plottnitz, »vor Gericht bin ich heute ein Anwalt wie jeder auch, aber logo! Man hält es irgendwie mit Churchill: ›Die Demokratie ist die schlechteste aller Staatsformen, aber es gibt keine bessere.‹ Das lässt sich auch auf den Rechtsstaat übertragen.«

Denn wie sich linke Lehrer, die mit dem radikalen Anspruch, das Leistungssystem der Schule grundlegend abzuschaffen, mit dem Notensystem arrangiert haben, wie linke Sozialarbeiter, die die sozial Schwachen und Unterdrückten für die Revolution schulen wollten (erinnert sei an das Buch *Bambule* von Ulrike Meinhof), sich inzwischen als Reparaturinstanz im System etablierten, wie Grüne Politiker der »Anti-Partei-Partei« (Petra Kelly) sich in der Regierungsverantwortung im Nato-Bündnis oder als Hessischer Justizminister von Plottnitz zuständig für die Strafgefangenen wiederfanden, so ist es ebenso selbstverständlich, dass der einstige Hausanwalt des *Kommunistischen Bundes Westdeutschlands* (KBW) heute den einstigen Vorstandsvorsitzenden der Deutschen Bank vor Gericht vertritt – und dies in der Regel meist erfolgreicher als die Kollegen aus den globalen Anwaltssozietäten …

Rechtskultur änderte sich, »der Abstand zwischen Verfassungsordnung und Verfassungswirklichkeit – wie man in den

60ern erlebte – wurde kleiner. Die Zeiten, in denen ein Strafverteidiger vor Gericht auf die Rolle reduziert wurde, als Bittsteller zu flehen: ›Herr Vorsitzender, ich bitte für meinen Mandanten um Milde‹, ist – zumindest noch – vorbei«, resümiert von Plottnitz, mit leicht skeptischem Blick in die Zukunft.

Manuela Rottmann

Und doch, es gibt sie, die juristischen Erben von 68. Manuela Rottmann ist eine dieser Ausnahmen. Sie kam aus dem gleichen Grund nach Frankfurt zum Studieren, aus dem Tausende anderer auch in den Jahren um 1968 kamen – sie kam nur 25 Jahre später. Als der Geist der Kritischen Theorie an den sozialwissenschaftlichen Fakultäten schon langsam verebbte, hatte er das Juridicum so gerade erreicht. Durch Hochschullehrer, die 68 politisch sozialisiert wurden und nun das Fach, das lange Jahre als das Fach der Restauration galt, einem neuen Selbstverständnis öffneten.

Eigentlich hatte sie – aus einfachen Verhältnissen vom Lande kommend, nun die Abenteuer in der gefährlichen Großstadt erlebend – ja auch Politikwissenschaften und Soziologie studieren wollen. Politikwissenschaften und Soziologie fürs Interessse und Jura nebenher, um der Verwandtschaft irgendwas erzählen zu können auf die Frage, was sie denn werden würde, wenn sie endlich fertig studiert hätte. Es kam anders. Jura wurde ihre Leidenschaft. Und sie spürt heute den Verlust dieses neuen Geistes – ein Verlust, den sie allerdings weniger – und auch das die Ausnahme – der »Emeritierung der 68er« als vielmehr dem Primat der Technokratie in der eigenen Generation anlastet. Ein Blick zurück nach vorn:

»Er war in Deutschland etwas Einzigartiges: Der Fachbereich Rechtswissenschaften erfüllte die Hoffnungen, die ich eigentlich mit dem AfE-Turm verbunden hatte!

Der Fachbereich war geprägt von einer Professorin Ilse Staff, der ersten und für lange Zeit einzigen Staatsrechtslehrerin in Deutschland, Teil eines linksliberalen Kreises von Intellektuellen rund um die Frankfurter Schule, die – wie sie selbst auch – das Staatsrecht der Bundesrepublik aus der Auseinandersetzung mit dem Nationalsozialismus entwickelte, schon Jahre vor 1968. Geprägt von Professoren wie Hans Meyer, Erhard Denninger, Rudolf Wiethölter, Michael Stolleis, Hans-Leo Weyers, Winfried Hassemer oder Wolfgang Naucke – Professoren, die nie »nur« allgemeines Schuldrecht, besonderes Verwaltungsrecht oder Strafrecht lehrten, sondern immer auch die Grundlagen ihrer Disziplin infrage stellten, und vielfach auch die Grundlagenfächer wie Rechtsphilosophie oder Rechtssoziologie vertraten. Geprägt von einer starken Rolle der Rechtsgeschichte mit dem zugehörigen, in Frankfurt ansässigen Max-Planck-Institut. Viele der Frankfurter Professoren waren rund um 1968 in ihre Lehrstühle gelangt. Die Lehre, wie ich sie dort erlebt habe, beruhte auf einer fundamentalen Schlussfolgerung aus dem Nationalsozialismus: dass Juristinnen und Juristen – ausgebildet und abgerichtet zu stumpfem Rechtspositivismus – eine gefährliche Klasse werden können. Dass dieser in jedem Staat mächtigen Disziplin die Selbstkritik und die Kritik am eigenen Fach von Anfang an innewohnen muss. Dass man den jungen Leuten nicht die ›herrschende Meinung‹ einzubimsen hat, sondern das Handwerkszeug, um die herrschende Meinung zu hinterfragen.

Studienbeginn Sommersemester 1992: Während das Jura-

Manuela Rottmann und das Erbe einer neuen Rechtskultur

studium nahezu an jeder anderen deutschen Universität zu diesem Zeitpunkt schon darauf ausgerichtet war, möglichst schnell das ›examensrelevante Wissen‹ und dann das Staatsexamen abzuarbeiten, stand in Frankfurt im ersten Semester auf dem Programm: Rechtsphilosophie, Rechtssoziologie, Rechtsgeschichte (in einem der Fächer war ein Schein zu erwerben) sowie die Grundlagen des öffentlichen Rechts, des Zivil- und des Strafrechts – das sogenannte ›Frankfurter Modell‹. Ich erinnere mich an meine erste Vorlesung zu den Grundlagen des öffentlichen Rechts bei Hans Meyer. Er legte uns mit Leidenschaft dar, dass die Institution des parlamentarischen Staatssekretärs, die niemand sonst überhaupt infrage stellte, seiner Ansicht nach ›evident‹ verfassungswidrig sei. Ich war begeistert. Anstatt uns daran zu gewöhnen, das gemeinhin Akzeptierte als gegeben zu nehmen, wurden wir von Anfang an dazu ermuntert, die Dogmatik zu beherrschen, um alles in Frage stellen zu können. Ich will nicht verhehlen, dass ich mit dieser Begeisterung schon damals eher die Ausnahme unter meinen Kommilitonen war. Jura war in den Neunzigerjahren längst zum Massenstudiengang geworden. Die Altersgenossen hatten Angst, Angst vor dem Examen und Angst mit Blick auf die Karriere. Diese Beschäftigung mit auf den ersten Blick unnötigen Vorfragen, dieser Aufruf, etwas in Trümmer zu schlagen, was sie noch gar nicht begonnen hatten zu verstehen, hat viele überfordert oder genervt. Ich aber war glücklich. Wir lernten zu streiten, das Recht nicht wiederzukäuen, sondern zu entwickeln. Ich beschaffte »Rechtswissenschaft« von Wiethölter, Denninger und Bernhardt, ›gefeierter Klassiker der 68er-Generation‹, mühsam antiquarisch. Ich lese bis heute darin. Der Arbeitskreis kritischer Juristen war der Ort, an dem sich die trafen, die tatsächlich universitär studieren und nicht nur ein Examen machen wollten, die ›Kritische Justiz‹ war das publizistische Organ dieses Biotops für Lehrende und Studenten.

Die Frankfurter Rechtswissenschaftler blieben in ihrer jeweiligen Disziplin oft Außenseiter. Wer die Protokolle der Vereinigung der Deutschen Staatsrechtslehrer aus dieser Zeit nachliest, wird bestens unterhalten mit der brillanten Schärfe, mit der etwa Hans Meyer in diesem in Ehrerbietung vor sich selbst erstarrten Kreis für seine Ansichten stritt. Frankfurt war eine Zuflucht für die Unangepassten. Günter Frankenberg etwa wurde in Frankfurt nicht nur Professor, sondern auch nur aufgrund der Fürsprache anderer Frankfurter Staatsrechtslehrer überhaupt in die Staatsrechtslehrervereinigung aufgenommen. Die unterentwickelte Geschmeidigkeit der Frankfurter führte auch dazu, dass kaum einer von ihnen seinerseits Schulen aufbaute, aus denen weitere Rechtsgelehrte in nennenswerter Zahl hervorgegangen wären. Die dafür erforderliche Netzwerkbildung, die Ausrichtung an Trends bei der Wahl der Forschungsgegenstände, das Schielen auf Verwertbarkeit war den um die Grundlagen ringenden Frankfurterinnen und Frankfurtern weitgehend fremd. Und so gab es nur wenige Frankfurter Habilitanden, die auch berufen wurden, aber viele Richter, Verwaltungsjuristen und andere Praktiker, die getränkt mit der Begabung zur Selbstreflexion aus dem Frankfurter Fachbereich ins Berufsleben gingen.

Das ›Frankfurter Modell‹ wurde im Laufe der Neunzigerjahre abgewickelt. Auch hier wurde früh die Entwicklung spürbar, der ›Geist von Bologna‹ hat sich – wenn auch bei den Juristen nicht formal umgesetzt – auch in den Rechtswissenschaften deutlich bemerkbar gemacht: Keine Rückkehr zum obrigkeitsstaatlichen Geist im Rechtswesen der 60er – aber der Beginn einer zunehmenden Verschulung des Studiums, marktgerechter Hochschulstrukturen, Spezialisierung statt Grundlagenforschung – Spötter sprachen von Studenten als prüfungsfixierten Lernautomaten.

Die Berufungspolitik war seit den späten Neunzigerjahren heftig umstritten. Mit vielen anderen kämpfte ich darum, die Grundlagenorientierung als Frankfurter Profil zu bewahren, aber die Ausrichtung an Drittmittelgebern stellte genau dieses Profil immer stärker infrage zugunsten verwertbarer, ›praxisnäherer‹ Forschungsgebiete. Der Fachbereich, der wie kaum ein anderer in Deutschland so viele Bundesverfassungsrichter hervorgebracht hatte, verlor damit seine Einzigartigkeit.«

Juristisches Nachspiel

Tempora mutantur – mal wieder. Und plötzlich weht der Wind auch rechtspolitisch wieder aus einer anderen Richtung. Und gerade in der Entwicklung der Rechtskultur ist oft schon früh der künftige Kurs einer Gesellschaft spürbar. Es fängt nach Ansicht vieler linker Anwälte in Bereichen an, die sich als eher unauffällig für die Rechtsentwicklung darstellen. »Dass man heute wieder glaubt, dem Versagen der Exekutive über eine Verschärfung des Strafrechts begegnen zu müssen, ist kaum nachvollziehbar«, so von Plottnitz, »und dass zum Beispiel beim Sexualstrafrecht Grüne und Linke mitgestimmt haben, macht die Sache nicht besser!«

Diese Haltung ist aus dem Geist gespeist, dass der Rechtsstaat eine der wichtigsten zivilisatorischen Errungenschaften überhaupt ist, dass aber die Hoffnung, gesellschaftliche

Probleme und Konflikte über die Reparatur des Rechtsstaat lösen zu können, ein fataler Irrglaube ist.

Auch dass man aufgrund von Gewalttaten und Terrorakten glaubt, wieder in die Panikgesetzgebung des Deutschen Herbstes zurückfallen zu müssen, wo im Dreivierteltakt Vorschläge zur Aushebelung von Grundrechten auf den Parlamentstisch gelegt wurden, macht von Plottnitz »nicht sehr zuversichtlich mit Blick auf die künftige Rechtskultur«.

Und dies insbesondere, wo es international durch eine rechtsextreme oder gar totalitäre Systemkritik einen Angriff auf Rechtsstaatlichkeit und emanzipative Errungenschaften gibt. Von Russland und der Türkei hat man ja nicht allzu viel erwartet. »Aber was man von Anwaltskollegen aus Ländern wie Polen, Ungarn oder inzwischen auch Finnland hört, lässt einen den Atem anhalten«, sagt von Plottnitz.

Wenn heute die Rechtspopulisten sagen, man müsse Schluss machen mit der der rot-grün-merkel-versifften Republik – und diese Diktion findet ja ihre Entsprechung in vielen anderen Ländern, dann zielt das, wie es von Plottnitz sieht, auch auf das, was wir an zivilisatorischen Veränderungen mit und seit 68 geschaffen haben: »Und man sieht, dass diejenigen, die ihre Wurzeln in 68 haben, heute guten Grund haben, sich zu vergegenwärtigen, dass es auch viel zu verlieren gibt«, so von Plottnitz, »und einen Satz muss man sich wohl abgewöhnen, nämlich den Satz, ›das kann nie passieren‹.«

Denn die Dialektik der Aufklärung – wir wissen es von Adorno – geht bisweilen seltsame Wege und landet unverhofft wieder im Mythos der Voraufklärung. Und so wäre es schon ein Treppenwitz der Geschichte, wenn plötzlich diejenigen die Letzten wären, die den Rechtsstaat verteidigen, die in der Tradition von 68 stehen.

Die Zeitzeugen

Unser Dank gilt allen Zeitzeugen, die uns bereitwillig und offen Rede und Antwort gestanden haben. Diese sind:

Thomas Bayrle, Jahrgang 1937, Maler und Grafiker, 1958 bis 1961 Student der Werkkunstschule Offenbach, 1972 bis 2002 Professor an der Städelschule in Frankfurt am Main.

Heiner Boehncke, Jahrgang 1944, Literaturwissenschaftler und Autor, 1968 Student der Germanistik, Romanistik und Philosophie.

Karlheinz Braun, Jahrgang 1932, Literatur- und Theaterverleger, 1968 Leiter des Theaterverlages des Suhrkamp Verlages in Frankfurt, Sekretär der Deutschen Akademie der Darstellenden Künste.

Micha Brumlik, geb. 1947 in Davos, ist ein Schweizer Erziehungswissenschaftler und Publizist. Er wurde als Kind jüdischer Flüchtlinge in der Schweiz geboren und lebt seit 1952 in Deutschland. Er war bis zu seiner Emeritierung im Frühjahr 2013 Professor am Fachbereich Erziehungswissenschaften der Goethe-Universität Frankfurt am Main. Als Publizist und Gastautor diverser Zeitungen veröffentlichte er Sachbücher und Artikel zur Geschichte des Judentums und zeitgenössischen jüdischen Themen. Er war Mitglied im Sozialistischen Büro und Stadtverordneter der Frankfurter GRÜNEN.

Daniel Cohn-Bendit, Jahrgang 1945, Politiker der GRÜNEN und Publizist, ehemaliger Studentenführer, von 1989 bis 1997 ehrenamtlicher Dezernent für multikulturelle Angelegenheiten in Frankfurt, von 1994 bis 2014 Mitglied des Europäischen Parlaments.

Irmelin Demisch, Jahrgang 1947, 1968 Studentin der Germanistik an der Johann Wolfgang Goethe-Universität in Frankfurt, ab 1970 Mitglied der KPD/AO.

Heiner Halberstadt, Jahrgang 1928, Politiker zunächst der SPD, dann der Linken, 1962 Mitbegründer des linken Treffpunkts Club Voltaire in Frankfurt, von 1989 bis 1991 Referent des Frankfurter Oberbürgermeisters Volker Hauff (SPD).

Peter Härtling (1933–2017), vielfach ausgezeichneter Schriftsteller, Herausgeber, Literaturkenner. 1967 war er Cheflektor, 1968 bis 1973 Sprecher der Geschäftsleitung des S. Fischer Verlags in Frankfurt.

Milan Horáček, geb. 1946 in der ČSSR. Nach den Ereignissen des Prager Frühlings emigrierte er 1968 in die Bundesrepublik Deutschland. Hier arbeitete er in der Industrie und für eine Gewerkschaftszeitschrift. 1983 zog er als Abgeordneter der GRÜNEN in den Deutschen Bundestag ein. Herausgeber der Exilzeitschrift *Listy-Blätter.* Er ist ebenfalls in der tschechischen grünen Partei Strana zelených aktiv. Nach 2004 Europaabgeordneter für Bündnis 90/DIE GRÜNEN. Gehört seit 2014 dem Präsidium des Bundes der Vertriebenen an.

Thomas Jahn, geb. 1952 in Tübingen, ist ein deutscher Soziologe und einer der Gründer des Instituts für sozial-ökologische Forschung (ISOE) in Frankfurt am Main, ist Sprecher der Institutsleitung. Während seines Studiums war er Mitte der 70er-Jahre AStA-Vorsitzender an der Frankfurter Goethe-Universität und Herausgeber und Redakteur der Studentenzeitschrift *diskus*. Auch war er Mitglied im Sogenannten Linksradikalen Blasorchester.

Roland Kern, Jahrgang 1947, als Rechtsanwalt in einem Darmstädter Anwaltskollektiv tätig. Nach 1982 Landtagsabgeordneter der GRÜNEN und Vizepräsident des Landtags. 2005 wurde er zum Bürgermeister von Rödermark gewählt und 2017 zum zweiten Mal wiedergewählt.

Peter Lieser, Jahrgang 1946, Stadtplaner, einer der »Väter« des Frankfurter Grüngürtels. Mitglied im Sogenannten Linksradikalen Blasorchester.

Claus Möbius, geb. 1947 in Offenbach, Dipl.-Betriebswirt, 1976 bis 1982 Gründungsmitglied und Geschäftsführer des *Pflasterstrand*, Stadtzeitung für Frankfurt, seit 2011 ehrenamtliches Mitglied im Frankfurter Magistrat.

Margarethe Nimsch, Jahrgang 1940, Rechtsanwältin und 1977 Gründerin der ersten Frankfurter Anwältinnensozietät. 1989 wurde Nimsch zur Dezernentin für Frauen und Gesundheit in den Frankfurter Magistrat gewählt, etablierte den Frankfurter Weg in der Drogenpolitik. 1995 wurde sie zur Umweltministerin des Landes Hessen ernannt.

Harry Oberländer, Jahrgang 1950, Schriftsteller und Journalist, von 1985 bis 2016 beim Hessischen Literaturforum in Frankfurt, ab 2010 als dessen Leiter.

Cornelia-Katrin von Plottnitz, Jahrgang 1943, 1968 Studentin der Germanistik und Anglistik an der Johann Wolfgang Goethe-Universität in Frankfurt, Lehrerin, Autorin, Theaterregisseurin, für die GRÜNEN von 1997 bis 2016 ehrenamtliche Stadträtin in Frankfurt.

Rupert von Plottnitz, Jahrgang 1940, Rechtsanwalt, verteidigte in Stammheim das RAF-Mitglied Jan-Carl Raspe, 1995 zum Justizminister des Landes Hessen ernannt, bis heute Mitglied im Staatsgerichtshof Hessen.

Manuela Rottmann, geb. 1972, Rechtsanwältin. 2006 bis 2012 Umweltdezernentin im Frankfurter Magistrat. Kandidatin der GRÜNEN für die Bundestagswahl 2017.

Pavel Schnabel, geb. 1946 in Olomouc, Tschechoslowakei, ist ein deutscher Filmemacher. Studierte an der berühmten Film- und Fernsehakademie in Prag (FAMU). Er verließ das Land 1968 nach dem Einmarsch der Warschauer-Pakt-Armeen, lebt und arbeitet seitdem als freiberuflicher Regisseur und Kameramann in der Bundesrepublik Deutschland. Pavel Schnabel wurde für seine Filme mehrfach ausgezeichnet, u. a. mit dem Bundesfilmpreis und dem »Special Merit« der Academy of Motion Picture Arts and Sciences, Hollywood. Für *Jetzt – nach so vielen Jahren* bekam er 1982 den Adolf-Grimme-Preis mit Gold (zusammen mit Harald Lüders).

Bernd Schwibs, Jahrgang 1945, Übersetzer, 1968 Student der Soziologie und Philosophie an der Johann Wolfgang Goethe-Universität in Frankfurt.

Peter Weidhaas, Jahrgang 1938, 1968 Mitarbeiter des Börsenvereins des Deutschen Buchhandels, von 1975 bis 2000 Direktor der Frankfurter Buchmesse.

Martin Wentz, Jahrgang 1945, Architekt und Projektentwickler, 1983 bis 1989 SPD-Vorsitzender in Frankfurt, 1989 bis 2000 Planungsdezernent in Frankfurt.

Arno Widmann, Jahrgang 1946, Journalist und Autor, 1968 Student der Philosophie, Soziologie und Sinologie an der Johann Wolfgang Goethe-Universität in Frankfurt, von 2007 bis 2010 Feuilletonchef der Frankfurter Rundschau.

Karl Dietrich, genannt KD, Wolff, Jahrgang 1943, ehemaliger Studentenführer, von 1967 bis 1968 Erster Vorsitzender des Sozialistischen Deutschen Studentenbundes (SDS), seit 1969 Verleger, zunächst des März Verlages, dann des Verlages Roter Stern, seit 1979 des Stroemfeld Verlages.

Quellen

Theodor W. Adorno, *Minima Moralia: Reflexionen aus dem beschädigten Leben.* Suhrkamp Verlag, Frankfurt am Main 1987.

Walter Boehlich/Karlheinz Braun/Klaus Reichert/Peter Urban/Urs Widmer, *Chronik der Lektoren: Von Suhrkamp zum Verlag der Autoren.* Verlag der Autoren, Frankfurt am Main 2011.

Gretchen Dutschke, *Rudi Dutschke: wir hatten ein barbarisches, schönes Leben.* Kiepenheuer & Witsch, Köln 1996.

Hans-Magnus Enzensberger (Hrsg.), *Kursbuch 11. Revolution in Lateinamerika.* Suhrkamp Verlag, Frankfurt am Main Januar 1968.

Hans-Magnus Enzensberger (Hrsg.), *Kursbuch 12. Der nicht erklärte Notstand.* Suhrkamp Verlag, Frankfurt am Main April 1968.

Frankfurter Historische Kommission (Hrsg.), *Frankfurt am Main. Die Geschihte der Stadt in neun Beiträgen.* Thorbecke Verlag, Sigmaringen 1994.

Jan Gerchow (Hrsg.), *Die 68er. Kurzer Sommer, lange Wirkung.* Historisches Museum Frankfurt am Main, Frankfurt am Main 2008.

Claus-Jürgen Göpfert, *Die Hoffnung war mal grün: Aufstieg einer Partei – das Frankfurter Modell.* Westend Verlag, Frankfurt am Main 2016.

Peter Handke, *Kaspar.* Suhrkamp Verlag, Frankfurt am Main 1968.

Hilmar Hoffmann, *Frankfurts Oberbürgermeister 1945–1995.* Societätsverlag, Frankfurt am Main 2012.

Max Horkheimer/Theodor W. Adorno, *Dialektik der Aufklärung. Philosophische Fragmente*. S. Fischer Verlag, Frankfurt am Main 2016.

Hadayatullah Hübsch, *Keine Zeit für Trips*. Koren & Debes Verlag, Frankfurt am Main 1991.

Lorenz Jäger, *Adorno. Eine politische Biographie*. Deutsche Verlags-Anstalt, München 2003.

Gerd Koenen, *Der transzendental Obdachlose – Hans-Jürgen Krahl*, Zeitschrift für Ideengeschichte, Heft 11/3, Marbach-Weimar-Wolfenbüttel-Grunewald. Verlag C. H. Beck, München 2008.

Hans-Jürgen Krahl, *Konstitution und Klassenkampf. Schriften und Reden 1966–1970*. Verlag Neue Kritik, Frankfurt am Main 1985.

Mario Krebs, *Ulrike Meinhof*. Büchergilde Gutenberg, Frankfurt am Main 1989.

Horst Krüger, *Deutsche Augenblicke: Bilder aus meinem Vaterland*. Piper Verlag, München 1969.

Listy-Blätter. Zeitschrift der Tschechoslowakischen Sozialistischen Opposition. Gruppe Listy-Blätter e. V., Köln/Frankfurt 1976.

Bernd Messinger/Patricia Tratnik, *Hohe Kultur – flache Debatten: Eine Streitschrift*. Henschel Verlag, Leipzig 2014.

Peter Norden (Hrsg.), *Prag, 21. August ... Revolution, Intervention, Invasion*. Verlag die Fünf, München 1968.

Claus Peymann, *Mord und Totschlag: Theater, Leben*. Alexander Verlag, Berlin 2017.

Jacques Sauvageot/Alain Geismar/Daniel Cohn-Bendit, *Aufstand in Paris oder Ist in Frankreich eine Revolution möglich?* Rowohlt Verlag, Reinbek bei Hamburg 1968.

Heinz Schilling, *Urbane Zeiten. Lebensstilentwürfe und Kulturwandel in einer Stadtregion.* Institut für Kulturanthropologie und Europäische Ethnologie der Universität, Frankfurt am Main 1990.

Alice Schwarzer, *So fing es an! 10 Jahre Frauenbewegung.* Emma Frauenverlags GmbH, Köln 1981.

Begleitheft zur LP: Sogenanntes Linksradikales Blasorchester, *Mit gelben Birnen.* Trikont Verlag, München 1980.

Geladene Person, Der Spiegel, 24.6.1968, Heft 26.

Sabine Stamer, *Cohn-Bendit. Die Biografie.* Europa-Verlag, Hamburg 2001.

Bettina Tüffers, *Von der Römerkoalition zur Parteienkonkurrenz: 1946–1989.* Waldemar Kramer Verlag, Frankfurt am Main 2011.

Peter Weidhaas, *Das Zimmer der verlorenen Freunde.* Wallstein Verlag, Göttingen 2017.

Peter Weidhaas, *Und schrieb meinen Zorn in den Staub der Regale: Jugendjahre eines Kulturmanagers.* Peter Hammer Verlag, Wuppertal 1997.

Jörg Zoller (Hrsg.), *Aktiver Streik: Dokumentation zu einem Jahr Hochschulpolitik am Beispiel der Universität Frankfurt.* Joseph Melzer Verlag, Darmstadt 1969.

Bildnachweise

Vorsatz vorne:	© Barbara Klemm
Vorsatz hinten:	© Institut für Stadtgeschichte/Kurt Weiner
S. 12	© Institut für Stadtgeschichte/Kurt Weiner
S. 14	Fotograf unbekannt
S. 20	Fotograf unbekannt
S. 26	© Ilse Mayer Gehrken
S. 38/39	© Isolde Ohlbaum
S. 45	© Evelyn Kriegel
S. 51	© Franz Fender
S. 54	© Institut für Stadtgeschichte/Kurt Weiner
S. 57	© Institut für Stadtgeschichte/Klaus Meier-Ude
S. 64	© dpa – Report
S. 68	© Bundesarchiv [Original beschnitten]
S. 72	© Institut für Stadtgeschichte/Kurt Weiner
S. 76	© Institut für Stadtgeschichte/Tadeusz Dabrowski
S. 78/79	© dpa – Report
S. 82	© Institut für Stadtgeschichte/Kurt Weiner
S. 86	© Institut für Stadtgeschichte/Hans Rempfer
S. 95	© picture alliance/AP Images
S. 99	© Jerzy Kowalski
S. 103	© Margrit und Peter Sickert
S. 110	© picture alliance/Gerhard Weitkamp
S. 111	© *Listy-Blätter*
S. 119	© Institut für Stadtgeschichte/Kurt Weiner
S. 124	© Jan Roewer
S. 154/155	© picture alliance/AP Images
S. 162	© Birgit Hupfeld
S. 178	© Institut für Stadtgeschichte/Kurt Weiner
S. 180	© Institut für Stadtgeschichte/Kurt Weiner

S. 187	© dpa – Bildarchiv
S. 216	© F. K. Waechter Erben
S. 220	© Heiner Goebbels/Sogenanntes Linksradikales Blasorchester
S. 225	© bpk/Abisag Tüllmann
S. 227	© Gerhard Schmitthenner
S. 230	© Institut für Stadtgeschichte/Kurt Weiner
S. 248	© Universitätsarchiv Frankfurt am Main
S. 263	© Jürgen Eis
S. 266	© *Pflasterstrand*
S. 273	© Margarethe Nimsch
S. 278/279	© Roland Kern
S. 282	© Bernd Messinger
S. 286	© Manuela Rottmann

Dank

Claudia Prinz, Ralph Förg, Filmhaus Frankfurt, mit Dank für die Überlassung des Materials über Pavel Schnabel.

Fritz Bauer Archiv, mit Dank für die Überlassung des Materials zu: »Der Fall Beckerle«.

Kritische Justiz (Hrsg.), *Streitbare JuristInnen. Eine andere Tradition*. Bd. 2, Baden-Baden 2016, mit Dank für die Überlassung der Zitate von Hans-Christian Ströbele u. a.

Ralf Scheffler und Claus Moebius, mit Dank für die Überlassung des Textes aus der Jubiläumsbroschüre *40 Jahre Batschkapp*.

Unser besonderer Dank für die Hilfe bei der Recherche gilt Tobias Picard vom Institut für Stadtgeschichte sowie Christa Wiesmann und Hartmut Prescher.

STREIK! ALLE
Am Mittwoch!
ENTSPANNUNG UND ABRÜSTUNG
DIETZ-RADIO